KB040958

칸트의 생애와 사상

칸트의 생애와 사상

카를 포르랜더 지음
서정욱 옮김

서광사

이 책은 Karl Vorländer의 *Immanuel Kants Leben*
(Felix Meiner Verlag, 1911)의 재판을
완역한 것이다.

칸트의 생애와 사상

카를 포르랜더 지음
서정욱 옮김

펴낸이 ─ 김신혁, 이숙
펴낸곳 ─ 도서출판 서광사
출판등록일 ─ 1977. 6. 30.
출판등록번호 ─ 제 406-2006-000010호

(10881) 경기도 파주시 회동길 77-12 (문발동)
대표전화 · (031)955-4331 / 팩시밀리 · (031)955-4336
E-mail · phil6161@chol.com
http://www.seokwangsa.co.kr / http://www.seokwangsa.kr

제1판 제1쇄 펴낸날 · 2001년 6월 10일
제1판 제3쇄 펴낸날 · 2016년 3월 20일

ISBN 978-89-306-0211-2 93160

이 번역서를 서정일, 이명숙 님께 드립니다.

칸트가 직접 서명한 되블러가 그린 칸트 초상화

"파이프를 꼬나문 사람이 당구큐대에 초크를 바르며 당구공을 노려보고 있다."

"누군가 교회에서 마태복음 5장 25절에 대해 설교하고 있다."

"의사가 청진기를 귀에 꽂고 환자를 진찰하고 있다."

첫번째 광경은 흔히 우리의 대학가에서 볼 수 있는 평범한 모습이며, 두 번째는 교회에서 설교에 열중하는 근엄한 목사님을 연상하게 한다. 그리고 마지막 모습은 인술을 베푸는 어떤 의사의 아름다운 모습을 생각나게 한다.

"칸트"라는 말에 많은 사람들이 가장 먼저 생각하는 것은 순수 이성 비판과 그의 숨막힐 것만 같은 철저한 생활방식일 것이다. 그러나 우리의 칸트도 당구와 카드놀이를 즐겼고, 결혼을 하려고 시도하기도 했다. 뿐만 아니라 목사가 되고자 쾨니히스베르크 대학교 신학부에서 열심히 공부하기도 했다는 친구들의 증언도 있으며, 의학을 공부했다는 증거도 남아 있다고 한다. 그리고 칸트는 그의 고향 쾨니히스베르크를 한번도 벗어나지 않았다고도 하지만, 배를 타고 시원한 바닷가를 여행하기도 했다고 한다.

심지어 언어학을 공부하여 독일 최초의 언어학자가 되기를 희망하기도 했다. 그래서 그는 친구들과 함께 언어학자의 면모를 갖추기 위해서 라틴어 이름인 칸티우스(Cantius)라는 이름까지도 지어 두었다. 그가 언어학자로의 길을 포기할 때, 친구들은 "꽃이 만발한 들판과 같은 인문학 분야에서 황량한 초원과도 같은 철학 분야로 돌아서는 배신자"라는 말까지 하였다.

당시나 지금이나 철학 분야가 황량하기는 마찬가지였나 보다. 이렇게 칸트의 대학 생활에 대해서는 많은 부분들이 여전히 의문으로 남아 있다. 이러한 면에 대해 저자는 서문에서 안타까움을 표하고 있다. 칸트 철학이 우리 나라에 들어온 이후 그의 사상과 학문에 대해서 많은 책들이 번역되었고, 저술되었다. 그러나 저자가 서문에서도 안타까움을 표하고 있듯이, 그의 생애에 대한 번역서나 저서는 많지 않다.

카를 포르랜더는 칸트 철학에 전 생애를 걸었다고 해도 과언이 아닌 철학자이다. 칸트의 전집을 발간하고, 그의 생애를 정리하여 발표하는 등 칸트에 관계된 모든 일은 마다하지 않고 한 철학자이다. 그는 칸트의 생애에 관해서 두 권의 책을 저술하였다.

첫번째 저서는 1911년에 발간한 *Immanuel Kants Leben*(211면 분량)이며, 두 번째는 1924년 두 권으로 발표한 *Immanuel Kant, Der Mann und das Werk*(1권 430면 분량, 2권 374면 분량)이다. 이 번역서는 포르랜더가 1911년에 발간한 *Immanuel Kants Leben*의 재판(1921)을 완역한 것이다. 물론 1924년 판을 번역하는 것이 보다 구체적으로 칸트의 생애와 사상을 파악할 수 있겠지만, 워낙 분량이 방대하기 때문에, 포르랜더가 서술한 것처럼 칸트 생애의 입문서 격인 이 책을 먼저 번역하였다.

이 번역서를 읽으면서 주의해야 할 것이 몇 가지 있다. 먼저 시대 상황이다. 포르랜더는 시대 표현을 할 때 자신의 시대에 맞게 표현하였다. 예를 들자면, "오늘날", 혹은 "지금"과 같은 표현들이다. 이런 표현이 2000년대를 살고 있는 우리들의 "오늘날"이나 "지금"이 아닌 1900년대의 시대 상황임을 먼저 밝혀 두고자 한다. 두 번째 주의해야 할 것은 문단의 설정이다. 포르랜더는 같은 단락 안에서 여러 사건들을 서술하였다. 내용

파악에 상당한 어려움이 있으리라 생각된다. 우리말로 옮기면서 옮긴이 마음대로 단락을 나누는 것이 오히려 저자의 의도에 어긋난다고 생각되었기에, 저자의 단락 나눔에 따랐다.

저자 역시 칸트의 생애를 다루면서 불명확한 것이나, 확실하지 않은 것이 많았던 것 같다. 이런 경우, 괄호로 처리하거나 저자의 생각을 서술하기도 하였다. 이 책에 있는 여러 종류의 괄호는 저자가 직접 사용한 것이며, 옮긴이가 임의로 사용한 것은 아무것도 없다. 옮긴이의 주는 주석으로 처리하였고, '옮긴이 주' 라고 표시하였다. 그리고 모든 저서는 《 》로 처리하였고, 여러 가지 잡지나 신문 등은 「 」로 표시하였다. 그러나 칸트의 3 비판서와 유명한 저서에 대해서는 아무 표시도 하지 않고 사용하였다.

마지막으로 사람 이름과 지방 이름은 맨 처음 나오는 곳에만 원어를 괄호 안에 넣었다. 그러나 우리에게 잘 알려져 있는 독일 지명은 역시 원어를 사용하지 않았다.

칸트의 생애에 대해서 독자들이 좀더 쉽게 접근할 수 있게 저술한 포르랜더의 의도가 옮긴이의 잘못으로 그 재미를 살리지 못할까 걱정이 앞선다. 또한 원문에 라틴어 문장이나 프랑스어 혹은 외래어가 많은데, 이러한 외래어들은 우리말로 옮기면서 원어는 괄호 속에 넣어 두었다. 이런 외래어들을 포함한 문장 번역이 어색하거나 잘못되지 않았을까 하는 염려도 있다. 이런 모든 번역상의 부족한 점에 대해서 독자 여러분들의 기탄 없는 편달을 당부 드린다.

마지막으로 어려운 여건에도 불구하고 출판을 선뜻 맡아 주신 서광사 김신혁 사장님과 편집을 담당해 주신 모든 분들께 감사드린다.

2001년 2월
옮긴이 서 정 욱

✍ 저자의 초판 서문 ✍

　지난 50년 동안 한 철학자의 사상이 다른 어떤 누구의 것보다 큰 영향력을 발휘하였고, 그의 저술은 수천 명이 인용하고 논의하였지만, 그 기간 동안 이 철학자의 생애에 관한 특별한 저술 하나 없었다는 것은 너무나 이상한 일이다. 물론 전혀 없었던 것은 아니다. 이 철학자의 생애, 즉 칸트의 생애에 관해서 가장 먼저 이야기한 사람은 쿠노 피셔(Kuno Fischer)이다. 그러나 그는 칸트의 비판철학체계를 취급한 그의 저서 서문에서 칸트 전기의 일부를 다루었을 뿐이다. 칸트에 관해서 가장 잘 알려진 책을 펴낸 크로넨베르크(Moritz Kronenberg)와 파울젠(Friedrich Paulsen)도 자신들의 저서에서 칸트의 생애에 대해 약간만 언급하였을 뿐이다. 70년이 지난 오늘날에도 여전히 우리는 그들이 쓴 칸트의 생애에 만족해야 한다. 그러나 슈베르트(W. Schubert)에 의하면 이것은 개개의 사건을 나열한 부정확한 전기에 불과하다. 내가 기억하기로 칸트의 편지에 대한 새로운 편집은 오래 전에 이미 있었고, 지난 10년 사이 칸트의 전기에 대한 연구가 새로운 국면을 맞고 있는 것으로 알고 있다.

　지금까지 위대한 독일 철학자 칸트의 전기가 더 이상 출판되지 않고 있는 이유는 두 가지로 볼 수 있다. 그 첫번째 이유는 모든 자료들이 여기저기 흩어져 있어 그의 초기 삶에 대한 내용이 아주 불충분하고, 그나마 남아 있는 것 또한 불확실하기 때문이다. 두 번째 이유는 이미 잘 알려진 사실처럼, 우리의 사상가는—프리드리히 빌헬름 II세에 대한 프로이센적인 반응으로 생긴 알력만 제외한다면—평생동안 눈에 띄게 큰 사

건에 휘말리지 않았고, 외적인 소란이나 격렬한 움직임이 없었다는 것이
다. 그러므로 그의 혁명적인 이론과 비교해 볼 때, 그의 생애는 의심할
여지없이 아주 보잘 것 없는 것이다. 그럼에도 불구하고 우리는 칸트를
사랑하는 모든 사람들의 가치도 인정해야 한다. 이것은 조용한 삶을 산
학자의 단순한 생애를 보다 가까이에서 알 수 있는 완전한 방법이다. 그
러나 내적인 변화가 전혀 없었던 것은 아니다. 사실 "가장 가까이"에서
칸트와 함께 생활하고 활동한 사람들이(우리는 아르놀트[E. Arnold], 루트
[Rud], 바르다[A. Warda]와 같은 사람을 생각할 수 있다. 그러나 아르놀트
와 루트는 이미 죽고 없다.) 칸트의 삶에 대한 내용을 근본적으로 철저하
게 연구해야 한다. 그러나 그들이 전체적인 서술을 하지 않는다면, 내가
그것을 할 수밖에 없는 상황이다. 왜냐하면 외적인 동기는 내적인 염원에
의해서 나타나기 때문이다.

　이 책은 내가 편집한 칸트 전집 《철학대전》(*Philosophische Bibliothek*)
의 일부분이다. 나는 칸트 전집을 완전하게 보충할 의무를 갖고 이 책을
기술하였다. 이 책은 대부분 나 자신에 의해서 씌어진 것이기 때문에, 그
내용에 대한 발생사적 배경이나 칸트 저서에 대한 간단한 요약과 같은
것은 칸트의 의도와는 아무런 관계가 없다. 단지 한 가지 예외를 두었는
데, 칸트의 아주 작은 분량의 논문이나, 1750~1770년 사이 신문에 실린
잡문 같은 것은 여기에서 언급하지 않았다. 전기라는 정해진 범위 안에서
학문적인 문제를 멀리까지 확대시킬 수 없었기 때문에, 내용에 관계없이
학문적인 것으로 보이는 것은 주저 없이 결말을 지었고, 칸트가 암시하는
것과 밀접한 관계가 있다고 느껴질 때도 결론을 내렸다. 나는 오늘날 우
리가 갖고 있는 칸트에 대한 기록문서와 서류에 따라 그의 생애를 진솔
하게 서술하고자 하였다. 정치·종교·예술 등과 같이 칸트의 특성상 보
다 특별히 다루어져야 하는 것들에 대해서는 다른 곳에서 다룰 기회가
있을 때 하기로 하고 처음부터 다루지 않았다. 그러나 많은 부분은 여기

서 전기적인 기술로 바꾸어 다루었다. 비록 나는 잘 모르지만 논쟁이 될 수 있는 문제 중에서 없어도 전문가들이 충분히 이해할 수 있는 것에 대해서는 같은 이유로 다루지 않았다. 그러나 이 책이 새로운 어떤 것을 제공해 주기를 희망한다. 상당히 짧은 시간에 자료를 수집하였지만, 큰 어려움은 없었다. 나는 많은 사람들로부터 도움을 받았는데, 특히 이 지면을 통해서 할레 대학교의 파이힝어(Prof. Dr. Vaihinger) 교수, 나의 동료 쉰되르퍼(O. Schöndörffer) 그리고 쾨니히스베르크의 로지카트(A. Rosikat)에게 깊은 감사를 전한다. 속표지의 초상화는 칸트가 직접 서명한 되블러(Döbler)의 그림으로, 슈베르트는 칸트 전기의 표지에 이 그림을 사용하였다. 나는 지금까지 남아 있는 철학자 칸트의 어떤 그림이나 초상화보다이 그림이 가장 좋다고 생각한다.

나는 이 책을 지금까지 칸트 이론의 새로운 정립과 발전을 위해서 헌신한 한 사람에게 바치고자 한다. 그는 나와 함께 30년 이상 비판철학에 대해서 연구한 사람으로, 나의 옛 스승이며 지금은 내가 가장 존경하는 친구인 헤르만 코헨(Hermann Cohen) 마르부르크 대학교 철학부 교수이다. 나는 이 책을 그에게 바친다.

타우누스(Taunus)에 있는 고테스가베(Gottesgabe) 집에서

1911년 9월

카를 포르랜더(Karl Vorländer)

차 례

1 부모의 집/초년기/김나지움 시절(1724~1740)

1. 집안의 계보/부모/유년기

임마누엘 칸트는 1724년 4월 22일 새벽 5시 프로이센의 쾨니히스베르크(Königsberg)에 있는 아주 평범한 집안에서 태어났다. 물론 그가 태어난 이 집은 아직도 보존되어 있으며, 칸트가 태어날 당시 이 집은 마을이 시작되는 가장 초입에 있었다. 그 집 앞의 거리는 자틀러가세(Sattler-gasse)라 불리어졌다. 칸트의 아버지 또한 그 거리 이름처럼 말[馬]안장 장인이었는데, 그는 아주 덕망이 있어 마을사람들로부터 존경받던 인물이었다. 칸트 집안은 스코틀랜드에서 이주해 왔다. 사실 이 가문은 스코틀랜드에서 17세기 이후 오늘날까지 잘 알려진 캔트(Cant)라는 성을 가진 집안의 후예들이었다. 칸트는 73세 때 스웨덴의 주교 린드블롬(Lindblom)에 대하여 서술하였다. 린드블롬 주교는 스웨덴 철학자의 계보에 대해서 정리하려고 노력했는데, 그 중 칸트의 할아버지도 스웨덴의 철학자로 서술되고 있다고 칸트는 얘기하고 있다. 칸트는 계속해서 "나는 그 원인을 알 수 없지만, 17세기 말경부터 18세기 초 사이에 많은 스코틀랜드 사람들이 이주하였는데, 그 중 많은 사람들이 스웨덴에 머물렀고,

일부는 프로이센으로 옮겨왔다. 특히 메멜(Memel) 항을 통해서 이주하였다"고 서술하고 있다. 칸트는 그의 할아버지가 틸지트(Tilsit)에서 타계했다고 말하고 있다. 1667년도 서류에는 이런 사실이 노인 크뤼거(Krüger)로 나타나지만, 우리는 그가 칸트의 증조부인 "리하르트 칸트(Richart Kandt)"임을 잘 알 수 있다. 서류에 나타나 있는 칸트의 할아버지는 하이데크루크(Heydekrug) 근방 베르덴(Werden)에 살던 한 가정의 호주로 되어 있다. 그의 아들 한스 칸트(Hans Kant)는 그의 아버지와 달리 마구사 일에 전념하였다. 칸트의 할아버지는 1670년경에 이민 간 나라에서, 즉 "외국"에서 목수 일을 배우기 시작했다. 그러나 그는 마구사 장인(匠人, Meister) 자격증을 옆 도시인 틸지트에서 받고[1] 메멜에 정주하여 살았다. 그는 곧바로 그 지방 여자와 결혼하였는데, 1683년 1월 3일 칸트의 아버지인 요한 게오르그(Johann Georg)가 세 아들 중 둘째로 태어났다. 요한 게오르그는 1698년 메멜에서 그의 두 번째 부인과 이혼하고 곧바로 쾨니히스베르크로 옮겨와 그곳에서 세 번째 결혼을 하였다. 즉 그의 나이 33세 때인 1715년 11월 13일 뉘른베르크(Nürnberg)에서 이주해 온 기술자 카스파르 로이터(Caspar Reuter, 1670~1729)의 18살 먹은 딸 안나 레기나 로이터(Anna Regina Reuter, 1677년 3월 16일생)와 결혼하였다.

새로운 가정을 꾸민 그들은 마치 신에게 기도하듯이 경건하게 그들의 "가정일기"(Hausbuch)에 처음부터 모든 것을 낱낱이 기록하였다. 신접살림을 차린 신혼 초 일기 내용을 보면 다음과 같다: "로이터 집안의 여자

---

1) 여기에서 그의 손자(우리의 철학자 칸트 —옮긴이 주)에 관한 한 가지 오류가 있다. 즉 칸트의 할아버지는 틸지트 시민으로 되어 있기 때문에, 우리는 다음과 같은 추측을 할 수 있다. 칸트의 할아버지가 청소년 시절에 칸트의 증조부와 함께 스코틀랜드에서 처음부터 함께 이주하였다면, 앞에서 서술한 서류는 메멜에서의 칼뱅 계의 개신교 교적임을 쉽게 알 수 있다. 왜냐하면 이미 1640년부터 이주한 스코틀랜드 사람들도 네덜란드 사람들처럼 공동집단을 이루고 살았기 때문이다. 칸트의 할아버지는 아마도 결혼 후 루터 교로 교적을 바꾼 것으로 보인다.

안나 레기나인 나는 예수 탄생 이후 1715년 11월 13일을 내가 사랑하는 요한 게오르그 칸트(Kant)[2]와 결혼하는 날로 잡았다. 주례로는 릴리엔탈(Lilienthal) 석사(M.으로 표기되어 있는데, 아마도 Magister의 약자로 보임)가 수고하셨으며, 결혼식장은 크나이프호프(Kneiphof) 대성당(Dom)이었다. 전능하신 천주는 우리가 서로서로 영원히 사랑하게 하시어, 당신 안에서 늘 하나가 되게 하시고, 하늘의 닻줄과 땅의 풍성함을 함께 주시어 우리 어린양들의 결혼을 축복하고 당신과 늘 함께 할 수 있게 도와 주소서. 당신 아들 예수그리스도의 이름으로 비나이다. 아멘!" 이 부부는 20년 정도 함께 살았으며, 최소한 아홉 자녀를 두었다. 우리의 임마누엘이 태어나기 전 그의 어머니는 세 자녀를 두었다. 첫번째는 여자 아이였는데 사산하였고, 남동생은 1년을 채 살지 못하고 죽었다. 그래서 임마누엘은 그보다 5살 많은 누나 레기나와 함께 성장했다. 나머지 다섯 남매 중 두 누이와 한 남동생만이(요한 하인리히[Johann Heinrich], 1735년생) 그의 부모보다 더 오래 살았다.

칸트가 태어난 날은 옛 프로이센 달력으로 4월 22일 일요일이었다. 본의 아니게 그는 그의 가문에 장손이 되었고, 상속인이 되었다. 그는 곧 에마누엘(Emanuel)이란 이름으로 세례를 받았다. 그는 부모의 정직하고 경건한 기질을 타고났는데, 특히 어머니 쪽을 더 많이 닮았다. 칸트의 어머니는 가정일기에서 다음과 같이 계속해서 기술하고 있다: "1724년 4월 22일 새벽 5시 나의 아들 에마누엘이 이 세상에 태어났고, 다음 날인 23

2) 여기서 이미 Kant라는 이름을 사용하는 것으로 보아, 그의 장인(匠人) 증명서에 'C'가 아닌 'K'로 표기되어 있음이 틀림없다. 이러한 관점에서 슈베르트(W. Schubert)뿐 아니라 그 이후의 다른 칸트 전기 작가들도 칸트의 부모를 결코 고운 눈으로 보지는 않았다. 자신의 성 첫 문자인 'C'를 칸트의 아버지는, 단지 그들의 이름을 다른 사람들이 스코틀랜드 식으로 발음하지 않고, 독일어 식으로 짠트(Zant)라고 발음하였기 때문에, 같은 발음인 Kant로 바꾼 것이다. 그 외에 다른 어떤 이유로도 'C'를 'K'로 바꾼 원인이 되지 않는다.

일 우리는 그에게 세례를 받게 하였다." 이때 그의 대부와 대모는 모두 6
명이었는데, 그 중 4명의 대부(허리끈 장인, "법원서기", 쾨니히스베르크
에서 온 소상인 그리고 메멜에 사는 대장장이)와 두 명의 대모(되렌
[Dörren] 양과 볼핀[Wolfin] 여사)를 세웠다. 그리고 그녀는 다음과 같은
아주 경건한 소망을 덧붙이고 있다: "전지전능하신 주님, 당신의 은총을
그의 생명이 다 하는 날까지 내려주소서. 예수 그리스도의 이름으로 비나
이다. 아멘."

　이러한 종교적인 집안의 분위기와는 전혀 다르게 자란 우리의 철학자
칸트는 노년기에 이르기까지 항상 그의 부모에 대해서 두 가지를 자랑하
였다. 즉 그가 그의 부모 집에서 자랄 수 있도록 허락한 것과 단순한 노
동자로서 그의 부모가 칸트 자신을 포함하여 그들 남매에게 가르친 교육
에 대해서 존경과 따뜻한 감사의 말을 늘 잊지 않았다. 이런 사실에 대해
서 그는 보로브스키(Borowski)에게 다시 한 번 힘주어 얘기하고 있다:
"한번도 나는 내 부모님으로부터 예의에 벗어난 말을 들은 적이 없었고,
품위나 위엄을 손상시키는 행동을 보지 못했다." 그리고 칸트는 73세 때
에도 앞에서 이미 한번 얘기된 린드블롬 주교에게 보낸 편지에서 자신의
부모에 대해 다음과 같이 기술하고 있다: "정직하시고 도덕적으로 예의
바르시며 도덕적 법규를 마치 법과 같이 생각하고 생활하신 노동자 집안
사람으로서 나의 부모님은 아무런 재산도(역시 마찬가지로 어떠한 빚도)
남기지 않았고, 단지 가정교육만을 철저히 시켰습니다. 특히 도덕적인 면
을 강조하셨는데, 그 교육은 어떠한 것보다 좋은 방법이었고, 내가 살아
가면서 늘 기억할 때마다 감사하는 마음에 항상 황송할 뿐입니다." 특히
그는 그의 부모님의 집을 주도했던 경건성에 대해서 같은 또래 친구인
링크(Rink)에게 다음과 같이 서술하였다: "사람들은 경건주의에 대해서
그들이 원하는 무엇을 얘기한다. 그것으로 충분하다! 이 경건주의가 사람
들에게 정말로 필요하다고 느끼는 사람들은 존경하는 방법이 아주 특별

하다. 그들은 우리 인간들이 차지할 수 있는 모든 것, 즉 모든 평온함과 명랑함 그리고 어떠한 육체적인 것을 통해서도 얻을 수 없는 내적인 평화를 소유하고 있었다. 어떠한 위급 사태도 어떠한 박해도 그들은 불만으로 받아들이지 않았다. 뿐만 아니라 어떠한 경우에도 그들은 화를 낸다거나 적대시함으로써 상대를 자극하는 그러한 논쟁은 하지 않았다. … 그리고 내가 아직도 기억하고 있는 것은, 어떻게 마구사와 안장 제조업자 사이에서 일어나는 그들의 권리에 대한 반대 논쟁이 하나의 결론으로 나타나는가 하는 것이다. 물론 그 과정에서 아버지는 매우 힘들어 하셨다. 그럼에도 불구하고 부모님은 반대자에 대해서 관용과 사랑을 함께 하며, 그 분쟁을 집안의 즐거움거리로 취급하였다. 그때 비록 나는 아주 어린 수녀이었지만, 앞으로 일어날 일에 대한 확실한 믿음은 결코 버릴 수 없는 사고방식으로 내게 자리하게 되었다."

칸트의 아버지는 개방적이고 모든 것을 바르게 이해하였으며, 특히 그에게 있어서 일과 정직은 첫번째 덕목이었다. 그래서 그가 그의 자식들에게 자신의 덕목을 지킬 것을 요구하는 동안, 믿음이 두터운 어머니는 남편의 성격으로부터 많은 영향을 받았다. 칸트는 그의 어머니에 대해서 바지안스키(Wasianski)에게, "선천적으로 위대한 지성의 소유자이고, 아주 따뜻한 가슴을 갖고 있으며, 전혀 방탕한 생활을 하지 않을 뿐만 아니라 종교를 가진 여자"라고 자신의 판단을 이야기하였다. 그녀는 자주 그녀의 "어린 칸트"와 함께 들로 나가 자연의 대상과 생성에 대해 주의 깊게 설명하고, 약초의 유용성에 대해서도 가르쳐 주었다. 더구나 그녀는 그녀가 알고 있는 범위 내에서 하늘의 체계와 구조에 대해서도 설명하였다. 나중에 그녀는 칸트가 스스로 궁지에 빠질 정도의 날카로운 통찰력과 이해력이 있는 것에 대해서 아주 감탄하였다. 어머니와의 이러한 외출에 대해서 칸트는 그의 노년에 야흐만(Jachmann)에게 다음과 같이 이야기하고 있다: "나는 어머니를 결코 잊을 수 없다. 무엇보다 그 분은 선(善)에 대한 첫번째 씨앗을 나에게 심어 주셨고, 가꾸어 주셨다. 그 분은 나의 가슴을 자연에 대한 감명으로 열어 주셨다. 그 분은 나의 이해력을 깨워 주셨고, 내가 계속 발전할 수 있도록 방법을 가르쳐 주셨다. 그리고 그 분의 가르침은 내 생애에서 무엇이든 유익한 방법으로 해결할 수 있도록 영향을 주셨다." 칸트는 이렇게 자주 그의 어머니에 대해서 말하였는데, 그때마다 마치 호소라도 하듯이 그의 눈은 반짝였다고 한다. 그 외에 그는 자신의 용모와 몸매뿐 아니라 굽은 가슴에 이르기까지 자신의 어머니를 빼닮았다고 말한다. 칸트는 자신을 위해서 좀더 오래 살았어야 했을 어머니가 너무나 일찍 세상을 떠났다고—칸트 어머니는 마흔의 나이에 돌아가셨는데, 그때 칸트의 나이는 13세였다.—아주 비애에 찬 목소리로 아쉬워하고 있다. 1737년 12월 18일자 칸트 집안 가정일기에, 그의 어머니는 "아주 지독한 류머티즘 열"로 세상을 떠났다고 기록되어 있다. 그러나 칸트가 바지안스키에게 쓴 편지에 의하면, 자신의 어머니는 장티푸스에 걸린 어떤 여자친구를 병문안하고 돌아와 같은 종류의 병에 전염되었고, 그 병에 의해서 며칠 후 돌아가셨다고 하였다.

칸트의 어머니는 당시 여성으로는 상당히 교육을 많이 받은 것으로 보인다. 특히 이러한 것을 우리는 그녀가 기록한 가정일기에서 찾아볼 수 있는데, 그녀가 기록한 정서법은 거의 완벽에 가깝게 서술되어 있다는 사실만으로도 충분히 설명이 가능하다. 칸트의 생애를 통해 그가 만난 많은 유명한 여인들에 비해서, 예를 들자면 상업고문관이었던 야코비(Jacobi) 부인이나 폰 클링스포른(von Klingsporn, 처녀 때의 이름: 폰 크노블로흐 [von Knobloch]) 부인 그리고 마리아 폰 헤르베르트(Maria von Herbert) 양과 같은 여자와 견주어 볼 때, 그의 어머니는 보다 인간적인 일, 아니 어쩌면 인간의 힘으로 할 수 없는 일을 성취했는지도 모른다.

칸트의 자상한 어머니는 그녀의 아이들과 함께 신학박사 프란츠 알베르트 슐츠(Franz Albert Schultz)가 1731년 종교국(局) 평정관(評定官) 겸

목사로 쾨니히스베르크의 교회로 부임된 이후, 그의 예배에 즐겨 참석하였다. 이렇게 해서 앞으로 우리가 아주 자주 얘기할 이 사람은 아직도 수줍음 많이 타는 소년 칸트에게 많은 영향을 주었다. 슐츠는 자주 칸트의 부모를 방문하였고, 그때마다 가까운 도시에서 기본 교육만 받은 그들의 임마누엘에게 대학 교육을 위한 준비를 시킬 수 있게 해 달라고 부탁하였다: 이러한 부탁은 칸트의 자상한 어머니의 열망과도 맞아떨어졌다. 그래서 곧 8살이 될 칸트는 1732년 부활절이 끝나고 바로—여기서 우리는 슈베르트(Schubert)의 주장이 틀리다는 것을 알 수 있다. 그는 1733년 미카엘 대천사 축일인 9월 29일이라고 주장한다.—그의 고향에 있는 "프리데릭 대학준비학교"(Collegium Fridericianum)에 입학했다. 이 학교는 30년 만에 김나지움으로 승격되었고, 오늘날 "프리드리히스콜레기움"(Friedrichs-kollegium)이란 이름으로 남아 있다.

2. 프리데리치아눔의 생활(1732년 가을~1740년 가을)

그의 생애에 있어서 가장 먼저 얘기되어야 할 쾨니히스베르크에서의 8년 동안의 교육기간은 그의 정신적인 발전에 그렇게 큰 영향을 주지 못했다. 17세기 말경 그 당시로는 아주 신선하고 생기 있는 경건주의가 도시 전체에 영향을 미치기 시작했다. 이러한 영향에 부응하여 1698년 게르(Gehr)가 사립학교를 건립하였는데, 이 학교는 3년 후에 새로 대관식을 치른 프리드리히 I세에 의해서 "작크하임의 왕립학교"(Königliche Schule auf dem Sackheim)라는 칭호가 부여되었고, 곧바로(1702년 11월) 슈페너(Spener)가 직접 보낸 아주 훌륭하고 유명한 교장, 신학박사 뤼시우스(Lysius)에 의해서 다음 해인 1703년 Collegium Fridericianum이라고 명명되었다. 뤼시우스는 거의 30년 동안 대학뿐 아니라 김나지움에도 계속 영향을 미친 후 1733년 그의 명성에 비해 조금도 손색이 없는, 이미 앞에서 얘기된 프란츠 알베르트 슐츠에게 그의 자리를 물려주었다. 에르드만(B. Erdmann)은 슐츠에 대해서 "앞으로 20년 동안 쾨니히스베르크의 정신적 발전을 책임질 사람"이라고 칭송하고 있다. 그는 할레에서 왔으며, 역시 경건주의자였고, 볼프주의자였다. 그의 박사학위 논문 제목은 "생각이 함께 한 이성의 일치"(Übereinstimmung der Vernunft mit dem Glauben)이고, 볼프는 그에 대해서 "나는 항상 슐츠가 쾨니히스베르크에 갈 것이라고 생각하고 있었다"라고 하였다.

프리드리히 빌헬름 I세의 총애를 받은 슐츠는 41세의 나이에 거의 모든 관직을 두루 섭렵하였다. 먼저 신학교수 그리고 프리데리치아눔의 교장을 지낸 후 많은 교회와 거의 대부분의 학교 그리고 "동프로이센 제국"의 빈민구호단체의 감사위원장이 되었다. 이 모든 분야, 즉 교수로서, 목사로서 그리고 학교의 행정직을 담당한 학교장으로서 그는 그의 임무를 충실히 수행하였다. 그는 1730년대 전반에 걸친 당시의 정신적인 지주로서 교회뿐 아니라 학교행정 전반에 대한 대혁신가였다. 그뿐 아니라 8년이란 극히 짧은 기간에 그가 책임지고 있던 프로이센 지역에만 무려 1500여 개의 학교를 개교시켰다.

이와 같이 여러 분야에 걸쳐 이미 널리 알려진 바로 이 사람, 슐츠가 단지 마구상의 어린 아들에 불과한 칸트를 김나지움으로 들여보낸 것이다. 그 외에도 그는 칸트의 부모에게 많은 도움을 주었다. 비록 당시 칸트의 집안 형편은 무엇 하나 부족함이 없는 상황이었지만, 너무 많은 자식 때문에 생활의 여유가 별로 없었으므로 그는 여러 가지로 온정을—무료로 땔감을 제공한다거나—베풀었다.[3] 또한 단순한 가내수공업

---

3) 그 외에도 보로브스키에 의하면 의학박사인 볼리우스(Bohlius, 1703년생, 1741년부터 쾨니히스베르크 대학교에서 교수로 재직) 교수도 "그의 어린 시절과 청소년기에 그와 그의 부모에게 친절을 베풀었다"고 하였다. 칸트는 이러한 고마움에 대해서 "특별히 존경하는 후원자"라고 말하고, 베풀어주신 친절함에 "특별한 표시"를 하기 위해 그의

을 하던 칸트의 집에 그의 방문이 잦아지면서 칸트의 집안은 결코 얕볼수 없는 집안으로 변해갔다. 그러므로 우리의 철학자 칸트가 그의 청소년때 은인인 그에게 항상 감사하는 마음을 갖고 있는 것은 결코 놀랄 일이아니다. 뿐만 아니라 (바지안스키에 의하면) 칸트의 생애 마지막 해에 그가 그렇게 의지하였던 분에게 그가 계획한 것처럼, 문헌상으로 명예기념비를 세우지 못한 것에 대해서 매우 유감의 뜻을 전하고 있다. 슐츠에 대해서는 우리가 다시 한 번 칸트의 대학 시절에 얘기할 기회가 있기 때문에 여기서는 줄이도록 하겠다.

물론 이러한 선행은 그들의 여러 가지 행동 중에 가려 잘 나타나지 않는 부분이다. 이것이 바로 극단적인 경건주의 정신이었다. 교육기관은 이러한 정신을 추구하려 하였고, 경건주의에 관심이 없던 어린 칸트는 이런 학교생활을 8년이나 하였다.[4] (신학자 보로브스키에 의하면) 임마누엘이 나이가 들면 들수록 더 많이 "경건에 대한 주제 또는 본인의 신앙에 대해서 알아보려고, 많은 그의 학교 동창생들이 의도적으로 자주 시도하였지만, 아무런 감흥도 받지 못했음은" 당연한 것이었다.

이것이 우리에게는 이 시기(1742년)를 정리하는 것임을, 쾨니히스베르크 교육기관의 정신적 지주이자 장학관이었던 쉬페르트([Schiffert], 그 역

첫 저서를 "감사의 증거품"으로 그에게 헌정하였다. 이러한 감사에 대해서 볼리우스는 어디까지나 "그가 그에 대해서 책임져야 할 의무"에 불과하다고 말하고 있다(1747. 4. 22자로 명시된 *Gedanken von der wahren Schätzung der lebendigen Kräfte* 서문 중에서).

4) 이러한 교육기관을 일반적으로 주민들은 "경건주의 학교"라고 이름하였지만, 학교를 운영하는 사람들은 그렇게 불리어지는 것에 대해서 만족하지 않은 것처럼 보인다. 칸트 스스로도 이러한 학교 생활을 거의 기억하지 못하지만, 폰 핫세(von Hasse)에게 한 번 설명한 적이 있었고, 폰 핫세는 다음과 같이 다시 설명하였다: 길거리에 있는 소년에서부터 장학관 쉬페르트에 이르기까지 "여기 경건주의자 학교가 있습니까?" 하고 칸트에게 물었다. 이 물음에 대해서 우리의 연미복 주인공은 "당신은 어디에 경건주의자 학교가 있는지 알고 있습니까?" 하고 오히려 되물었다고 한다.

시 칸트의 선생님 중에 한 분이었다)가 충분한 정보를 제공하고 있다. 우리는 여기서 단념하지 말고, 최소한 그 중에서 가장 중요한 것을 덧붙여, 우리의 독자들이 칸트가 그의 가장 아름다운 청소년 시기 중 8년이나 지낸 정신적인 영역에 대한 확실한 개념을 가질 수 있게 해야 한다. 쉬페르트는 김나지움의 목적을 "한 편으로는 학생들의 메마른 정서를 구속에서 해방시켜 청년기의 학생들 마음속에 올바른 그리스도교 정신을 심어주는 것이요, 다른 한 편으로는 시기에 알맞게 학생들의 건강 상태를 돌보아, 바르게 성장하게 할 수 있도록 지켜주는 것이다"라고 규정하였다. 그러므로 교칙의 기본적인 규정은 다음과 같다: "누구나 그의 청년기를 보람있게 보내고자 원하는 사람이나, 지구상에서 행복의 근거를 학교에서 찾는 사람은 무엇보다도 먼저 그의 모든 행동에 있어서 항상 현재적이며, 무엇보다도 올바른 의지의 상징으로 표현되는 신을 먼저 생각함으로써 스스로 깨달음과 즐거움을 찾아야만 된다." 정신적인 교육이 아니라, 그리스도교적인 생활방식이 중심이 되는 이러한 교육의 기본 개념에 따라 학교 안에서의 모든 생활이나 제도는 하나하나 지켜질 수밖에 없다. 마찬가지로 임마누엘이 학교 건물 안에 살지 않을 때도, 그는 매일 아침 5시에서 6시 사이에 30분 정도 앉아 아침 명상을 하였고, 매일 저녁 9시에 역시 저녁 기도로 하루를 끝마쳤다. 그는 이렇게 해서 차츰차츰 종교에 접근하였고, 뿐만 아니라 항상 종교 주위에서 맴돌았다. 수업시간에는 항상 "고무적이고도 짤막한 기도"로 시작하였고 또 기도와 함께 끝마쳤다. "이 기도를 통해서 학생들은 수업과 함께 하는 신이 있다는 것을 알고 또 받아들이도록 강요당했다." 매일 7학년과 8학년의 다섯 개 반 학생들은 오전 시간에 "신학"을 배웠다. 즉 교리 문답서(구세주 예수회)를 포함해서 격언과 성경의 역사를 인상에 깊이 남도록 배웠다. 고학년들에게는 "신의 진리와 신약과 구약에 대한 근본적이고 체계적인 인식"을 심어 주었다. 그리고 다른 과목들도, 비록 그 과목이 처음에는 그 과목에 맞게 수업이 시작되지만, 다음 단계는 항상 종교와 연관되어 이루어진다. 그리스어는 신약을 갖고 배웠다: 테르티아(Tertia) 반[5]에서는 요한 복음서 중에서 몇 개의 장을 골라 읽고, 세쿤다(Sekunda) 반[6]에서는 마태 복음서와 마르코 복음서를 포함하여 바오로에게 보낸 편지 중에서 몇 부분을 발췌해서 읽었고, 프리마(Prima) 반[7]에서는 나머지 신약을 읽었다. 칸트는 그 밖의 그리스어에 대해서는 그들이 아무것도 들은 것이 없다고 주장하였다. 이것으로 보아 우리는 칸트의 저서에서 고대 그리스 철학자들에 관한 사상이 라틴어에 의한 사상보다 뒤진다는 것이 결코 놀랄 만한 일이 아님을 알 수 있다. 역사 과목을 독립시키고 그 외의 다른 과목을 함께 묶어, 즉 지리와 수학을 한 과목으로 묶어 쾨니히스베르크 고등 교육기관의 학과목으로 인정했을 때, 이 과목을 신·구약성서와 연관시켜 가르쳤고, "혹시" 라틴어로 번역이 가능한지도 함께 연구하는 것을 의무화시켰다.

학교의 규칙적인 수업 외에 종교적인 부담감이 매주 늘어만 갔다: 먼저 매주 월요일 저녁 6시에서 7시 사이에 신앙심을 위한 교화 시간이 있었고, 둘째로 선생님들과 학생들 중 어른들을 위한 기도 시간이 금요일 아침 5시에서 6시 사이에 있었다. 셋째로는 일주일 중 하루를 정하여 교장 선생님이 직접 교리 문답 시간을 지도하였다. 그리고 일주일의 수업이 끝나는 마지막날인 토요일 오전 시간에는 모든 학생들과 교직원이 모인 자리에서 장학관의 훈계가 있었는데, "먼저 찬송가 한 곡을 부른 후 기도를 하고, 일주일 동안 관찰된 수업뿐 아니라 제도나 규율의 장단점과 보충되어야 할 것에 대해서도 다시 한 번 상기하여 얘기 나누고, 나머지 시간에는 다음날이 일요일임을 다시 각성시키는 시간으로 마련된다. 마지막으로 역시 찬송가 중 몇 개의 시구를 가려 읽고, 함께 기도하고 노래

---

5) 졸업을 3년 앞둔 반을 의미한다—옮긴이 주.
6) 졸업을 2년 앞둔 반을 의미한다—옮긴이 주.
7) 졸업반을 의미한다—옮긴이 주.

부르면서 끝을 낸다." 물론 일요일에는 무엇보다 영혼 구제를 위한 일을 해야 한다. 우리 모두는 "일요일 아침 8시에서 9시 사이 교회에 가야 하며, 그곳에서는 청소년을 포함하여 모든 사람들에게 교리 문답을 가르친다. 곧바로 그들에게 질문이 주어지고, 설교와 같은 방법으로 질문에 대한 답을 설명한 다음, 바로 오후 설교가 이어진다. 마지막으로 지금까지 들은 설교를 다시 한 번 설명한 후 일요일 일과가 끝난다. 이렇게 함으로써 젊은이의 영혼은 상당한 진리를 얻었다고 우리는 해석하고, 그들의 풍부한 감수성과 사랑이 밀려오는 것을 볼 수 있다." 그리고 정식으로 규정된 주중의 종교 수업 시간도 일정한 날 일정한 시간에 훈계의 시간이나 자기 반성의 시간 그리고 "종교적 각성"의 시간과 함께 이미 4주 전에 시작된 만찬의 향유를 위한 "준비"처럼 비정상적인 종교적 연습으로 채워지고 있었다.

이러한 모든 학교 생활은 할레에 있는 프랑켄 지방 교육기관의 범례에 따라 쾨니히스베르크 교육기관에서 사용하기 때문에, 교재와 교육방법 등 거의 모든 것이 일치하고 있다. 특히 그들은 경건주의 정신이 지나치게 충만되어 오히려 부드럽고 깊은 어린아이들의 영혼을 자극하여 그들을 광신적인 상태로 몰아가고 있었다. 그 결과 그들의 많은 제자들 가운데는 그들이 원했던 목적과는 정반대에 이르는 경우도 있었다. 특히 우리의 칸트도 그 중 한 명의 희생자로, 훗날 종교의 감성적인 면과는 완전히 등을 돌리고 말았다. 그뿐 아니라 한평생 함께 부르는 성가나 기도에 대해서도 부정의 입장을 분명히 취하고 있다. 그는 교육학에 대한 강의에서 아이들을 자유롭게 교육시켜야 된다고 분명히 주장하고 있다. 아이들은 쾌활한 마음을 갖고 있기 때문에, "그들의 눈빛의 청량함은 태양"과 같다고 하였다. 그의 친구 히펠(Hippel)에게 얘기한 것처럼, "그는 이러한 청년기의 노예상태를 회상할 때마다, 걷잡을 수 없는 당혹감과 공포 속으로 휘말려 들었다."

교육기관의 위선적인 종교정신과 더불어 모든 학교의 과제는 무의식적으로 행해지는 암기뿐이었다. 그러나 이것마저도 "벌이나 징계를 면하기 위해서, 운명으로 받아들여 무가치하게 표류하고 있다"는 것—이러한 과제의 문제는 1802년 쾨니히스베르크의 의사인 모르츠펠트(Mortzfeld)에 의해 출판된 칸트의 초기 전기에서 보다 확실하게 잘 나타나 있다. 프리데리치아눔의 이러한 "좋지 않은 병"에 대해서 보호하고자 노력했던 링크도, 칸트가 당시의 학교 교육방법에 대해서 훗날 여러 곳에서 비난한 것을 찾아볼 수 있다고 말하였고, 끊임없는 교화와 기도시간의 버릇을 통해서 어린 소년이 갖고 있던 종교성에 대한 흥미가 식었고, 위축될 가능성을 인식힘으로써 형성 "사멍한" 섯으로 받아늘였다. 교육기관의 위선적인 면은 앞에서 논의된 수학과 논리학 수업에는—물론 여기서 자연과학에 대한 것은 대화의 대상으로 삼지 않았다.—보다 더 나쁜 상태로 나타났다. 그 수업에 대해서 우리의 철학자 칸트는 몇 년 후에 단지 웃고 말았다. 그는 재능 있는 그의 옛 동료인 쿤데(Cunde)에게 "이 사람들은 우리를 철학이나 수학이라는 걱정 속으로 집어넣어서 불꽃을 피우려 하지 않는다"고 토로하고 있다. "그들은 단지 그 불꽃을 불어서 날려 버리려고만 한다"고 다른 사람도 서술하고 있다. 슐츠를 제외하고 칸트에게 아주 좋은 영향을 주었던 유일한 선생님은 라틴어 선생님이었다. 나중에 칸트는 그 선생님을 진심으로 자주 칭찬하였는데, 그 선생님은 자신만의 방법으로 고대 위인에 대한 주석을 학생 수준에 맞게 잘 부연 설명해 주었을 뿐 아니라, 개념도 그들의 수준에 맞게 적당하고 올바르게 규정하면서 설명해 주었다. 그 영향을 받은 학생 칸트는 상당히 좋은 라틴어 문장을 구사했을 뿐 아니라, 나중에 그의 저술에 많은 영향을 끼친 로마제국의 시인과 철인들의 지식세계를 접하는 데 중요한 계기가 되었다. 보로브스키의 설명에 의하면, 칸트는 노년에도 로마제국 문호들의 작품을 유창하게 암송하였는데, 아주 긴 시구들도 전혀 틀리지 않고 잘 외우고 있었다고 한나.

김나지움 학생으로서 칸트는 이미 그의 탁월한 기억력을 발휘하고 있었다. 그가 매우 부지런하였던 것으로 미루어 볼 때, 감히 우리는 그의 기억력이야말로 부모들로부터 물려받은 정신이라고 생각한다. 잘 알려진 것처럼 그 역시 다른 아이들과 마찬가지로 어렸을 때, 또래 아이들과 잘 어울려 놀았다. 그는 인류학에서, "내가 소년이었을 때, 나는 너무나 많이 놀았기 때문에, 피곤하고 힘들어 편히 쉴 수밖에 없었다"라고 하였으며, 로이쉬(Reusch)에게 보낸 편지에 의하면, 칸트는 어린 시절에 빈 물통을 갖고 "슈스터 분수대"(Schusterbrunnen) 주변에서 자주 놀았다고 한다(편지교환 I. 386면).[8] 그리고 칸트의 고백에 의하면, 초등학교 일학년 때, 그는 학교 가는 길에 친구들과 노는 것에 너무나 열중한 나머지 아무 생각 없이 가방을 두고 학교에 갔기 때문에, 벌을 받은 적이 한 번 있었다고 한다. 그가 보로브스키에게 고백한 것처럼, 그는 학창시절에 "많은 것들"을 잊어버리고 다녔다. "이러한 것은 근면한 학교생활에 아무런 영향도 주지 못했다." 그러나 아직도 보존되어 있는 프리데리치아눔의 성적표를 보면 그러한 일이 칸트가 상급반으로 "진급"하는 데는 아무런 영향을 주지 않았다. 약 반년 뒤에 어린 칸트는 2등을 하였고, 1733년 미카엘 대축제(9월) 때쯤 해서 9살 반이 된 칸트는 크빈타(quinta) 반[9]에서 1등을 차지하였고, 일년 후에는 크바르타(quarta) 반[10]에서도 역시 1등을 차지하였다. 1736년 부활절 때인 테르티아 반과 1737년 가을 세쿤다 하급반과 일년 후 세쿤다 상급반에서도 같은 등수를 차지하였고, 1740년 가을 2등으로 학교를 졸업하였다. 졸업 당시 그의 행동 또한 아주 훌륭했다고

---

8) 1804년 익명의 편집자에 의해 라이프치히에서 출판된 《임마누엘 칸트의 생애》에서 무엇 때문에 어린 칸트가 "거칠고 익살맞은 부랑아"라고 취급되지 않았는지 모르겠다 (28면).

9) 졸업을 5년 앞둔 학생들의 반을 의미한다—옮긴이 주.

10) 졸업을 4년 앞둔 학생들의 반을 의미한다—옮긴이 주.

알려져 있다. 비록 좋은 교칙은 아니었지만, 그와 다른 학생들 몇몇은 결함 많고 볼품없는 선생님(하이덴라이히[Heydenreich]인 것으로 알려져 있다.)에게도 항상 친절하고 공손하였으며, 모든 선생님의 지시에 주의를 기울이면서 생활했다고 그 자신이 설명하고 있다. 그래도 그들은 하이덴라이히 선생님 수업시간에는 다른 시간보다 더 유익한 것을 많이 배울 수 있었기 때문이었다.

여기서 얘기된 "다른 몇몇의 학생"들에 속하는 그의 친구들은 다비트 룬켄(David Ruhnken)과 요하네스 쿤데(Johanes C(K)unde)이다. 칸트와 그들은 고대 철학자와 문호들의 사상에 심취해 있었다. 그들은 함께 모여서 학생들에게 입혀지기 않은 라틴어 작가들의 고전을 읽었다. 특히 셋 중에서 가장 유복하였던 룬켄이 좋은 교재를 아주 쉽게 구입하였다. 한번은 그가 드라켄보르크(Drakenborg)에 의해서 편집된 아주 귀하고도 소중한 리비우스(Livius)판을 구입하였다. 그뿐 아니라 그들은 앞으로의 저작에 관한 계획까지도 세우고 있었다. 이 계획에 따르면 그들은 그들의 이름을 라틴어식 표기에 따라 쿤데는 쿤데우스(Cundeus)로 칸트는 칸티우스(Cantius)로, 그리고 룬켄은 룬케니우스(Ruhnkenius)로 표시하기로 하였다. 이 셋 중에서 쿤데는 가난하였기 때문에 어릴 때부터 과다한 노동을 해야 했고, 그 결과 자신의 정력을 너무나 소비한 나머지 1759년 동프로이센에 있는 조그마한 도시 라스텐부르크(Rastenburg)의 총장으로 재직하다 가장 먼저 세상을 떠났다. 칸트보다 한 살 많았던 룬켄은 칸트보다 한 학기 뒤에 프리데리치아눔을 졸업하고 자신의 시대에 최초의 언어학자가 되었고, 2년 후에는 네덜란드의 라이덴(Leiden) 고등학교로 초빙되어 수십 년 동안 그곳에서 그의 능력을 발휘하였다. 룬켄 혼자만이 Ruhnkenius 라는 그들이 청소년 시절에 정한 라틴어 학자 이름을 굳건하게 지킬 수 있었다. 물론 그 사이 나중에 룬켄보다 더 유명해진 칸트는 다른 길을 택하여 자신의 학문을 개척하고 있었다. 그러나 룬켄 역시 그의 어린 시절을 결코 잊지 않고 있었다. 30년이 지난 1771년 3월 10일 당시 같은 친구였던 빌케스(Wielkes)가 그를 찾아 네덜란드를 방문하였을 때, 그는 흥분하여 당시를 회상하였고, 그의 옛 친구에게 아주 친절하고도 수려한 문체의 편지를 빌케스 편에 주어서 칸트를 찾게 하였다. 물론 이 편지는 라틴어로 쓰여졌으며, 오늘날 칸트의 아카데미판 전집 중 편지교환 부분에 고스란히 완벽하게 보존되어 있다. 빌케스에 의해서 편집된 저서 속에 나타나 있는 것처럼, 8일 후에 칸트가 네덜란드로 여행할 수 있게 권하고 있다. 빌케스는 다음과 같이 쓰고 있다: "룬케니우스와 저는 당신이 여기 오시는 데 필요한 모든 노력을 아끼지 않을 것을 맹세할 수 있습니다. … 우리의 부엌이 당신의 뜻에 따라 위치 변경이 가능한 것처럼, 우리의 집도 곧 당신의 뜻에 따라 당신의 숙소가 될 수 있습니다. 룬케니우스씨는 우리를 도와 당신이 이곳에 머무는 동안 가장 편안하게 지낼 수 있도록 최선을 다하고 있습니다." 칸트 역시 라이덴에서 18시간만 여행하면, 그가 "예전에 계획한" 영국에 실제적으로 도달할 수 있고, 뿐만 아니라 "정신을 꿰뚫어보는 사람이면서 비밀스러운 편지교환으로 보이지 않는 대상과도 같은" 스위던보그(Swedenborg)와도 교분을 가질 기회가 될 수 있었다. 그러나 그것만으로 칸트를 움직이기에는 역부족이었다. 칸트는 그때 이미 순수 이성 비판의 작업에 모든 정열을 쏟고 있었고, 스위던보그에 대한 그의 흥미는 1766년 그를 "정신을 바라보는" 자신의 "꿈과 같은 우상"으로 생각하던 때와는 많이 약화되어 있었기 때문에, 쾨니히스베르크 주위에 이미 습관화되어 있는 47세의 칸트를 보다 넓은 세계로 이끌어내기에는 충분하지 못했다.

　이러한 연대적인 탈선에서 우리는 다시 칸트의 김나지움 시기로 돌아가 그의 졸업에 대해서 살펴보기로 하자. 그의 부모님 집과 학교 외에도 호기심 많은 소년이자 지력과 정서 그리고 상상력으로 가득 찬 성장기에 있는 청소년이 영향을 받을 수 있는 다른 많은 것이 있다는 것은 당연한

것이다. 그는 매일 그의 집에서 아주 가까이 있는 수상(水上) 거래의 중
심인 "푸른 다리"(Grüne Brücke)를 넘어 도시의 주요 구역 여기저기를 기
웃거리면서 학교에 갔다. 여기서 그는 한쪽 구석에 자리하고 있는 나무로
만들어져 아주 가벼워 보이는 여러 종류의 탈 것들을 보았는데, 그것은
폴란드 사람들이 강에서 사용하는 배였다. 이 목선들은 프레겔(Pregel) 지
방에서 당시만 해도 위세를 떨치고 있던 폴란드 왕국의 여러 지방으로
원자재를 실어다 주고, 그곳에서 생필품이나 포도주, 혹은 완제품을 날라
다주는 역할을 담당하던 배였다. 그 배들 중 어떤 것은 양털로 씌운 것도
있어서 마치 원시인의 삶처럼 보이기도 하였다. 다른 편에는 발트 해에서
온 아주 호화로운 연안 여객선들이 정박하고 있었다. 특히 프레겔 어귀에
는 영국과 네덜란드에서 역시 생필품을 싣고 온 큰 배들이 정박하고 있
었고, 그들은 리투아니아와 폴란드 그리고 프로이센 지방에서 생산된 원
자재를 스칸디나비아 반도와 영국 그리고 스코틀랜드 지방 및 심지어는
프랑스까지 실어 날랐다. 물론 이들 사이에도 중개인이 있어서 물건 구입
에 도움을 주고 있었는데, 그 중에서도 폴란드에 살고 있는 유대인들이
매매에 중요한 위치를 점하고 있었다. 쾨니히스베르크는 약 6천 여 가구
에 5만 여 주민이 살고 있는 도시로 프로이센 왕국 가운데서 두 번째로
잘 알려진 도시였다. 특히 이 프로이센 왕국은 쾨니히스베르크와 함께 성
장하였기 때문에, 쾨니히스베르크는 약 한 세대 전부터 그 새로운 가치를
인정받았다. 즉 대체적으로 강하고 자신의 위치를 자각한 서민 출신의 이
곳 주민들은 가난한 사람까지 포함해서 매우 근면하였고, 그들은 그들의
자식들, 특히 남자아이들을 당시 그 도시에 있던 5개의 실업계 고등학교
와 1544년 알베르트 공작에 의해서 건립된 알베르티나(Albertina) 고등학
교에 보내 고등교육을 받을 수 있게 온갖 노력을 다하였고, 자식들을 통
해서 그들 스스로도 만족감을 누렸다.

  그럼에도 불구하고 우리의 철학자 칸트는 그의 첫 교육과정이 프리데

리치아눔의 정신적인 분위기에 의해서 확실하게 정해지고 말았다. 이러한 내용은 칸트의 청소년 시절의 친구인 룬켄이 그와 함께 보낸 학창시절을 회상해서 쓴 편지 앞부분에 너무나 잘 나타나 있다: "꼭 30년이 지났구나. 우리들은 테르티카 반에 속해 있었고, 그 시간은 아주 유용하였으며 물리쳐야 될 광신자들의 법규를 탄식할 필요는 없었다. 그때 사람들은 가슴속에 너의 정신 상태를 존경하는 마음을 품고 있었어. 만약 네가 그 정열을 포기하지 않는다면, 너는 학문의 최고 경지에 이를 수 있을 것이다."

1740년 가을, 이러한 그의 친구의 기대와 함께 열여섯살의 임마누엘 칸트는 그의 고향에 있는 대학교에 진학하였다.

2 대학교 시절과 가정교사 시절(1740~1754)

1. 대학생으로서 칸트(1740년~1746년)

a) 칸트의 연구분야/크누첸(Knutzen)의 영향

1740년 9월 24일 당시 알베르티나의 총장이자 대학평의회 회장이었던 동양언어학자 하안(J. B. Hahn) 교수는 "에마누엘 칸트"(Emanuel Kant)의 대학 입학을 최종적으로 허락하였다. 1735년 10월 25일에 공포된 프리드리히 빌헬름 I세의 법령에 따르면, 칸트뿐 아니라 모든 학생들은 먼저 대학입학 허가를 받고, 그들의 지식능력을 평가받기 위한 특별한 시험을 치른 다음 최종적으로 입학이 허락되었다. 이 시험을 치른 후에도 그들은 철학부장인 랑한젠(Langhansen) 교수로부터 학문을 시작해도 좋다는 증명서를 받아야만 했다. 당시 프로이센 왕국에서 대학입학 허가를 위한 이러한 요구가 오늘날 대학입학 자격시험에 해당하는 것이라면, 결코 이것은 흥미 없는 것으로 보이지만은 않는다. 이 자격에 대해서 프로이센 왕국 특별법 5장 1항에는 다음과 같이 명시되어 있다: "대학입학 자격시험 성적이 일등급인 학생도 면제되어서는 안 된다. 일등급 판정을 받은 학생은 그렇게 어렵지 않은 키케로의 작품을 읽고 유창하게 설명하면 된다. 그리고 많은 말을 하지 않더라도 문법적인 실수를 해서는 안 된다. 또한 라틴어를 듣고 최소한의 이해를 해야 한다. 그 외에도 논리학의 이해가 중요시되는데, 그 중에서도 중요한 것은 삼단논법의 법칙이다. 지리와 역사 그리고 성경 중에서 가장 중요한 것은 사도들이 보낸 편지이다. 그리고 그들은 최소한 요한 복음서와 마태 복음서를 그리스어로 설명하고 분석해야 하며, 모세 5경 중 제1경전 제1장을 히브리어로 설명하고 분석까지 해야 한다." 그러므로 그들은 가장 먼저 라틴어, 그리스어를 신약으로 공부해야 하며, 히브리어와 약간의 삼단논법 그리고 가장 중요한 지리와 역사를 공부해야 했다. 그러나 수학과 자연과학 내지 새로운 언어학에 대해서는 아무런 요구도 하지 않았다. 그러나 이러한 시험은 누가 학문할 능력을 갖추고 있는가보다는, 누가 부유한 부모를 갖고 있는가를 파악하는 것에 불과하였다. "부유한 사람이 그들의 자식을 그들만의 방법으로 대학에 보내는 것은 자식의 공부가 목적이 아니며, 자선행위도 아니다. 무료급식이나 무료기숙사를 이용하기 위한 것도 아니며, 장학금을 받기 위한 것도 더더욱 아니라면," 보다 "정확한 시험" 방법이 적용되어야 할 것이다. 칸트는 부모가 부자라는 특권이 없기 때문에, 이 방법에 "적응" 해야만 했다. 그러나 그는 이러한 시험에 우수한 성적으로 합격하였기 때문에, 프리데리치아눔이 그에게 모든 것을 잘 가르쳤다는 좋은 본보기가 되었다. 그러나 그는 다른 몇몇의 입학생처럼 모든 것이 무료였던 것은 아니다.

신출내기 대학생 칸트는 어떤 학부에 입학했으며, 소속되었는가? 보기에는 아주 간단해 보이는 이 물음이 결코 간단하지만은 않다. 왜냐하면 하안 총장은 다른 총장과는 다르게(예를 들어서 칸트도 1786, 1788년 두 차례에 총장으로 피선되었다.) 대학에 등록한 학생들의 수강과목과 강의 내용 중 특징 있는 것은 학적부 뒷면에 자세하게 상황설명을 해 두었기 때문이다. 1792년 칸트는 보로브스키에 의해서 씌어진 자신의 전기 초고를 직접 읽었다. 이 전기에 의하면, 칸트는 "신학부에 등록되어" 있다고 적혀 있다. 슈베르트는 칸트 스스로 신학부에 소속될 것을 수락하였으며, 이러한 승낙은 자신의 감상적인 사고를 어느 정도 보강하고자 했기 때문이라고 서술하고 있다. 계속해서 그는 우리의 효자 아들인 칸트에 대해 "그의 사랑하는 어머니에 대한 기억과 추억을 오래 기리고" 싶었을 것이라고 설명하고 있다. 그리고 이러한 그의 예들은 대부분 나중에 잘 알려진 묘사들로 자연스럽게 이어진다. 문제가 되는 모든 증명서는 아르놀트에 의해서 근본적으로 조사가 되었는데, 그러나 약간의 의심은 여전히 남아 있다는 것이다. 신학에 대한 칸트의 연구는 앞에서 얘기된 보로브스키의 초고에서처럼 칸트가 직접(슈베르트가 주장한 것처럼 "기입"이 아니라) 했다는 것이 사실일 뿐 아니라, 아르놀트가 쾨니히스베르크 대학교 신학부의 등록학적부에서 확인한 것처럼, 대학생 칸트의 학적이 1740년도뿐 아니라, 그 이후의 몇 년까지도 신학자로 등록된 적이 없다는 것 또한 사실이다. 마찬가지로 의학부의 학적부에서도 그의 이름이 발견되지 않았다. 1740년대 법학부의 학적부에서도 최소한 문제가 되는 부분은 발견되지 않았다.

아마도 1742/43년 겨울학기, 혹은 1743년 여름학기에 칸트의 옛날 선생님이었고 동시에 그의 후원자였던 슐츠는 "그리스도교의 중점을 단지 묵시록에 국한하여 감사하게 생각하는" 극단적이고도 교의 신학적인 강의를 하였는데, 칸트 역시 그의 강의를 들었다는 사실은, 우리가 여러 상황들을 종합하여 살펴볼 때, 칸트가 신학을 전공했다는 것에 부정적이기보다는 오히려 긍정적인 면으로 작용한다. 이러한 사실들의 가장 근본적인 원천을 우리는 칸트와 동갑이면서 그의 어릴 때 친구이자 같은 학교를 졸업하고 하일스베르크(Heilsberg)의 군사회의와 황실재산 관리국에서 근무하였던 발트(Wald) 교수의 서면 보고서에 두고 있다. 발트 교수는 1804

년 칸트가 죽은 뒤 4월 23일에 있은 그의 추모식에 필요한 연설문을 작성하기 위해서 여러 가지 자료를 조사하였고, 그 자료를 중심으로 보고서를 작성하여 연설문으로 사용하였다. 이렇게 칸트의 대학시절은 확실한 것이 거의 없다. 그리고 어린 시절 친구들의 설명이란 항상 유동적이다. 그러므로 우리는 여기서 이러한 설명들을 아주 거침없이 얘기할 수 있다. 같은 해 4월 17일 발트는 다음과 같이 물었다: "칸트가 신학을 공부했습니까? 그것은 사실입니까?" 이 물음에 대해서 하일스베르크는 아주 확실하게 "칸트는 신학생이 결코 아니었다"라고 답하고, 계속해서 다음과 같이 설명하였다. "우리가 그를 그렇게 생각하니, 그렇게 된 것이다." 칸트는 그와 가깝게 지낸 "블뢰머(Wlömer) 그리고 나와의 공동생활 및 교제를 다른 어떤 것보다 편안하게 생각하였다. 사람들은 모든 학문에서부터 지식을 얻고자 하고, 지식을 잊지 않고자 한다. 마찬가지로 신학에서도 빵을 구하고자 하는 것이 아니라, 지식을 구하고자 하는 것이다. 그러므로 우리는(블뢰머와 칸트 그리고 나) 앞으로 반년 동안 가장 기억될 수 있는 것으로 교구장이자 쾨니히스베르크의 주임 목사였던 슐츠 박사의 공적인 독서 시간을 수강하기로 결정하였다. 우리는 정해진 시간에 결코 늦지 않았으며, 열심히 받아 적었고, 집에 돌아와서는 들은 강의를 반복하여 복습하였다. 그리고 가끔씩 실시하는 시험에서도 좋은 성적을 얻었다. 우리는 많은 수강생 중에서 좋은 성적을 얻었기 때문에, 그는 종강하는 날 우리 세 사람에게 잠시 남아 줄 것을 당부하였다." 그러나 신학 교수인 그는 그들이 신학을 공부하는 학생이라고는 생각하지 않았다. 그는 그들의 "이름과 외국어 능력, 지력, 강의, 선생님들 그리고 대학 공부의 목적" 등에 관해서 물었고, 칸트는 "의사가 되기를 원합니다"라고 답하였다. 그래서 그는 세 사람 모두에게 "왜 여러분은 신학강의를 듣는가?" 하고 물었다. 칸트가 대답하기를 "앎에 대한 욕망입니다"라고 하였다. 그 답에 대해서 슐츠는 "만약 그렇다면, 나는 어떤 이론도 내세우지 않겠다.

그러나 여러분은 여러분의 사고가 어느 정도 성장할 때까지 여러분의 정신적인 상태를 결정할 의무가 있다. 그런 다음 여러분은 신념을 갖고 나를 찾아 주기 바란다. 여러분이 시골이나 도시 어디에 거처하든 나는 여러분에 대한 나의 약속을 지킬 것이며, 내가 살아 있는 동안 내가 한 말을 지킬 것이다. 이제 나의 손에 입 맞추고 가서 복음을 전하라!" 이 보고서는 여든 노인에 의해서 깃털이 달린 펜으로 씌어졌다. 이 보고서의 첫 머리는 나이 때문에 기억력이 많이 약화되었다는 글과 함께 시작하고 있다. 그러나 아주 값진 이 내용은 단순하고 명쾌하게 칸트가 신학생이 결코 아니었다라는 명료하고도 강한 인상을 주고 있다.[1]

우리는 여기서 실질적으로 나타난 증거들을 종합하여 칸트가 대학을 졸업하기 전에 '한번쯤 교회에서 설교한 적이 있는가?' 라는 질문을 할 수 있다. 보로브스키는 그의 메모를 중심으로 우리의 철학자 칸트의 신학 공부에 대해서 다음과 같이 설명하고 있다: "그는 몇 차례에 걸쳐 소속 교회에서 설교를 하려고 시도하였다." 그러나 우리가 알고 있는 이러한 종류의 메모 전체는 칸트 자신이 스스로 지워 버렸다. 이렇게 한 까닭이 그가 그것이 옳지 않다는 것을 설명하기 위해서였는지, 아니면 그가 그러한 "시도"에 특별한 가치를 두지 않기 위해서였는지는 확실하지 않다. 물론 확실한 증거가 없는 얘기이긴 하지만, 칸트가 죽기 2년 전 핫세에게 얘기한 것에 의하면, 그는 언젠가 한 번 마태복음 5장 25절에 대해서 설교할 후보로 선정되었다고 한다. 그러나 그는 "그것에 대해서 준비는 하였지만, 설교를 하지는 않았다"고 말했다. 왜 칸트는 그의 젊은 시절 슐츠의 신학 강의를 들은 후 신학의 세계로 들어가려고 시도하였는가? 야

---

1) 이것에 반해서 칸트의 청소년 시기에 관하여 일반적인 전환점은 아니지만, 링크는 칸트의 "신학 연구"에 대해서 그렇게 큰 의미를 둘 필요가 없다고 주장한다. 왜냐하면 이것은 아주 미온적이기는 하지만 칸트는 부모의 목적에 따라서 대학 교육을 받은 것이 그 좋은 예이기 때문이다.

흐만에 의하면, 칸트는 몇 년 뒤 그와 우정을 나눈 친구 중 매우 존경할
만한 사람을 야흐만과 보로브스키라고 하였고, 개인적으로 지방정부 통
치자에게 그들을 공석중인 종군 목사로 추천하였다. 이때 칸트는 설교 계
획에 대한 생각을 완전하게 확정하고, 의견을 나누는 데 노력을 아끼지
않았다. 이 모든 것들도 칸트가 교단에서 설교했다는 확실한 증거는 아니
다.

　칸트가 대학교에서 정식으로 신학부에 속했는지 그리고 설교문을 몇
번이나 작성했는지 또 시골 교회에서 직접 설교를 했는지의 문제보다 더
중요한 물음은 사실상 다른 데에 있다. 즉 그가 대학 시절에 어떤 방향으
로 연구를 하여 그의 정신적 세계를 완성하였는가 하는 물음이다. 그것에
대한 특이한 설명을 우리는 우선 그의 제자 야흐만으로부터 들을 수 있
다: "칸트가 무슨 계획을 갖고 대학 생활을 하였는지, 그의 친구들도 아
는 바가 전혀 없는 것 같다. 오래 전에 쾨니히스베르크에서 타계한 트룸
머(Trummer) 박사는 칸트의 죽마고우이며, 동시에 칸트의 유일한 대학교
친구였다. 물론 나도 그를 잘 알고 있는데, 칸트의 대학 생활에 관한 어
떤 정보도 내게 제공해 줄 수 없었다." 칸트는 비록 청소년기의 어린 나
이였지만, 자신의 대학 생활에 대해 완벽한 계획을 갖고 있었던 것 같다.
즉 그는 이미 대학 시절에 자신의 빵을 위해 노력하는 다른 많은 대학생
들의 희망이었다. 그때 이미 그는 고위직에 있는 사람들이 "하위"직인 철
학부를 경멸하고 있다는 것도 알고 있었다. 이를 그는 노령에 발간한《학
부 사이의 투쟁》(*Der Streit der Fakultäten*)에서 잘 표현하고 있다. 야흐만
은 계속 다음과 같이 설명하고 있다: "칸트는 대학에서 무엇보다 고대
그리스 로마의 고전 문학을 연구하였다. 그러나 그가 실증과학에 대해서
아무런 기여도 하지 않았다는 것이 사실이 아님은 이미 잘 알려져 있다."
그리고 그의 대학 동료였던 하일스베르크(Heilsberg)는 다음과 같이 칸트
를 회상하고 있다: 그는 자신의 보다 높은 이상과 목적을 위하여 "모든

학문에 대해서 학식을 쌓고자 하였기 때문에, 비록 프리데리치아눔에서 이중적인 의미에서 독단적인 신학을 실질적으로 충분히 습득했을지라도, 그 분야에 대해서도 예외를 두지 않고 열심히 연구하였다." 그래도 그에게 가장 관심사였던 학문 분야는, 그가 고등학교 시절에 가장 관심이 많았던 수학과 자연과학 그리고 철학이었다. 위에서 얘기된 야흐만의 인용 부분을 계속 살펴보면, "특히 그가 수학과 철학 그리고 고대 로마 사상에 관심을 두고" 있었기 때문에, 그가 김나지움에서 매우 열심히 공부했지만, 대학에서는 멀리한 고대 로마 사상에 대해서 우리는 주목해야 한다. 보로브스키에 따르면 칸트는 "대학에 입학하자 곧바로" 그의 친구들이 전혀 "예기치 못했던" 방향으로 연구를 시작했다고 한다. 이때까지만 히더라도 칸트의 동료들은 그가 저명한 언어학자가 될 것이라고 생각하고 있었다. 칸트의 초등학교 친구였으며 가끔씩 룬켄, 칸트 그리고 쿤데와 더불어 네잎클로버회에 어울렸고, 나중에 칸트의 동료 교수로서 라틴어와 동양언어학을 강의했던 퀴프케(Kypke)도 "그의 사고방식과 윤리관이 다른 학생들과 전혀 맞지 않았기 때문에 간혹 그렇게 생각했다"고 말했다. 보로브스키도 가끔씩 다음과 같이 말했다: "우리는 고등학교 시절에 어떤 추측도 할 수 없었고, 더구나 칸트가 철학 분야에 뛰어들 것이라고는 전혀 생각하지 않았다." 동시에 룬켄도 나중에 네덜란드에서 링크에 대해서, 링크는 칸트의 고등학교 친구로 특히 철학에 대해서 깊은 관심을 갖고 있기보다는 반대로 철학을 소유하고 있었다고 설명하였다. 이런 관점에서 우리는 저 유명한 라이덴의 언어학자 룬켄이 칸트를 두고 "꽃이 만발한 들판과 같은 인문학 분야에서 황량한 초원과도 같은 철학 분야로 돌아서면서 배신자가 되었다"라고 주장한 것에 대해서 비난할 이유가 전혀 없다.

그 당시 상황이 칸트로 하여금 이러한 "배신"을 하게 하였는데, 쾨니히스베르크 대학교에서는 언어학 분야에 흥미를 불러일으킬 만한 교수들이 없었고, 대학생 칸트는 룬켄처럼 쉽게 외국으로 유학갈 수도 없는 상황이었다. 그나마 개설된 몇 개의 강좌도[2] 그에게는 적당하지 않았다. 수학에는 전혀 문외한인 암만(Amman)이 수학을 강의하였고, 물리학도 테스케(Teske)가 강의하였는데, 그의 왕성한 원기만은 높이 살 만하였지만, 그렇게 유명하지도 않았고, 사양심이 누구보다 강한 종교국회원이었다. 그는 나중에 칸트의 석사학위 논문(Magisterpromotion, 1755년)을 지도하였지만, 사실상 그는 칸트의 논문을 통해서 오히려 많은 것을 배운 것으로 알려져 있다. 물론 그는 대학의 정교수로 학위 논문을 지도할 수 있는 사람이었다. 그리고 고령에 무미건조하기로 소문난 아리스토텔레스 학자인 그레고로피우스(Gregorovius, 1749년 사망)가 있었고, 할레의 교육대학에서 초빙되어 온 고리타분한 크리스티아니(Christiani)도 있었다. 이 둘은 신학부에 소속된 사람들로—이 둘 사이에는 경건주의 입장과 절충주의 입장이 팽배하였고, 두 입장 사이에 퀴프케 I세가 오가고 있었다. 이러한 사실은 그의 강의노트에(1732년) 특히 잘 나타나 있다. 그는 "수강생들이 나타나면", 그들의 취향에 따라서 "옛날부터 잘 알려진" 소요학파의 방법이나 아니면 부데(Budde)나 발히(Walch)의 새로운 체계에 따라서 강의했다고 쓰고 있다. 아마도 칸트에게 철학적인 영향을 미친 사람들은 몇몇의 신진학자들이었던 것 같다. 예를 들어 수학교수인 마르크바르트(Marquardt)를 먼저 꼽을 수 있다. 수학자임과 동시에 철학자이자 신학자이기도 한 그는 볼프의 제자로 객원교수의 자격으로 출강하였다. 그 외에 물리학자인 라폴트(Rappolt)가 있다. 그 역시 영어와 철학을 강의했으며, 칸트가 그의 저술에서 포페에 대해서 두드러진 애정을 보인 것 또한 아마도 그의 영향인 것 같다. 그러나 그 당시 어떤 선생님도 칸트에게 논리

2) 그 당시 쾨니히스베르크 대학에서 개설된 강좌에 대해서는 에르드만(Benno Erdmann)의 첫 저술인 *Martin Knutzen und seine Zeit*(1878)가 고작이었다. 물론 우리는 이 저술에 대해서 이후 얘기될 몇 면에서 감사할 것이다.

학과 수학을 담당한 젊은 초청교수(Extraordinarious) 마르틴 크누첸 (Martin Knutzen)보다 더 큰 영향을 주지는 못했다.

젊은 칸트의 정신적인 발전에 매우 큰 영향을 준 이 사람은 누구인가?

칸트보다 약 10년 전에 쾨니히스베르크에서 태어난 그는 15세가 채 안 된 나이에 고향의 대학에 진학하였고, 21세에 이미 객원교수가 되어 쾨니 히스베르크 대학교에서 논리학과 형이상학을 강의하였다. 너무나 많은 강의 때문에―그는 하루에 무려 6시간의 강의를 하였다.―일찍 자신의 정력을 다 소모했는지, 37세의 젊은 나이에 고향에서 죽었다. 우리는 그 의 많은 강의들과 저술들을 세 분야의 서로 다른 영역으로 나누어 볼 수 있다. 즉 철학적 영역, 종교적인 영역 그리고 수학적 자연과학 영역으로 나눌 수 있다. 그의 이러한 학문 영역은 그들의 제목이 말해 주듯이 라이 프니츠-볼프 철학의 사상을 연구하는 동안 형성되었다. 그리고 이러한 연 구의 진행과정에서 그 자신의 독창적이고 남들이 인정할 만한 깊이의 사 상이 생겨났다. 예를 들어 그는 물질주의에 대한 문제를 특히 깊이 있게 다루고 있는데, 다른 논쟁자들과 달리 "아무런 의미가 없거나" "가치가 없는" 것으로 보지 않고, 아주 단순한 논쟁으로 취급하지도 않고, 철저한 유심론적인 근거 위에서 논박하였다. 그 외 크누첸의 논리학은 로크를 연 상시키고 있다. 즉 "감각의 관점에서 이전에 존재하지 않았던 것은, 오성 이나 인간 인식 일반에서도 존재하지 않는다"고 보고, 내외적인 "경험"을 우리의 완전한 인식의 근원으로 보고 있다. 이러한 그의 논리학은 전적으 로 경험주의적임을 알 수 있다. 그 외에도 그의 논리학 강의 교재는 그 구성이 매우 치밀하고 자료의 배열이 탁월함을 보여주고 있다. 그의 저서 는 너무나 분명하게 저술되어 그의 교육학적인 재능을 엿볼 수 있다. 마 지막으로 그의 신학적인 서술에서 찾아볼 수 있는 것처럼, 그는 종교적 경건주의에 아주 강한 흥미를 갖고 있었다. 이러한 관점에서 그의 연구에 가장 정통한 에르드만의 판단에 따르면, 그는 "절대적으로 종교적인" 성

격의 소유자였다. 특히 "명확성에 대한" 철학적인 어떤 "욕망"이 "세계식
관의 대립된 성격을 인정하는 한, 세계직관의 결과를 부정으로 몰아가게"
그를 부추기고 있다.

　젊은 대학생 칸트가 경건주의와 볼프 철학, 즉 크누첸과 슐츠가 받아
들인 볼프 철학을 통하여 크누첸에게 이끌렸는지, 아니면 개인적으로 볼
프 철학에 관심이 있어서 크누첸에게 이끌렸는지, 에르드만이 주장한 것
처럼, 우리에게는 매우 의문스러운 것이다. 우리의 느낌으로는 김나지움
때까지 오랜 기간 동안 자신을 억제해야 했기 때문에, 새로운 지식과 학
문 영역에 대한 강한 충동으로 자연스럽게 독창적인 정신이 나타난 것
같다. 무엇보다도 새로운 교수와 학문, 특히 철학과 수학적 자연과학을
결합시킨 새로운 문제는 칸트의 흥미를 자아냈을 뿐 아니라 강한 충동을
일으켰다. 아마도 이러한 결합의 고리는 크누첸의 저술에서 보다 많은 영
향을 받았을 것이다. 특히 그의 많은 강의는 철학과 물리학 그리고 수학
의 모든 부분들에 대해서 논하고 있다. 칸트가 직접 교정한 보로브스키의
보고에 의하면, 칸트는 크누첸의 수업에 "한번도 빠지지 않고 출석"하였
다. 젊은 대학생 칸트는 첫 학기가 시작되자마자 수업에 모든 정성을 쏟
았고, 깊이 빠져들었다. 칸트는 그가 좋아하는 교수들의 강의에 참석하여
수업에 최선을 다하였다: 첫번째 학기에 그는 수학과 철학 일반에 대해
서 일주일에 4시간씩 강의를 들었다. 그 외에 일주일에 한 시간씩 논리학
(개론)을 듣고, 토론 연습도 공부하였다. 두 번째 학기에는 논리학에 대
해서 보다 자세한 강의를 들었고, 두 학기 연속으로 강의되는 수학 과목
의 첫번째 과목을 들었다. 그 외에도 크누첸의 "정선된 사상가"(selectiora
ingenia)에서 보다 한 단계 높은 수학에 대한 기대를 걸었다. 그 다음 겨
울학기(1741/42년)에는 지난 겨울학기에 듣지 않았던 교수들의 강의를
들었던 것으로 보인다. 그 외에 토론 연습도 한번 더 수강하였다. 네 번
째 학기에는 실천철학에 대한 강의를 들었고, 천문학에 관한 강의도 들었

을 것이다. 그 다음 학기에는 이성심리학, 자연철학, 자연법, 수사학, 기억술 그리고 오류론에 관한 강의를 들었고, 대수학과 무한대의 해석학도 공부하였을 가능성이 짙다. 이 모든 과목들은 칸트의 수강계획서로 증명되었으며, 교수들도 칸트의 기대에 어긋나지 않게 열심히 강의한 것으로 알려져 있다.

그러나 보다 중요한 것은 강의를 통하여 얻게 되는 개인적인 친분관계, 즉 열성적이고 재능 있는 학생으로 칸트는 그의 선생님과 교제를 시작했다. 이러한 교제는 그 당시 대학경영상 교칙의 상황으로 볼 때 아주 완화된 것이며 혁신적인 것이었다. 왜냐하면 1735년 쾨니히스베르크 대학교의 교칙은 다음과 같기 때문이다: "모든 교수들은 한 과목에 대한 강의가 다 끝나면, 한편으로는 학생들이 자신의 강의를 이해했는지 확인해야 하며, 다른 한편으로는 학생들이 열성과 관심을 갖고 주의 깊게 수업에 임했는지 알아보기 위해서, 그들의 소질과 성실성을 측정할 수 있는 시험을 치러야 한다. 최소한 특별한 과목은 꼭 시험을 치러야 한다." 이러한 강의에 대한 "시험"은 크누첸 역시 시행하였다. 그러나 그와 그의 젊은 학생 사이에는 끊임없이 개인적으로 친분관계가 유지되고 있었다: "현명한 시험관으로서 크누첸은 그로부터 뛰어난 성향을 발견하고, 그를 개인적인 면담을 통해서 깨우치고자 하였다.—그는 칸트가 뉴턴에 대해서 관심이 있는 것을 알고 그에게 뉴턴 전집을 빌려주었고, 그 밖에도 그의 호화롭고도 풍부한 양의 책이 소장되어 있는 자신의 도서관을 공개하고, 어떤 책이라도 칸트가 원할 때 빌려주었다"(보로브스키). 그는 뉴턴의 사상을 칸트에게 설명하면서 제자의 사고 속에서는 일어날 수 없는 일련의 활동을 불러일으켰다. 계속 이어진 이 활동은 얼마 지나지 않아서 어린 제자가 그의 스승의 사상을 뛰어넘어 진행되었다. 그러나 크누첸은 그를 남의 사상이나 모방하면서, 독립할 수 없는 사상가로 키우지 않고, "모든 교사들 앞에서 최고로 인정받을 수 있는" 사상가로 키우기를 원했

다. 왜냐하면 그는 "칸트와 그의 많은 제자들에게 나아가야 할 길을 제시
하였고, 그들이 그 방법에 의해 맹종자가 아니라, 언젠가는 독립적인 사
상가가 되기를 원했기 때문이었다." 그래서 칸트는 그에 의해서 자신이
가야 할 새로운 길을 개척하였고, 보로브스키가 얘기한 것처럼 곧바로
"연구를 착수하였고 머지 않아서 그의 스승을 능가하게 되었다." 그 영향
으로 칸트가 1758년까지 출판한 11개 저술의 내용은 모두 자연과학에 관
한 것이다. 물론 여기서 예외적인 것은 1755년에 발표된 그의 교수 자격
저서이다. 그러나 그 저서도 라이프니츠와 볼프의 범위를 벗어나지 못하
고 있다. 그리고 "크누첸은 그가 심고 가꾼 어린 나무가 놀랄 만한 열매
를 맺는 것을 경험하게 될 것이다. 왜냐하면 대학 입학 4년 후에 우리의
완벽한 사상가 칸트는 그의 저작을 위해 대단한 힘으로 정열을 불태웠다.
… 특히 철학과 수학 그리고 천문학에 쏟은 그의 정열은 대단하였다. 그
는 자신이 진지하게 대하는 사람들에 대해서는 자신만의 존경 방법에 따
라 특별히 대했는데, … 그 방법이란 그들을 그의 가슴에 평생동안 담아
두는 것이었다"(보로브스키).

b) 외적인 생활 습관

앞부분에서 얘기된 것처럼 칸트가 대학에서 연구한 전공분야에 대해
서는 자료들의 부족으로 충분히 설명할 수 없다. 그리고 그의 대학 생활
에 관한 것은 전기작가들이 더 많은 침묵으로 일관하고 있다. 단 바지안
스키만이 슐츠 박사가 칸트의 부모에게 땔감과 같은 것으로 도움을 주었
을 뿐 아니라, "칸트가 대학에 입학했기 때문에 그에게도 도움을 주었다"
고 얘기하고 있다. 그리고 보로브스키에 따르면, 칸트는 슐츠의 교의론과
그 밖의 다른 철학과목 강의에서, 복습이 필요한 모든 학생들을 상대로
"돈을 받고 다시 한 번 강의를 해 주었다"고 한다. 칸트는 단지 블뢰머,

하일스베르크 그리고 트룸머만을 같은 동료라고 칭하고, 그들과 함께 늘 가깝게 "지냈고 기분전환의 시간을 갖곤 하였다." 칸트의 대학교 친구였던 하일스베르크가 이미 우리에게 분명하게 서술하고 있는 것과 같이, 학생 칸트의 외적 생활 습관으로 보아서, 어느 누구라도 칸트의 친구로서 환영받았다. 이런 그의 생활습관에 대해서는 아르놀트가 쓴 칸트 전기의 일부분에 잘 나타나 있다. 그것에 대해 우리는 이미 잘 알고 있다. 여기서 우리는 지금까지 전혀 이야기되지 않은 부분에 대해서 새롭게 기술하기로 하겠다.

대학생으로서 칸트는 그의 가족과 더 이상 함께 살지 않았다. 그는 오히려 아주 친한 친구 블뢰머와 함께 지냈고, 대학에 입학한 첫해 일 년은 "매우 많은 시간을 주점에서 보냈다." "그는 많은 대학생을 가르쳤는데, 그 대가는 일정하지 않았고, 그들이 주는 대로 받았다." 특히 그는 아주 부잣집 아들 하나를 가르쳤는데, 그는 틸지트에서 온 "목사"의 아들이었으며, 하일스베르크의 사촌이었다. 그는 칸트가 가르치는 학생들의 "모임에 있어서 수입원으로써 청량제 역할을 톡톡히 하였는데, 커피와 흰 빵을 제공할 뿐 아니라." 그 밖에 갑자기 도움이 필요할 때도 항상 도와주었다. 블뢰머가 베를린으로 옮기자, 법학을 전공한 후 라그니트(Ragnit)에 있는 칼렌베르크(Kallenberg)의 군사참모관이 된 다른 친구가 칸트에게 "거처할 곳을 제공하였을 뿐 아니라 눈에 띄게 도움을 주었다." 칸트는 또한 그와 함께 대학입학 자격시험을 치렀고, 의학을 공부하면서, (또한 자연과학과 아마도 철학까지도) 칸트로부터 배우고 있는 트룸머로부터도 "많은 도움"을 받았다. 칸트는 "보다 많은 도움을" 구두제조 마이스터이면서 "공장주인"인 그의 백부로부터 받았다. 칸트의 형제들도 칸트를 아주 많이 도와주었는데, 그 중 한 형제는 임마누엘의 학위취득을 위해서 소요된 모든 경비를 책임졌고, 다른 한 형제는 칸트의 첫번째 저서의 출판에 소요된 경비의 일부를 도와주었다. 사실 칸트는 우리가 교회의 서류

에서 찾아볼 수 있는 것처럼 그의 아버지가 1737년 12월 23일 성식자의
입회도 없고 성가대의 찬송도 없이, "아주 조용히" 그의 부인을 묻고 난
후, 너무나 "가난하여" 장례식에 따른 세금도 낼 수 없는 처지라, 아버지
로부터는 어떠한 도움도 바랄 수 없었다. 칸트의 아버지는 그 다음해에
아주 병약해졌다. 가정일기에서도 칸트는 그의 아버지가 어머니의 죽음
으로 받은 충격 때문에 죽었다며 그의 죽음(1746년 3월)에 대해서 다음
과 같이 얘기하고 있다: "그는 약 반년 전에 그에게 일어난 충격을 이기
지 못하고 너무나 쇠약한 나머지 세상을 떠났다." 그리고 그는 신이 죽은
자에게 "이 세상에서는 더 이상 많은 기쁨을 누릴 것이 없기에" 전환점
을 마련해 준 것이라고 생각했다. 칸트의 아버지 장례 역시 "아주 소박하
고"도 "조용한" 가운데 치러졌다. 그럼에도 불구하고 칸트는—여러 곳에
서 다른 사람들이 느끼는 연민의 정을 무시하는 자신의 입장을 표현한
것처럼—그러한 사실들에 자부심을 갖고 있었다. 칸트는 졸업할 때까지
그의 동생(1755년 쾨니히스베르크 대학교 신학부에 입학할 당시 장학금
을 받음)처럼 장학금과 같은 공적인 후원을 받은 적은 한번도 없었다. 일
년에 40독일왕국탈러(Reichstaler)[3]를 마련하기 위해서 그는 얼마나 괴로
워했겠는가! 1735년의 법규에 따르면 이 금액은 "한 학생이 쾨니히스베
르크 대학교에서 생존할 수 있는 최소한의" 액수였다. 그는 그 당시 이미
오래 전부터 갖고 있던 좌우명을 생활 신조로 삼았다: "보다 용기 있는
자는 불행에 복종하는 것이 아니라, 불행에 대해서 용감히 맞선다"(Tu ne
cede malis, sed contra audentior ito.). 그 반면 좋은 친구들과 동료들 사이
에서는 어떠한 자부심도 갖지 않았다. 칸트는 그들과 정신적인 풍요로움
을 함께 나누어 가졌다. 그들은 대신 사람이 살아가는 데 절대적으로 필
요하지만, 칸트는 갖고 있지 않고, 그들이 지금 현재 갖고 있는 실질적인

---

3) 1566년부터 사용된 독일의 화폐 단위. 1572년에는 약 2마르크(Mark) 정도의 가치가
있었고, 1624년경에는 약 3마르크의 가치가 있었다고 한다—옮긴이 주.

것을 나누어 주었다. "칸트는 매우 근면 검소하였다. 많은 것이 그에게는 결핍된 상태였다. 그가 어쩔 수 없이 외출해야 할 때 그의 옷은 수선공에게 보내져 수선을 받아야 했다. 그러면 자연히 그의 친구 중의 누군가는 최소한 하루를 그의 숙소에 머물러 있어야 한다. 그렇게 빌린 상의와 바지를 입고 혹은 장화를 신고 칸트는 외출한다. 노후에까지 입고 있던 그의 옷은 비록 남으로부터 빌리거나 얻은 옷이지만 다시 돌려 줄 필요가 없어서 칸트의 것이 되어 버린 옷이었다."

비록 칸트가 겨우 생계를 꾸려 나갈 정도의 여유밖에 없었지만 그는 여러 권의 철학서적을 마련하였다. 새로 출판된 철학책은 친구인 하일스베르크가 빌려주었다. 칸트는 그와 함께 모든 과목, 특히 "암몬(Ammon), 크누첸, 테스케 교수의 강의 중에 이해가 잘 되지 않은 부분들만은 꼭 다시 한 번 반복하여" 공부하였다. 그러므로 그들은 "모든 것에 우정"이란 이름으로 뭉쳤고, 허물없이 지내게 되었다. 아르놀트가 표현한 것처럼 칸트가 "활기 찬 대학 생활"을 했다고 우리는 생각하지 않지만, 이러한 상황이 그를 우울한 삶에서 이끌어 낸 원동력이기도 하였다. 하일스베르크가 계속 설명하는 것처럼, "칸트는 오락에 특별한 취미를 갖고 있지" 않았기 때문에, 특히 (밤)거리를 배회하는 일은 더더욱 없었다. 그러나 "그와 함께 공부하는 학생들은 이와 같은 그의 성격을 눈치챌 수 없이 길들여져 있었다. 특히 당구놀이는 블뢰머와 내가 같이 하였다. 그의 유일한 취미생활이었다." 중요한 얘기는 아니지만, 우스꽝스러운 얘기가 하나 있다. "우리는 당구 놀이에 최선을 다 했기 때문에 이미 어느 정도 실력이 늘어, 남들과 게임을 하면 이기지 않고 돌아오는 경우가 거의 없었다. 한 번은 내가 프랑스어를 전공하는 학생과 내기 당구시합을 하였는데, 참패하여 소요경비를 낸 적이 있다. 그러나 우리와는 어느 누구도 경기를 하지 않으려 했기 때문에, 우리는 이러한 내기 놀이를 그만두고 칸트가 좋아하고 잘하는 카드놀이의 일종인 롬브레(L'Ombre) 놀이로 바꾸었다.

블뢰머, 트룸머 그리고 하일스베르크는 칸트의 오랜 친구로 그와 특별한 관계를 맺고 있었는데, 특히 블뢰머와는 죽을 때까지 좋은 관계를 유지하였다. 노년에 그와 블뢰머 사이에 씌어진 두 통의 편지가 있는데, 그 중 한 장에는 그들은 마치 형제처럼 "자네"(Du)라는 애칭으로 서로를 표현하고 있다. 그리고 다른 한 장에서는 "가장 사랑하는 형제여"라는 표현도 하였다. 그리고 첫번째 편지(1790년 1월 30일)에서 다음과 같이 말하고 있다. "자네 제자들의 연구는 아주 날카롭고 깊이를 더해가고 있군. 자네의 삶과 정열을 유지함으로써 자네의 계획을 완성시킬 수 있고, 자네의 적대자들을 이해시킴으로써 그러한 사정을 바로잡을 수 있겠군." 그리고 두 번째 편지에서는(1791년 4월 17일) 다음과 같이 말하고 있다: "오래 살고, 아주 오랫동안 활기 있고, 쾌활하고, 정신과 육체의 건강이 늘 함께 하기를 비네. 그리고 제발 포기하지 말게." 1797년 7월 22일에 결국 블뢰머의 아들은 아버지의 죽음을 칸트에게 알려 왔다. 칸트는 그와 "대학 시절부터 친형제 같은 우정을 맺은 영광을" 갖고 있었다. 그리고 쉰되르퍼도 특색 있는 어떤 작은 사건을 상기시켜 주었다. 이것을 첼터(Zelter)는 1825년 12월 6일 괴테에게 보낸 편지에 소개하였다: 늙은 프리츠로부터 아주 존경받는 우리의 망자는 은행 감사를 위한 임무를 띠고 비밀 경제원이 되어 쾨니히스베르크로 보내졌다. 그곳에서 그는 40년 전 같은 방에서 동고동락하던 친구 칸트를 다시 만났다. 물론 그들은 예나 지금이나 똑같이 반가워하였다. "그런데 너는 사업가로서 나의 저서에 대해서 한 번쯤 관심이나 흥미를 갖고 읽어 보았니?" 하고 칸트가 물었다. ―"그게 말이야! 나는 자주 실행하려 하지만, 내 손가락이 너무나 부족해!"―"무슨 말인지 이해가 안 되는데?"―"사랑하는 친구야. 내 말뜻은, 자네의 문체가 너무나 풍부하고 길어서, 즉 내가 한눈으로 봐야 될 괄호와 전제나 예정문이 너무나 많아서, 나는 먼저 한 손가락으로 한 단어를 짚고, 다른 손가락으로 또 다른 단어를 그리고 다음 쪽으로 책장을 넘기

기 전에 다시 세 번째, 네 번째 손가락으로 다른 단어나 문장을 짚어야
되네. 그러다 보면 내 손가락은 더 이상 다른 문장을 짚을 수 없게 되네."
그는 물론 그의 어린 시절 친구에 의해서 씌어진 말년의 저서들을 모두
구입하였을 뿐 아니라, 칸트에게 보낸 1790년 1월 30일자 편지에서 그 전
에 씌어진 모든 저술의 목록을 뽑아 줄 것을 부탁하였다. 물론 그는 칸트
의 저술을 "모두 구입하기도 원했고, 읽기도" 원했다. 그리고 칸트는 같
은 해 그의 판단력비판의 증정본을 보내 주었다.

옛 친구 하일스베르크를 위해서 칸트는 1785년 11월 베를린에 있는 친
구 마르쿠스 헤르츠(Markus Herz) 박사에게 수포진(水疱疹)에 대한 의학
적인 자문을 구했다. 그리고 같은 해 12월 2일 그의 부탁을 빨리 들어 준
헤르츠에게 감사의 뜻을 전했다(같은 내용을 1786년 4월 7일에 헤르츠에
게 보낸 편지에서 찾아볼 수 있다). 그리고 쾨니히스베르크에서 저명한
의사가 된 트룸머와도 생애를 마칠 때까지 서로 하대(下待)하는 사이였
다. 트룸머는 칸트에게 도움을 주었지만, 그로부터 비난받은 유일한 의사
이기도 하였다. 그는 고령의 칸트가 오랜 기간 동안 매일같이 복용해야
할 "변비"에 대한 처방전을 언젠가 잘못 적어 주었다. 그 결과 그들은 유
일하게 한 번 소원해졌는데, 그 병은 칸트의 전 생애를 통해 걸린 마지막
병으로, 칸트를 방문한 트룸머가 지금까지 사용하던 처방과는 다른 처방
을 내렸기 때문이다.

대학생으로서 칸트가 친구와 잘 아는 사람들을 위해서 항상 자신의 의
무를 즐거운 마음으로 행했던 것은 아니다. 왜냐하면 금전 관계로 하네스
만(Hanesmann)의 의견을 존중하여 기분 좋게 포기한 것은 잘 알려진 사
실이기 때문이다. 칸트의 이러한 호의에도 불구하고 칸트를 가까이에서
옹호하는 협력자가 아닌 다른 사람이나 단체에서는 칸트를 고운 눈으로
만 보지는 않았다. 특히 대학상벌위원회가 문제되었다. 아르놀트는 칸트
의 이름이 나타나는 유일한 문서를 대학평의회의 회의록에서 찾아내었

다. 이것은 1741년 10월 19일 대학생 심멜페니히(Schimmelpfennig, 칸트와 함께 대학입학 자격시험을 치른 학생 중 같은 이름이 있는데, 아마도 같은 사람인 것 같다)가 인용한 내용으로, 호프만(Hofmann)이란 학생이 그가 빌려준 8굴덴(Gulden)[4] 22½그로셴(Groschen)[5]을 상환받기 위해서 칸트를 평의회에 고소한 것이었다. 그리고 세 번째 학기에 칸트가 드디어 행동을 개시하였다. "대학생 칸트에게 고소자인 호프만은 돈의 상환을 요구했다."—"대학생 심멜페니히가 지금까지 보고 찾아낸 것에 대해서 증언하였다. 즉 칸트를 기소한 대학생 호프만은 칸트로부터 상의와 조끼를 돌려받자 이를 거절하고 돈으로 갚을 것을 요구하였다." 그리고 대학생 칸트는 대학생 호프만의 진술에 따라 고발장을 받았다. 그래서 이 두 적대자는 다음날 아침 9시에 다시 소환되었다. 심멜페니히는 오히려 전혀 양심의 가책을 느끼지 않았거나, 큰 용기를 갖고 있는 것 같았다. 왜냐하면 그는 다음날 그곳에 나타났지만, 칸트와 호프만은 나타나지 않았기 때문이다. 결과적으로 11월 1일 이 사건은 타협에 의해서 피고인에게 처벌이 주어진 이후에 종결되었다. 즉 고소인은 5굴덴으로 만족해야만 했다.

칸트가 언제 대학을 떠났는가? 링크의 진술에 의하면 그는 "약 3년 정도 공부한 후인" 1743년에 이미 대학을 떠났다고 한다. 그러나 이 시기는 그의 사강사(Privatdozent) 시절이 시작되는 해(1755)와 최소한 12년이나 차이가 난다. 그러나 다른 어떤 상황이나 전제로도 이 시기를 설명한다는 것은 거의 불가능하다. 오히려 우리의 철학자가 직접 교정한 보로브스키의 전기를 따르는 것이 좋겠다. 이 전기에서는 "그의 대학 생활의 첫 5년간에 대해서" 이야기하고 있다. 이 시기에 칸트는 첫번째 저서의 퇴고를 마쳤다. 즉 그는 "1746년에 이미《살아 있는 힘의 참된 평가를 위한 생

---

4) 1623년경부터 사용되던 독일의 화폐 단위. 약 2/3독일왕국탈러의 값어치가 있었다고 한다—옮긴이 주.
5) 굴덴의 하위 단위화폐로 약 1/24탈러의 가치를 갖고 있었다—옮긴이 주.

각》이란 저서의 출판을" 마무리하였다. 이러한 기록은 1746년 여름학기에 철학부 학장에게 제출된 평가 서류철에 남아 있다:

연 번	이 름	제 목
6	임마누엘 칸트	살아 있는 힘의 참된 평가를 위한 생각 (Gedanken von der wahren Schätzung der lebendigen Kräfte)

그러므로 여기서 칸트가 마지막 학기의 강의를 들을 필요가 있었는지에 대해서는 알 수 없지만, 학생의 신분이었음은 분명히 밝혀진 것이다. 그리고 또 하나 밝혀져야 할 것은 오랜 기간 동안 머물 수 있었던 쾨니히스베르크의 상황인 것 같다. 하일스베르크의 부탁을 받아들여 블뢰머가 베를린으로 떠난 뒤에 칸트에게 "임대료를 받지 않고 살 곳을 마련해" 준 법대생 칼렌베르크(Kallenberg)는 1746년 5월 2일 처음으로 쾨니히스베르크 대학교에 등록하였다. 1년 반이나 병석에 누워 있다가 1746년 5월 24일 오후 3시 30분에 죽은 아버지의 운명을 지켜본 칸트가 그의 아버지와, 많은 다른 가족들과 오랫동안 떨어져 있었다는 것도 좀처럼 이해되지 않는 부분이다. 꼭 증명되어야 할 것은 아니지만, 마침내 그는 그의 첫번째 저서의 머리말에 날짜와 장소를 남겼다: "1747년 4월 22일 쾨니히스베르크에서"… 이것으로 미루어 볼 때, 어찌되었건 칸트는 23번째 생일까지는 그의 고향에 머물러 있었던 것 같다.

위에서 얘기된 칸트의 첫 저서《살아 있는 힘의 참된 평가를 위한 생각》의 출판경비는 부분적으로 칸트 스스로 부담하였지만, 거의 대부분은 그의 백부 리히터의 도움으로 1749년에 초판이 빛을 보게 되었다. 이 첫 저서와 더불어 칸트는 대학을 졸업하였고, 이때부터 자신만의 학문세계로 접어들었다. 그는 물론 그의 첫 저서를 라틴어로 기술한 것이 아니라, 독일어로 썼으며, 무엇보다 중요한 것은 이 글이 마치 그가 미래에 미칠 힘을 아는 듯이 그의 강한 느낌과 자신감으로 씌어졌다는 것이다. 퀴인 (Kühn)은 당찬 23세의 젊은이를 다음과 같이 설명하였다: 스스로 "뉴턴과 라이프니츠의 진리 발견에 대해서 이의를 제기한다면, 그들에 대한 존경도 별 것 아니다"(머리말, 제1장). 그리고 무리에 복종하는 본능과 맹종자의 추종에 대해서 대항하였다. 마지막으로 전 생애를 두고 해야 할 그의 학문적인 계획을 아주 자신에 찬 문장으로 설명하고 있다: "나는 이미 나의 진로를 결정하였는데, 나는 그것을 잘 지켜갈 것이다. 나는 내가 정한 길로 접어들 것이고, 어떤 무엇도 앞길을 가로막지 못할 것이다"(머리말 VII면).

물론 이러한 그의 생각은 오랫동안 실제로 변하지 않았다. 이러한 그의 이상적인 계획과 목적보다 더 강한 힘으로 나타난 것이 바로 경제적인 문제였다. 왜냐하면 칸트는 경제적으로 어떤 누구로부터도 도움을 받지 않았기 때문에, 자신의 의지가 아니라 비상사태에 순종할 수밖에 없었다. 비록 그의 마음에 전혀 들지 않고, 그가 추구하는 학문과 많은 차이를 보인다 할지라도 먼저 어떤 직업을 잡아야만 했다. 결국 물질적으로 독립할 것을 자신과 약속하였다. 즉 당시 대부분 "집사"(Hofmeister)로 불리어지던 가정교사의 직업을 택할 수밖에 없었다.

2. 가정교사 시절(약 1747년~1754년)

대학을 마치고 진학을 기다리는 지원자가 오랜 기간 동안 직업 아닌 직업으로 가정교사 생활을 하는 것은 그 당시 상황으로 볼 때는 아주 일반적인 현상이었다. 특히 자력으로 생계를 꾸려 가야 하는 거의 모든 지원자들, 그 중에서도 철학, 신학 내지 법률학 지원자들이 연구를 계속하기 위해서는 몇 년을 기다리는 것이 보통이었다. 이러한 것은 몇십 년이 지나도 마치 전통처럼 관례화되어 이어지고 있었는데, 잘 알려진 것처럼,

피히테나 셸링 그리고 헤겔이나 헤르바르트(Herbart) 등도 가정교사 시절을 보냈다. 특히 동프로이센의 이러한 현상은 단지 지원자들의 물질적인 상황만이 원인이 된 것이 아니라, 지방과 지방 사이의 경제적인 상황과 교통관계도 그 원인이 되었다. 재력이 풍부한 많은 귀족이나 그 지방에서 명성이 있는 사람들은 가정교사나 "교사"(Informater) 내지 집사와 같은 사람들을 통해서 정보를 얻었기 때문에, 이와 같은 선생들이 당시 뒤떨어진 교통수단을 대신하여 연락을 담당하기도 하였다. 칸트의 편지교환집 중 후기에 속하는 적지 않은 부분이 집사관리에 대한 청원서와 답신 그리고 추천서로 이루어져 있다.

우리는 칸트의 가정교사 시절에 대해서 충분히 알지 못하지만, 그 시절이 칸트 생애의 한 부분을 차지하고 있었던 것은 사실이다. 칸트도 훗날 자신의 생애를 연대순으로 정리하였지만, 가정교사 시절에 대해서는 별 가치를 두지 않았던 것으로 나타났다. 이 점을 감안하여 부분적으로 서로 모순되는 점이나 상충되는 정보는 가능한 삭제하여 분명한 것만 서술하고자 한다. 칸트가 보로브스키에게 강조한 것은, "칸트는 자신이 처한 상황이 어쩔 수 없어서 가정교사가 될 수밖에 없었다"고 하였다. "몇 년 동안"이란 단지 규정할 수 없는 사족을 물론 달고 있다. 이렇게 현재까지 알려진 몇 가지의 자료를 바탕으로 우리는 다음과 같이 작은 부분이나마 확실하게 이야기 할 수 있는 것이 있다: 첫번째 가정교사 생활은 칼뱅 개혁파 목사인 안데르시(Andersch)의 집에서 하였다. 그의 집은 인스테르부르크(Insterburg)와 굼빈넨(Gumbinnen) 사이에 있는 아주 부유한 마을인 유트셴(Judtschen)에 있었고, 칸트는 그곳에서 그의 어린 세 아들을 가르쳤다. 칸트는 1749년 삼복 더위에 이 자리를 얻은 것이 거의 확실하다. 왜냐하면 그의 첫 편지, 즉 우리의 철학자가 보유하고 있는 첫번째 편지에는 "1749년 8월 23일, 유트셴에서"라고 날짜가 적혀 있기 때문이다. 그는 어떤 잘 알려지지 않은 사람에게 ― 어쩌면 이미 잘 알려진 폰

할러(Albrecht von Haller)일 수도 있다.─자신의 첫번째 저서인《살아 있
는 힘의 참된 평가를 위한 생각》의 서평을 부탁하였다. 이 "소책자"는
1746년과 1749년 사이에 출판되었는데, 그것은 "아주 잦은 방해뿐 아니라
(쾨니히스베르크에) 내가 없었던 것이 그 원인이다"라고 그는 말했다. 그
는 또한 "사고의 발전 단계를 계획하고 있었는데, 그것은 이미 확정된 것
과 함께 다른 새로운 사고, 즉 이미 목적하고 있는 것의 관찰까지도 포함
하였다." 그는 이렇게 새로이 첨가된 사고도 함께 출판하였다.[6] 칸트의
사상은 그가 첫 저술에서 계획한 "발전 단계"와는 완전히 다른 방향으로
발전하였음을 우리는 잘 알고 있다.

　　1750년쯤 그는 두 번째 가정교사 자리를 동프로이센 가장 끝 지역인
아른스도르프(Arnsdorf)에서 얻었다. 이 마을은 엘빙(Elbing)과 오스테로
데(Osterode) 사이에 있는 자알펠트(Saalfeld) 근처에 있다. 그는 그 지방
의 기사령 영주인 폰 휠젠(Bernhard Friedrich von Hülsen) 기사 집에서 10
살 된 첫째 아들 에른스트 루드비히(Ernst Ludwig)와 6살 된 둘째 아들
게오르크 프리드리히(Georg Friedrich)를 가르쳤다. 칸트가 그의 가족들과
꽤 깊은 관계를 맺고 있었던 것으로 보아, 그곳에서 아주 오랫동안 머물
러 있었던 것 같다. 이러한 관계는 그가 이 남작의 집에서 나온 후에도
몇 년 동안 유지되었다. 그 남작은 마치 자신의 아들에게 하듯이 칸트에
게 편지를 보냈었고, 그 편지는 아직도 칸트의 유고 속에서 찾아볼 수 있
다. (링크)에 따르면 그 편지들은 "감사와 존경 그리고 사랑에 대한 최대
의 표시"로 채워져 있다. 이는 또한 "집안에서 일어난 흥미 있는 일들을
가족 구성원들에게 알리듯이 그에게" 알려 주었다. 칸트 역시 1745년 8월
10일 쾨니히스베르크로 되돌아온 후 폰 휠젠 가족 중 한 사람("Monsieur"

---

6) 목사와 칸트가 체류한 것으로 확실시되는 마을에 대해서는 하겐(Haagen)이 세심하게
　작업한 *Auf den Spuren Kants in Judtschen*과 *Altpreußische Monatsschrift* 48권,
　382~422면, 528~556면에 잘 나타나 있다.

von Hülsen이라고 표기되어 있음)에게 편지를 보냈다. 우리는 그 편지를
아버지가 아닌 큰아들(당시 14살)에게 보낸 것으로 추측하고 있다. 칸트
는 그에게 몇 장의 그림과 함께 역사와 라틴어 교재를 보냈다. "한 장은
귀여운 프리츠(Fritzchen이라고 표기되어 있음)에게 그리고 또 한 장은
사랑하는 베렌트(Behrend, 아마도 그의 가정교사 자리를 이어받은 사람으
로 생각됨)에게" 보낸 것이다. "귀여운 프리츠는 곧 대학에 가기 위해서
쉬지 않고 꾸준히 노력하리라" 믿는다고 하였다. 그 당시 열 살로 추정되
는 둘 중 작은아들인 "귀여운 프리츠" 역시 그의 옛 가정교사에 대해서,
그가 그의 형제자매들 중에서 유일하게 대학에 입학했을 때 신뢰에 찬
존경의 표시를 하였다. 그는 1761년 가을학기에 쾨니히스베르크 대학교
에 등록하였고, 그의 옛 스승인 칸트의 하숙집을 찾았다.

  칸트의 뒤를 이은 아른스도르프로 온 가정교사는 부졸트(Busolt)였다.
그는 아주 유명한 사람으로 알려져 있었는데, 1761년 4월 23일 "친애하는
보호자"로 시작되는 칸트에게 보낸 편지에서 유창한 라틴어 실력을 발휘
하였다. 그는 칸트에게 어린 폰 휠젠의 대학 생활을 도와 달라는 목적으
로 200 독일왕국 탈러의 사례비를 보내 왔다. (당시 독일왕국 탈러는 러
시아 금화 Imperial과 같은 가치를 갖고 있었다.) 그러나 그 가정교사는
젊은 귀공자가 사교춤과 승마, 펜싱과 불어회화를 배우는 데 필요한 경비
에 대해서는 미처 생각하지 못했으므로, 자신의 용돈은 스스로 조달해야
만 했다. 칸트도 그 젊은이는 장군의 가신으로서 정열을 불태웠고, 반면
에 아버지의 집에서 멀어지면 멀어질수록 학문에만 혼신을 다하는 것처
럼 가장하였다고 주장하였다. 몇 년이 지난 후 폰 휠젠은 장교로 임관되
어 프로이센 귀족의 전통적인 직업인 야전부대로 입대하였다. 그는 (링크
에 따르면) "아른스도르프에서 그의 존경하는 선생님이자 동시에 그의
보호자였던 칸트에게 감사의 글과 함께 하직 인사를 하였다."

  나중에 프리드리히 빌헬름 III세의 왕정 아래서 칸트의 출세한 제자 게

오르크 프리드리히 폰 휠젠은 그의 충성스런 신하이자 스승인 칸트에게 자유를 주기 위해서 왕에게 그를 백작의 지위에 "천거"하였을 때, 우리는 칸트의 영향이 얼마나 오랫동안 미치고 있었는지 감히 짐작할 수 있다. 몇 년 뒤 칸트는 자신의 출세한 제자 집에 필요한 가정교사를 쾨니히스베르크에서 추천해 주었다. 우연히 발견된 1784년 5월 1일 폰 휠젠에게 보낸 편지에서 칸트는 두 사람의 법학도를 추천한 것으로 나타났다. 그 두 사람은 모든 과목에 박식할 뿐 아니라, 피아노와 바이올린까지도 연주할 수 있으며, 그 중 한 명은 그 외에도 "플루트와 콘트라베이스"까지도 다룰 줄 아는 능력 있는 사람이었다(편지교환 I. 366면).

칸트의 여러 다른 전기를 종합해 보면, 그는 세 번째 가정교사 자리를 틸지트-니데룽 지방의 라우텐부르크(Rautenburg)에 있는 카이제르링(Joh. Gebh. Keyserling) 백작 집에서 얻어 거기서 기거한 것으로 보인다. 만약 이것이 사실이라면, 이 세 번째 자리에는 그리 오래 머무르지 않은 것 같다. 왜냐하면 폰 휠젠의 두 아들 중 하나는 1745년 9월 생이고, 다른 하나는 1747년 2월 생인 것으로 볼 때, 칸트가 그 집에 머문 기간을 최소한으로 잡아도 1753년이기 때문이며, 또 다른 이유는 1754년에는 칸트가 다시 쾨니히스베르크로 돌아온 것이 거의 확실하기 때문이다. 위에서 이야기된 것처럼 어린 휠젠에게 필요한 몇 가지 물건을 보내면서 함께 붙인 편지의 날짜가 그 이유일 뿐 아니라 같은 해에 칸트는 여러 편의 짧은 글들을 "매주 쾨니히스베르크에서 발간"되는 「쾨니히스베르크 정보 주간지」 (*Wöchentliche Königsbergische Frag- und Anzeigungsnachrichten*)에 발표하였으며, 그 외에도 1755년에 출판된 《하늘의 일반적인 자연역사와 이론》 (*Allgemeine Naturgeschichte und Theorie des Himmels*)의 서문을 썼을 뿐 아니라, 확실하지는 않지만 출판을 위한 감시감독까지 한 것 같기 때문이다. 그리고 쾨니히스베르크 대학교 자체에서는 1755년 4월 17일에 제출된 학위논문에 대한 심사 준비를 하였다. 마지막으로 1754년쯤 그가 쾨니히스베르크에 체류했음을 거의 확실하게 하는 또 하나의 사건은 1753년 여름에 베를린 학술원에서 실시한 포페(Pope)와 라이프니츠(Leibniz)의 낙관주의에 대한 현상논문을 1755년 칸트가 준비하고 있었다는 사실이다. 이를 계기로 그는 처음으로 유명해지기 시작했다.[7] 1777년부터 1778년까지 거의 2년 동안 칸트는 쾨니히스베르크에 있는 카이제르링의 집에서 가정교사를 지냈고, 당시의 관습에 따라 자신의 제자를 강의까지 매일 동행하였다. 그의 노년기에 믿을 만한 친구였고 동시에 동료였던 크라우스(Kraus)가 약 4반세기 전에 그 집의 가정교사로 칸트가 기록되어 있지 않다고 주장한 것도 기이한 것만은 아니다. 위에서 얘기된 카이제르링의 큰아들 요한 게브하르트(Johann Gebhard) 백작은 15살에 샬로테 아말리(Charlotte Amalie)와 결혼하였고, 둘째 아들인 하인리히 크리스티안(Heinrich Christian) 백작은 결혼 후 1772년 쾨니히스베르크로 이사하였다. 그들의 어머니는 매우 철학적이고 품위가 있는 부인이었기 때문에, 칸트는 그전에 그곳의 가정교사를 지낸 것이 틀림없을 것이다. 나중에까지—크라우스가 가정교사를 지내던 시절—칸트는 그들 집안과 10여 년 동안 교제를 맺고 있었고, 이를 칸트는 그의 인류학에서 "가문의 자랑"이라고 표현하고 있다.[8]

반면 하일스베르크는 다른 의견을 제시하는데, "라우텐베르크 가문에 속하는 카이제르링 백작 가족 중 한 가족은 지금도 쿠어란트에 살고 있는데," 칸트가 "그 가족과 함께 살았지만, 얼마나 머물렀는지, 그 기간에

---

7) Reicke의 *Lose Blätter aus Kants Nachlaß*(1889) 294면 이하. 1759년 잠시 관심을 둔 이후로 당시 젊은 칸트는 낙관주의에 대해서는 큰 관심을 두지 않았다.

8) 또한 칸트의 철학과 도덕에 심취한 라우텐베르크의 카이제르링(Heinrich Wilhelm Keyserling, 1775~1850) 백작이 어린 시절에 연구한 것에 따르면, 칸트의 위와 같은 자취를 전혀 찾아볼 수 없다고 한다. 같은 사실에 대해서 칸트의 말년에 함께 생활하고 늘 점심식사에 초대되던 (바지안스키)도 (발트에게 보낸 답장에 의하면) 이 세 번째 가정교사 자리에 대해서 아는 바가 전혀 없다고 이야기했다.

대해 나는 모르겠다"고 주장하고 있다. 쿠어란트에 사는 백작의 "어머니는 그의 아주 큰 후견인이었다." 그리고 보로브스키는 칸트가 "얼마 동안 카이제르링의 한 백작을 인도하였다"고 기술하고 있다. 이 "인도"의 의미는 단순히 1759년 그가 칸트의 수강생이었다는 것만을 의미하지는 않는다. 위에서 얘기된 매우 철학에 관심이 많은 백작 부인이 그린 칸트의 초상화를—이 초상화는 *Kantstudien* 2권에 처음으로 실렸다.—소유하고 있는데, 이는 다른 곳에서 찾아볼 수 없는 가장 젊을 때의 모습으로 서른 살이 채 되지 않은 것으로 보인다. 이를 미루어 보아 마지막으로 이야기할 수 있는 것은 1753년부터 1754년쯤 해서 칸트가 단지 일시적인 체류를 위해서 카이제르링의 집에 머물렀던 것만은 아닌 것 같다. 우리가 여기서 내릴 수 있는 결론은, 처음에 순수하게 예측한 것처럼, 이 모든 것들은 다른 사건과 관계하고 있는 것 같다. 이 사건이란 크라우스에 의해서 생긴 것인데, 1804년의 장례 조사에서 발트가 설명한 것이다. 즉 발트에 의하면 크라우스는 칸트가 젊은 카이제르링의 집에 "고용"되어 있었다는 것을 전혀 알지 못했다고 한다: 발트의 설명은 다음과 같이 이어진다. "그는 쾨니히스베르크에서 멀지 않은 어떤 백작 집에서 자녀들의 교육을 돌보았는데, 물론 부분적으로는 (내가 잘못 알고 있지 않다면, 그는 당시 석사였고 계속 학업을 이어가야 했기 때문) 쾨니히스베르크에서 돌보았다." 더욱이 그는 "매주 한 번 이상 필요한 물건들을 규칙적으로 백작이 다스리는 조그마한 성인 카푸스티갈(Capustigall)로부터 가져왔다." 카이제르링 백작 부인은 발트부르크 성에서 태어났기 때문에, 칸트가 그의 석사 과정을 마치기 바로 전이나 마친 직후에 쾨니히스베르크에서 2마일 정도 떨어진 이 조그만 성에서 그녀의 아들을 가르친다는 것은 언제나 가능하였다. 이러한 상세한 고찰에도 불구하고, 아르놀트가 제기한 것처럼, 더욱 자세하고도 보다 결정적인 정보가 결핍되어 있기 때문에 어떠한 것도 확실한 것이 없다. 그러므로 이 우연한 칸트의 세 번째 가정교사 자리에 관한 것은 일단 보류하는 것이 좋겠다. 그리고 우리도 더 이상 추측을 쫓아가기를 원치 않는다. 결론적으로 우리는 아르놀트가 우스꽝스럽게 진술한 것처럼 다음과 같이 종합할 수 있다. 즉 우리는 두 젊은 남녀의 순진무구한 관계를 설명함으로써 이 문제를 마무리지을 수 있다. 즉 1729년에 태어나 일찍 철학에 흥미를 보인 백작 부인(그녀는 25살에 이미 고트셰드[Gottsched]의 철학 서적을 프랑스어로 번역하였음)과 그녀의 초상화 모델이 되어 준 가정교사 내지 석사 칸트 사이의 아주 부드러운 관계가 그것이다. 우리는 그녀가 20년이 지난 후 아주 유명해진 교수 칸트의 두 번째 초상화를 그녀의 집에서 그리면서 계속 교제를 하리라고는 생가지 못했다.

여기서 우리에게 보다 흥미 있는 것은 외적으로 나타나는 날짜를 찾아내는 것이 아니라, 우리가 앞에서 가정한 것처럼, 칸트의 생애에 있어서 약 6~7년에 해당되는 이 시기에 그는 과연 어떤 내적인 성장을 보였는가 하는 것이다. 한 가지 확실한 것은 그 스스로 보로브스키가 쓴 자신의 인생역정을 읽었지만 아무런 교정도 하지 않았다는 것이다: "조용한 시골에서의 생활이 그에게 근면성을 길러주었다. 그곳에서 매우 많은 연구의 개요를 머릿속에 그렸고, 그 중 많은 부분은 거의 완전하게 구상하였다. 특히 우리는 1754년 이후 몇 년 사이에 기대하지도 않았던 놀랄 만큼 많은 양의 글이 때로는 한 편씩, 때로는 한번에 여러 편이 발표된 것을 들 수 있다. 그는 모든 학문 분야의 논문과 저서를—비록 그것이 잡문에 불과할지라도—인간적인 지식을 위해서 중요하다고 보여지는 것들은 수집하였다. 그는 오늘날까지도 시골에서 지낸 시간이 가장 근면하게 보낸 나날이라고 회상하고 있다." 그뿐 아니라 단순한 노동자 집안에서 자란 젊은이가—하일스베르크가 단념하지 않고 부언한 것처럼—"모든 분야에서 정직성과 성실성만으로 다른 사람과의 교제를 화려하게 이끌었고, 비록 남의 비위에 맞추는 말은 싫어하였지만," 가정교사라는 신분을 통해서 알게 된 귀족 가문의 보다 외적인 생활 풍습에 많이 젖어 있었다. 그는 또한 카푸스티갈 성의 가정교사 생활에서 얻은 것에 대해서, "자신이 한번도 부당한 대우나 비도덕적인 취급을 받지 않은 것에 대해서, 늘 고맙게 생각하였다. 이것은 모든 것을 신에게 감사하고 항상 찬양하는 그의 부모의 집에서 느낀 것과는 비교도 되지 않는 훌륭한 교육이라고 생각하였다"고 회상하였다. 그는 가르치는 학생이 가정교사의 명령에 따라서 행동할 뿐 아니라 부모의 "잔걱정"에도 귀를 기울여야 했다고 회상하였다. 그러나 자신의 신체적인 발달마저도 고려해야 하는 가정교육의 곤란한 문제에 대해서는 결정하지 않고 놔두었다. 이런 경우에는 부모가 "그들의 모든 권력을 가정교사에게 넘겨주는 것"에 대해서 찬성한다고 칸트는 주장하였다(*Über Pädagogik*, 30면). 또한 육체적인 교육을 위해서는 아직 그에게 맡겨지지 않은 어린아이들까지도 그의 견해에 따르면 가정교사가 부모의 조언자가 되어야 된다는 것이다. 왜냐하면 "한 명 정도의 박학다식한 사람이 가문에 가끔씩 있기 때문이다"(같은 책 37면). 그가 일반적으로 그렇게 박식하고 순수한 추상성과 재능 있는 사람으로 남을 돌보는 것에 반해서, 현장교육에 있어서는 능력 있는 교사라는 것이 증명된 것은 아니다. (야흐만에 따르면) "그는 가정교사 생활에 대해서 이 세상에서 아마도 자기보다 더 나쁜 가정교사는 없을 것이라고, 농담반 진담반으로 이야기하였다. 그는 합목적적으로 아이들에게 종사한다는 것과 그들을 이해한다는 것은 일종의 위대한 예술이라고 생각했다. 그러나 그는 이러한 예술을 자신의 것으로 만든다는 것이 그에게는 결코 가능하지 않을 것이라고 설명하였다."

이러한 상황에서 위대한 철학자가 김나지움 선생이란―그가 1755년 내지 1757년에 한 번은 시도했던 것으로 알려진 것처럼―들어설 수 없는 대열로 들어서려고 했던 것을 유감스럽게 여길 필요가 없는 것이다. 이는 단지 외견상 그렇게 보일 뿐이다. 왜냐하면 여기에 상반되는 주장이 있기 때문이다. 보로브스키에 따르면, 그는 최종적으로 "대학의 초빙이 결정되기" 전에 "가장 초급학교의 자리"에 지원하였다. 이 학교는 오늘날까지 현존하는 쾨니히스베르크에서 가장 오래 된 김나지움(Kneiphöfisches Domgymnasium, 1304년 개교)이다. 그러나 그보다 "확실히 능력이 없는" 어떤 지원자가 선정되었다. 발트도 "저명하고도 어리석은 사람"이라고 그 경쟁자를 지칭하였는데, 그의 이름은 카네르트(Wilhelm Benjamin Kahnert)였다. 그러나 크라우스나 하일스베르크는 이러한 일련의 사건을 믿지 않았다. 어찌되었건 바르다는 문서상으로 이 사건에 대한 그의 정확한 진상을 밝히고 있는데, 사실 카네르트가 1757년 선생님으로 부임되어 왔지만, 칸트의 이름은 지원자의 명단에서 찾아볼 수 없다는 것이다. 그러한 증명에도 불구하고 칸트의 지원이 사실이었다면, 우리는 그의 실패를 기뻐할 뿐이다. 왜냐하면 칸트 스스로도 처음에는 교수생활이 김나지움 선생보다 더 위대한 것이라고 생각했고, 그는 사강사 시절에 가끔씩 그가 김나지움에서 하는 수업보다 아주 많은 강의(24시간)를 해야 했다. 물론 이것은 다른 것이지만, 카네르트의 경우에는 10시간에서 22시간 정도의 수업을 하였고, 특히 칸트가 젊은 친구에게 김나지움의 채용에 응할 것을 충고한 글에서 보듯이 "군중의 욕구에 따라 김나지움을 품위 있게 개화시키기 위해서 밀어붙인다는 것은"(칸트가 1793년 8월 16일 니콜로피우스[Nicolovius]에게 보낸 편지) 아직도 시기상조인 것 같기 때문이다. 이러한 것을 고려해 보면—일선교사로서 교수재능의 결여와 전적으로 한 반의 학생들을 지도해야 하는 규칙의 어려움을 간과하였던—우리의 철학자는 다른 길을 선택하고, 그곳에 머문 것이 훨씬 좋았던 것 같다. 물론 이 길은 그의 모든 정신적인 소질과 재능을 다 발휘할 수 있는 대학교 교수의 길이었다.

3 15년간의 사강사 시절과 석사 시절(1755~1770)

1. 박사논문과 교수자격 논문

이미 많은 학문적인 저서를 통해서 젊은 학자 칸트는 박학다식의 세계로 접어들었다. 그의 첫번째 저서는 아주 넓은 범위에까지 영향을 불러일으켰다. 이 글은 레싱[1]에 의해서 비웃는 듯한 짧은 시로 더 잘 알려짐으로써 그 제목이 유명해졌다. 그 내용이 「쾨니히스베르크 정보지」 1754년 6월 초 내지 8~9월 호에 발표되면서, 칸트는 최소한 문화적으로 혜택

---

[1] 칸트는 아주 어려운 임무를 맡았다.
  세계를 교화한다는.
  그는 살아 움직이는 힘을 평가한다.
  단지 그는 자신의 힘을 평가하지 못하면서.
  Kant unternimmt ein schwer Geschäfte,
  Der Welt zum Unterricht.
  Er schätzet die lebend'gen Kräfte,
  Nur seine schätzt er nicht.

  나중에 시인 레싱은 철학자 칸트를 더 높이 평가하였기 때문에, 이 짧은 시를 폐기 처분하였다.

을 받고 있는 지역에서 고향에서보다 유명세를 더 떨쳤고, 그 결과 다음과 같은 두 가지 사실이 널리 유포되었다. 첫번째는 베를린 학술원에서 실시한 현상논문을 통한 물음으로, "지구는 자전과 같은 것을 통해서 어떤 변화가 있는가, 없는가"(Ob die Erde in ihrer Umdrehung usw. einige Veränderung erlitten habe)이다. 오늘날의 전문가들은 자신의 견해를 분명히 밝히고 있다. 즉 지구 회전 속도가 점차적으로 느려지는 것이 분명히 증명되었다. 물론 이 물음에 대해서는 그 이후 100년이 지난 후에 겨우 새로운 어떤 것을 찾아볼 수 있게 되었다. 두 번째는 보다 더 큰 문제로, "지구가 늙으며, 물질적으로 무게를 달 수 있는가 하는 물음"(Die Frage, od die Erde veralte, physikalisch erwogen)에 대한 것이었다. 이 두 가지 문제는 1755년 부활절 때 처음으로 익명으로 발표된 그 유명한 《하늘의 일반적인 자연역사와 이론》의 예비연구에 불과했다. 이 저서는 "세계구조의 근원과 천체의 형성, 그리고 그들의 운동 원인이 자연 이론에 따라 일반적인 질료의 물리적인 운동법칙"을 끌어들여, 그것의 특이한 외적인 운명에 대해서 그의 철학대전 48권의 서문에서 서술하고 있다.

칸트의 석사학위 논문(Promotion zum Magister)은—물론 이것은 오늘날의 철학박사에 해당되는 것이다.—사강사 자격을 위한 교수자격 논문으로 아무런 어려움 없이 자연스럽게 인정받은 것 같다. 그의 석사학위 논문으로 오늘날까지 알려져 있는 《불에 대하여》(De igne, Über das Feuer)는 라틴어로 저술되었다. 이 저서는 1755년 4월 17일 철학부에 제출되었고, 구두시험(Rigorosum)은 5월 13일에 치러졌다. 같은 해 6월 12일 학위수여식이 장엄하게 치러졌다. 특히 쾨니히스베르크의 유명 인사들이 많이 모였다. "그리고 칸트가 학위수여 뒤에 행한 라틴어 연설을 들은"—이 연설은 "보다 쉽고 보다 근본적인" 철학 "강연"이었다.—그날 모인 "모든 청중들은 조용하고도 정중한 그의 언행에 자연스러운 존경의 마음이 우러나왔다. 이러한 존경은 신출내기 학위취득자에게는 지나치리

만큼 과분한 것이었다."

오늘날 교수자격 논문(Habilitation)에 해당되는 자격시험(Magister-promotion)을 위해 라틴어로 씌어진 자신의 논문 "형이상학적 인식의 제1원리에 대한 새로운 조명"(Prinzipium primorum cognitionis methaphysicae nova dilucidatio, Eine neue Beleuchtung der ersten Prinzipien der methaphysischen Erkenntnis)에 대한 토론이 같은 해 9월 27일 아침 8시부터 12시까지 있었다. 칸트와 같은 입장에서 토론에 참석하여 "응답자"가 된 사람은 신학에서 교수자격을 취득하려는 후보자였고, 반대 입장에서 질문을 한 사람들은 신학생 한 사람과 두 명의 법학 교수자격 취득후보자였다(《철학대전》 46a, XIII면 이하, 1~15면 참조). 이것은 칸트가 순수하게 철학적 문제만 다룬 첫번째 저서였다. 그는 곧 첫번째 강의(Vorlesung)를 시작하였고, 그것에 대해서 보로브스키는 우리에게 일목요연하게 기술하고 있다: "그는 그 당시 신도시에 해당되는 지역에 살던 퀴프케 교수 집에서 거주하였다. 그는 그곳의 아주 넓은 강의실을 배정받았다. 그러나 강의가 시작되자 수많은 학생들이 몰려와 강의실의 현관과 계단까지도 만원을 이루었다. 기대 이상의 많은 수강생 때문에 칸트는 매우 당황한 것처럼 보였다. 이러한 상황에 길들여지지 않은 칸트는 거의 침착성을 잃고 평소에 하던 말소리보다 더 낮은 소리로 강의하였을 뿐만 아니라 말실수도 여러 번 하였다." 그러나 그의 박학다식함에 경탄한 학생들은 그의 당당함과 겸손성을 다시 한 번 확인하였다. 칸트는 "그 다음 시간에는 완전히 다른 사람이 되어 있었다. 그의 강의는 근원적인 문제부터 아주 편안하게 잘 풀어 나갔다." 우리는 여기서 그의 여러 강의 전반에 대해서 이야기하고자 한다. 칸트가 어떤 분야를 강의의 주제로 삼았는가[2] 하는 것을 우리는 먼저 설명해야 할 것이다.

---

2) 칸트 연구에 공로가 큰 아르놀트는 4년 동안 교단에서 행한 모든 강의를 체계적으로 목록화시키는 것에 대해서 결코 반대하지 않았다. 이 목록은 아르놀트의 전집과 유고

2. 칸트의 여러 강의(Vorlesungen)

사강사로 맞이한 첫번째 학기에서 칸트는 세 과목을 강의하였는데, 논리학, 형이상학 그리고 수학이었다. 그 외에 물리학을 강의한 것도 거의 확실하다. 그가 작성한 자신의 강의에 참석한 학생들의 명단을 살펴보면, 2명의 법학도와 21명의 신학생이 있었는데, 그 중에는 그의 막내 동생인 요한 하인리히와 그의 후기 전기를 쓴 보로브스키도 있다. 근면하고 수용에 대한 욕구가 많은 칸트는 늘 같은 과목을 매 학기 개설하였다. 물론 이 과목들만 개설된 것은 아니었다. 위에서 말한 과목 외에도 그는 여름학기에 자연물리학을 추가로 개설하였다. 칸트는 지리학을 독자적인 교재로 준비하여 강의한 첫번째 교수에 해당된다. 이 지리학 강의는 규칙적으로 한 학기씩 걸러 반복해서 노년에 이르기까지 개설하였는데, 이 과목은 그가 좋아한 과목들 중에 하나였다. 왜냐하면 "건강한 지식을 밝혀주는 데" 지리학보다 더 적당한 과목은 없다고 늘 생각했기 때문이다. 칸트는 아주 특별한 논문인 "바람 이론의 해설을 위한 새로운 주석"(Neuen Anmerkung zur Erläutung der Theorie der Wind)을 통해서 우리를 초대하고 있다. 그 강의에 참석한 사람은 그들이 강의를 들은 날짜를 1756년 4월 25일이라고 기록하고 있다. 다음 겨울학기에 처음으로 윤리학(나중에 도덕철학 내지 실천철학이라고 불리어짐)을 추가로 개설하였다. 그 후 그는 이 과목을 역시 겨울학기마다 강의하였다. 그 외에 1758년 여름에는 "수요일과 토요일에 한 시간씩을 할애하여 이미 배운 부분에 대한 토론의 시간을 마련하고자 한다"는 자신의 의도를 학생들에게 공고하였다. "내 생각에 그 주제는 근원적으로 통찰하여 도달해야 할 가장 중요한 문제가 되어야 할 것이다." 칸트의 이러한 생각으로 시작된 소위 말하는

의 편집을 담당한 쉰되르퍼에 의해서 여러 부분들이 보충되어졌다. 이렇게 가치 있는 자료가 보충된 목록을 중심으로 살펴보겠다.

'토론학'을 그는 1761년 여름학기에도 개설하였지만, 규칙적으로 처음 실시한 것은 70년대에 와서였다. 1759/60년도 겨울학기에는 처음으로 '순수수학'과 '기계학'을 특별히 마련하여 강의하였다. 그가 기계학 강의를 두 번 개설한 사이에 1763년 가을부터는 그때까지 매 학기 강의하여 온 수학 강의를 완전히 중단하였다. 그 대신 1767년 여름학기에는 자연법에 관한 새로운 강좌를 신설하였다. 같은 해 겨울학기에는 '간단한 철학의 역사와 더불어 모든 철학의 백과사전'(Enzyklopädie der ganzen Philosophie nebst einer kurzgefaßten Geschichte derselben)을 새로 추가하였다. 물론 "이 과목을 보다 상세하게 연구하기에는 시간이 충분하지 못했다." 그러나 이 과목은 많은 사람이 수강하였기 때문에, 다른 과목에 의해서 그 빛을 잃을 때인 1772년까지 자주 강의되었다.

칸트는 1760/61년 겨울학기부터 규칙적으로 낮 시간을 이용하여 강의를 하였는데, 매일 오전 8시부터 12시까지를 가장 즐겨 이용했다. 1761년 여름학기에 그는 믿기 어려울 만큼 열심히 노력하였다. 아니 최소한 그렇게 하려고 노력하였다. 그 학기에 그는 최소한 6과목을 개설하였: 오전 8시부터 9시까지는 논리학, 9시부터 10시까지는 기계학, 10부터 11시까지는 이론물리학 그리고 12시까지는 형이상학을 강의하였다. 오후 2시부터 3시까지는 주당 6시간인 물리지리학을 강의하였고, 4시까지는 산술학, 지리학 그리고 삼각대수학을 강의하였다. 그리고 "토론학"은 수요일과 토요일 아침 8시부터 9시까지 추가로 실시하였다. 그 외에도 그는 "수요일과 토요일의 남은 시간을 의심이 풀리지 않은 부분에 대한 복습과 해석의 시간"으로 준비하였다. 1776/77년 겨울학기에 그는 주당 무려 26시간에서 28시간까지 강의하였다. 물론 그 당시에는 주당 16시간 이하로는 강의를 할 수 없었다. 그뿐 아니라 모든 보고서에서 일치하고 있는 것은 그가 정확성과 충실한 의무수행자의 표본이었다는 것이다. 어떤 경우에도 그는 그의 저술활동이나 자신의 여흥을 위해서 방학 이외에 결강하는 경우가 없었다. 그와 동시에 그는 그의 과제 또한 규칙적으로 풀어나갔다. 그는 1759/60년 겨울학기 개설과목에 대해서 다음과 같이 적고 있다: "내가 이 학문들(5과목)을 약 반년 만에 끝낸다는 것을 모두 알고 있다. 만약 이 기간이 너무 모자라면, 나머지 부분은 몇 시간에 걸쳐서 보강하게 될 것이다." 이러한 그의 성실성이 (1770년) 정교수 후보자 중 제1순위로 추천되게 하였다. "그의 성실한 강의를 통해서 대학에 기여한 바가 크기에" 추천한다는 말로 그의 진가가 증명되고 있다.

교수가 그들의 강의에 대해서 규정된 강의계획서를 작성하는 것은 교수들이 지켜야 할 법규와 같은 의무였다. 보다 자유로웠던 담당부서 장관인 체들리츠(Zedlitz) 같은 사람도 1778년에 이 규정을 쾨니히스베르크 대학교 철학부 교수들에게 확고부동하게 적용시켰다: "가장 나쁜 강의계획서라도 없는 것보다는 훨씬 좋다. 교수들은 그들이 소유하고 있는 모든 지식을 그들이 할 수 있는 한 그들의 저작활동을 통해서 더 좋은 것으로 발전시켜야 한다. 그러나 어떤 경우든지 강의 시간에 읽기만은 절대적으로 폐기되어야 한다." 이러한 규정에 따라 교수 중에는 "칸트 교수"가, 개설 강좌 중에는 "주지하는 바와 같이 아직 완전한 교재가 없었던 그의 물리지리학만이" 유일하게 채택되었다. 항상 칸트는 ─ 1767년 5월 25일 문교성의 서류철에서 특별한 칭찬을 찾아볼 수 있는 것과 같이 ─ 아주 좋은 교재를 선정하였다. 예를 들자면 논리학은(이미 자립한 볼프주의자 중 한 사람인) 마이어(Meier)의 《논리학》(*Vernunftlehre*)으로 강의하였고, 자연법은 아헨발(Achenwall)의 《자연법》(*Jus naturale*)으로, 백과사전의 강의는 나중에 그의 적대자가 된 페더(Feder)의 저서를 사용하였으며, 형이상학과 윤리학은 이미 유명해진 바움가르텐(Baumgarten)의 《애스테티카》(*Aestetica*)를 교재로 해서 강의하였다. 그 외에도 칸트는 우리에게 1765/1766년 겨울학기 동안에 행한 강의를 중심으로 철학 강의의 목적과 방향을 보고서로 인쇄하여 상세하게 제시해 주었다.

칸트가 강의를 통해서 실행하고자 한 것은, 먼저 수강생에게 철학적인 문제를 이해시킨 다음, 점차적으로 그들의 이성을 형성하게 한 뒤, 마지막으로 선으로 그들에게 지식을 심어주는 것이었다. 강의를 통해서 그는 그들에게 단지 외적으로 나타나는 사고를 심어주고자 한 것이 아니다. 즉 완결된 철학이 아니라, 철학함을 통해서 배울 수 있는 사유를 심어주고자 하였다. 그러므로 그의 방법은 "연구하는 것"이지 "독단적인 것, 즉 이미 결정된 어떤 것"을 주입하는 것이 아니었다. 그러므로 그는 어떤 것을 초안한 기초가 잡힌 시험후보자를 "단지 그것을 작성한 사람으로만 보지 않고, 스스로 그것을 다시 판단하는" 사람으로 생각하였다. 그리고 그는 이러한 것의 "공통"된 방법 중에서두 "매우 상이한 여러 가지" 종류를 알고 있었다. 그래서 그는 감히 바움가르텐의 책을 "그의 교수법 중에서도 다양성과 간결성을 목적으로 교재"로 선택하였던 것이다. 여기서 그는 여러 가지 방법 중에서 "약간의 우회"로 경험적 심리학을 먼저 보고, 다음으로 신체적인 것 그리고 육체가 없는 본성을 설명하고, "모든 사물의 일반적인 성격"의 설명을 마친 다음, 드디어 "모든 사물의 원인, 즉 신과 세계에 관한 학문"을 취급하였다. 보다 쉬운 것에서부터 보다 어려운 것으로 이해해 가는 이와 같은 발전단계의 방법은, 듣는 사람이 처음부터 존재론의 어려운 점 때문에, 놀라는 일이 없고, 그들 스스로 어려운 문제에 대한 흥분된 마음을 일찍 해결함으로써 집에까지 갖고 가서 고민할 필요가 없다는 장점이 있다. 왜냐하면 쾨니히스베르크 대학교에서는 지금과 마찬가지로 그 당시에도 "성실하고 무분별한 젊은이들이 학기 초에는 모든 과목을 열심히 공부하지만, 시간이 지남에 따라 강의실은 점점 넓어진다는 것을" 칸트는 잘 알고 있었다. 그래서 그는 그의 논리학, 윤리학 그리고 물리지리학의 강의 폭을 계속 넓혀 나갔다. 특히 그는 이들 강의의 마지막 부분에서는 인류학적인 부분과 정치적인 부분까지도 추가하여 강의하였다.

칸트는 이렇게 — 그의 강의를 일찍부터 청강한 보로브스키가 증언한 것처럼 — 학기 초에 "처음 작성한 강의계획서를 철두철미하게 지키려고 하지 않았다. 그는 가끔씩 그의 강의계획서에 없는 강의를 하였다. 즉 그는 교과서 외에 그가 직접 손으로 쓰고, 주석까지 단 강의록을 사용하기도 하였다." 그가 이러한 방법을 계속해서 사용하였다는 것이 그가 죽은 후 교수요강의 발견으로 증명되었다. 그뿐 아니라 에르드만은 칸트가 강의한 바움가르텐의 형이상학에 관한 필사본을 손에 넣었다. 이것은 다른 것에 비해서 "그렇게 많이 사용하지 않은 것으로, 이미 비판철학 이전 시기에 끊임없이 연구하여 내용면에 있어서" 이후의 것과 "동일한 것이었다." 이 책은 다른 많은 필사본과 마찬가지로, 그의 전집 중 다른 단행본처럼 거의 흰색 간지를 끼워서 철하였다. 그리고 이 책의 속표지 제목 앞에 몇 장의 백지를 두었을 뿐 아니라 가장자리까지도 비워 두었다. 그뿐 아니라 줄과 줄 사이의 간격도 넓게 하였다. 어떤 부분은 그 간격이 "몇 배로 넓은가 하면, 가끔씩은 아주 좁기도 하고, 많은 약어를 사용하였으며, 대부분은 분명하지 않은 글씨체로 씌어져 있었다." 그리고 아카데미판의 유고를 편집한 아디케스(E. Adickes)는 이 책에 새로운 사실을 추가하였다: "… 칸트는 (주로 1780년대에 와서) 아무리 작은 빈칸이라도 그냥 지나치지 않았다. 만약 어떤 부분에 다른 생각이 이미 적혀 있다면, 그 생각을 다시 둘이나 셋 혹은 넷으로 나누어 다르게 생각함으로써 자신의 부족한 사고를 완전하게 하려고 늘 무엇인가 적어 넣었다. 만약 그가 1780년대와 1790년대에 한 강의가 그의 강의록이 보여주는 불안함 속에서도 자신이 해야 할 것을 분명히 하였다면, 우리는 이렇게 울긋불긋하게 낙서되어 있는 강의록에서 그의 사고와 그의 날카로운 눈에 경탄할 수밖에 없다."[3]

---

3) Erdmann의 *Reflexionen Kants zur kritischen Philosophie*(Leipniz, 1882) I. 서문 1면
  과 E. Adickes의 *Kants WW.*(Ak. Ausg.) XIV. Bd., XXII면. 그리고 칸트의 강의 전반

칸트의 강의에 대해서 그의 제자 보로브스키는 계속해서 다음과 같이 설명하고 있다: "그는 자주 강의의 주제에서 벗어나 풍부한 자신의 지식 속으로 빠져들었다. 그러나 이것은 아주 흥미로운 것이었다. 이렇게 그가 그의 본래의 주제에서 아주 멀리 벗어난 것을 알아차리는 순간, 그는 '그 다음은 대충 그러하다.' 혹은 '그렇게 진행되었다' 등의 말로 끝맺었고, 다시 본래의 주제로 돌아왔다." 그는 철두철미하게 자신의 강의를 편안하게 이끌어갔다. 반면에 그는 자극적인 얘기나, 비꼬는 투의 어법을 이용하여 다른 동료들로부터 값싼 동정은 결코 얻지 않았다. 수강생들이 보다 중요한 문제는 그냥 넘겨버리고, 별로 중요하지 않은 것에 대해서 열심히 밑기리는 것을 그가 알았을 때, 오히려 그는 그것 때문에 강의를 중단히곤 하였다. 그 밖에 그의 강의를 방해한 것은 다음과 같은 것이다. 예를 들어서 눈에 띄게 이상한 옷과 같은 것이―한 일화에 따르면, 항상 강의실 앞줄에 앉은 한 학생이 저고리 단추가 하나 떨어진 옷을 입고 있었다.―"그의 강의에 방해가 되었다." 그는 항상 단순한 맹종자에 대해서 경고하였고, 스스로 생각하고 스스로 연구하며, 자신의 두 발로 굳건히 서라고 항상 엄하게 말했다. 해결되지 않은 의문점이나, 더 상세한 설명이 필요한 문제에 대한 부탁을 그는 최소한 그의 젊은 시절에는 아주 친절하게 받아들였다. 그리고 눈앞에 나타나는 어떤 것들도, 예를 들어 산보 도중에 생긴 어떤 사건 같은 것도 아주 잘 설명해 주었다. 그는 항상 자극적인 언행을 삼가려고 노력하지만, 강의에서 수업과 관계없는 어떤 사건들도 아주 잘 설명해 주었다. "그가 읽은 책이나 어떤 작은 사건들과 관련된 일화 같은 것을 적당하게 섞어서, 재담과 좋은 분위기 속에서 자유로운 토론"으로 이끌어 나갔다. 그럼에도 불구하고 보로브스키가 느낀

에 대해서 씌어진 E. Arnoldt의 *Kritische Exkurse im Gebiete der Kantforschung*, 269~430면. 마지막으로 E. Adickes가 쓴 *Untersuchung zu Kants physischer Geograpie*(1911), 34면 이하 참조.

대로, 그의 강의에는 항상 "생동감 넘치는 분위기와 긴장감이 감돌고 있
었다. 주어진 어떤 문제나 우리가 해결해야 할 개념 및 어떤 사건들은 모
두가 분명하게 이해될 때까지 반복해서 설명하였다. 그리고 또 다른 예문
을 통해서 태만하고 산만한 학생들까지도 모든 것을 이해할 수 있게 설
명하였는데, 이것은 사실 칸트의 본 모습이 아니었다. 그러나 그는 모든
것에 대해서 마치 합리적인 것처럼 충분히 주의를 기울였다." 하만은
1759년 칸트가 "어린이를 위한 물리학에 대한 계획을 품고 있다"고 믿었
다. 즉 어린이를 위한 자연학에 매료되어 있었다는 것이다. 그러나 우리
의 석학은 그가 "당신의 성인 청중들이 사고의 은근함과 민첩함으로 당
신과 더불어 노력을 아끼지 않아" 끝까지 해내리라는 것을 결코 믿지 않
았다(편지교환 I. 19면). 그러므로 많은 학생들은 칸트의 나머지 강의가
너무 어려웠기 때문에, 그의 물리지리학 또는 도덕철학부터 시작하였다.

이렇게 주어진 과제에 대해서 자신의 모든 정성을 쏟은 사람은 누구나
값진 보답을 받을 수 있다. 이 장을 헤르더(Herder)가 칸트의 강의를 들
은 후 30년이 지나서 쓴 아름다운 글로 끝내는 것이 가장 좋다고 생각한
다. 물론 그 사이 헤르더는 문학상의 차이를 이미 보여주고 있지만, 그는
"박애의 정진을 위한 편지"(Briefen zur Beförderung der Humanität, 1795년
편지교환 29, 168면)를 그의 옛 스승에게 헌정하고 있다:

"나의 스승인 한 철학자를 알았다는 그 자체로 나는 행운을 얻은 것이다.
가장 전성기 때의 그는 젊은이의 밝은 경건성을 갖고 있었다. 이러한 성격
은 물론 그가 백발이 된 노년 때까지 늘 함께 하였던 경건성이라고 나는 생
각한다. 깊은 생각에 잠겨 있는 그의 이마는 불멸의 쾌락과 기쁨의 자리였
다. 아주 심오한 사고에서 비롯되는 수많은 얘기가 그의 입을 통해서 끝없
이 이어졌고, 농담이나 익살스러운 말 혹은 남의 비위를 맞추는 등의 말은
자제하였다. 그리고 연구 논문 발표는 그의 가장 절친한 친구였다. 뿐만 아

니라 라이프니츠, 볼프, 바움가르텐, 크루시우스(Crusius) 그리고 흄의 정신을 분석하고, 케플러와 뉴턴의 자연법칙과 여러 물리학자의 사상을 쫓아갔다. 그 외에도 그는 그 당시 출판된 루소의 《에밀》과 '자연으로 돌아가라'는 것에 대해서도 관심을 갖고 있었다. 루소와 자연 귀환에 따른 자연의 공평무사한 지식과 인간의 도덕적 가치에 대해서 그 가치를 인정하였고 항상 자연으로 돌아가야 한다고 주장하였다. 인간의 역사와 민족사 그리고 자연의 역사 그 외에 자연과학과 수학 그리고 경험과학은 그의 주요 연구원천으로 자리잡고 있었다. 물론 그는 알아야 할 가치가 없는 것에 대해서는 아무런 가치도 두지 않았다. 즉 어떤 음모나 사이비 종교에 대한 장점이나 어떤 공명심, 진리의 확장이나 진리의 밝힘에 반대되는 어떤 유혹도 그에게는 의미가 없었다. 그는 자신의 사고에 대해서 즐거워하였고, 사고에 구속될 때, 오히려 편안함을 느꼈다. 전제정치나 억압은 그의 감정 속에서는 이방인에 불과하였다. 바로 이 사람, 내가 존경하고 무한한 감사를 드리는 바로 이 사람은 임마누엘 칸트이다. 그의 초상화는 내 앞에 편안하게 놓여 있다.”

같은 시기에 행해진 그의 강의 외에 그는 많은 양의 논문을 썼는데, 대부분이 짧은 저서와 논문이다.

2. 칸트의 저술(Schriften)

철학사에서 찾아볼 수 있는 칸트의 저서와 논문들은 칸트 사고의 내적인 발전사이며, 그의 전집 《철학대전》에서는 저서와 논문을 하나 하나의 저서로 취급하고 있으므로, 이는 곧 외적인 발달사이기도 하다. 물론 이것이 우리가 서술하고자 하는 전기의 목적에는 위배될 수 있지만, 그의 전집에서 취급되고 있지 않은 단편 논문들이 애독되고 있는 것으로 미루어 볼 때, 우리는 그의 이러한 단편으로부터 칸트의 여러 분야에 걸친 관심사를 충분히 찾아볼 수 있다.

1755년 11월 1일 괴테가 "진리와 시"에서 얘기한 처참한 지진이 리스본에서 일어났다. ─ "소름 끼치는 무서운 사건이 자유와 편안함에 젖어 있는 세계로 퍼져 나갔다." 그 사건이 있기 바로 1년 전 칸트는 지진이 일어날 것이라는 사실을 알고 있는 것처럼, 그의 논문 "지구가 늙으며, 물질적으로 무게를 달 수 있는가 하는 물음"을 탈고하였고, 이 논문을 통해 칸트는 지구 내부에 "매장된 불덩어리"로부터 지구는 끊임없는 위협을 받고 있다는 것을 이야기하였기 때문에, 쾨니히스베르크에서의 여론은 엄청난 자연 재해에 대한 본질과 근거 그리고 다른 어떤 대지의 진동에 대한 충고를 칸트로부터 요구하였다. 먼저 그는 1756년 1월에 「쾨니히스베르크 정보 주간지」에 "지난해 연말 서유럽국가에서 발생한 불행에 따른 지각변동의 원인에 대해서"(Von den Ursachen der Erderschütterungen bei Gelegenheit des Unglücks, welches die westlichen Länder von Europa gegen das Ende des vorigen Jahres betroffen hat)라는 제목으로 두 번이나 지진에 대한 내용을 다루었다. 그리고 3월 초에는 ─ (4절지 약 40면 분량에 달하는) 특별기고문을 게재하였다. 여기서 그는 "1755년 말경 상당한 지각의 흔들림으로 인한 강한 지진의 발생과, 그것에 따른 역사와 박물학"에 대해서 논하였다. ─ 이 글은 독자들의 긴장상태를 자극하였기 때문에 ─ "전지 세 장의 분량으로 3일 동안 나누어서 연재되었다." 그리고 이 글은 독자들에게 큰 감동을 주었기 때문에, 이 글의 저자인 칸트는 두 번에 걸쳐 ─ 4월 10일, 17일 ─ 「쾨니히스베르크 정보 주간지」에 "지난 몇 년 간 나타난 지각변동의 연구"(Fortgesetzte Betrachtungen der seit einiger Zeit wahrgenommenen Erderschütterungen)라는 제목으로 연재해야만 했다. 리스본에서 발생한 지진이 넓게 확산된 것은 바다 속의 지각 변동이 그 원인이었다는 그의 견해가 오늘날 과학자들이 볼 때 틀림없는 것으로 확인되고 있다. 이와 같은 자연 재해는 오늘날에도 항상 종교적 · 도덕적 가

치판단과 깊이 관계하고 있다. 이러한 사실에 대해서 우리의 철학자 칸트
는 "터무니없는 호기심"이라고 받아들였다. "지은 죄에 따라 받는 형벌"
과 같은 재앙들을 "신의 의지에 따른 목적으로 이해한다거나, 신의 판단
으로 해석하는" 오해나 월권행위가 있다는 것이다. 이러한 재앙은 오히려
인간에 대한 사랑의 활동으로 생각해야 될 것이며, 지구의 위대함을 받아
들여야 하며, 인류의 불행은 전쟁과 같이 인간 스스로 재앙을 자초하는
일임을 명심해야 할 것이며, 그 외에도 우리는 "우리 인간을" 지구라는
"이 공허한 무대 위에 영원한 우리의 안식처를 만들기 위해서 태어난 것
이 아니다"라는 것을 기억하여야 한다.

　칸트의 이러한 일련의 연구 시기와 거의 비슷하게, 우리의 석학은 크누
첸이 사망한 뒤 공석이 된 논리학과 형이상학의 원외교수(außerordentlicher
Proferssor)의 초빙에 지원하기 위해서 그의 세 번째 라틴어 논문을 탈고
하였다. 즉 프리드리히 II세의 칙령에 따르면, 사강사가 정교수 초빙에 지
원하려면, 최소한 세 편의 라틴어 논문이 출판되어야 한다는 규정이 명시
되어 있기 때문이다. 1756년 3월 23일 철학부에 제출된 칸트의 논문은
'자연철학에 있어서 수학과 관계를 맺은 형이상학의 사용'에 대한 것을
다루고 있는데, 그 첫 장은 "물리적 단자론"(Monadologia physica,
Phisische Monadologie)에 대해서 서술하고 있다. 이 논문에 대한 토론은 4
월 10일 토요일에 실시되었고, 당시 16살이었던 그의 제자 보로브스키는
토론상대자 중 한 사람이었다. 시기적으로 "부활절을 앞두고" 있었으므로
세 번째 논문의 완성은 거의 불가능하였다. 왜냐하면 칸트의 초빙은 끝내
이루어지지 않았기 때문이다.

　마침내 칸트는 같은 해 4월 그의 강의를 통해서 이루어진 계획된 저서
《바람 이론의 해설을 위한 새로운 주석》(*Neue Anmerkungen zur
Erläuterung der Theorie der Winde*)을 출판하였다. 오히려 이 저서의 이론
은 칸트의 시대에는 너무나 성급한 것이었다. 발견자 이름에 따라 명명된

그 유명한 "회전법칙"(Drehungsgesetz)이 1835년 천체물리학자 도브 (Dove)에 의해서 규칙적인 겨울태풍이 축을 중심으로 하는 지구의 회전 과 연관되어 있다는 새로운 발견이 있을 때까지는 최소한 그렇게 생각되 었다. 이 회전법칙은 도브가 발견하기 80년 전에 이미 쾨니히스베르크 경 계선 밖을 거의 벗어난 적이 없는 칸트에 의해서 취급되었고 주석까지 달려 논의되었다. 그 외에도 계속된 세 편의 짧은 글에서도 동일한 계획 이 시행되었다. 1757년 여름 《물리지리학의 연구에 대한 계획과 보고》 (*Entwurf und Ankündigung eines Collegii der physischen Geographie*)에서 상세한 내용의 개관이 다루어졌고 또는 칸트가 말한 것처럼, 그가 특별히 실시한 강의의 "짧은 개요"를 다루었다. 이 저서의 서문에서 칸트는 마치 오랜 기간 동안 준비한 것처럼, 이 연구에서 얻을 수 있는 모든 여행에 관한 내용과 자연의 역사 그리고 학문적인 논술들에 관해서 서술하였다. 그리고 첨가된 부록에서는 전에 이미 발표된 논문에서 해결되지 않은 문 제들에 대해서 "짧은 고찰"을 덧붙이고 있다. 즉 "우리 지역으로 불어오 는 서풍(西風)은 아주 습한데, 그 이유가 큰 바다를 지나 불어오기 때문 인가?"와 같은 것들이다. (칸트는 이와 같은 "공통의 견해"에 대해서 강 한 의구심을 가졌었다.) 같은 해 여름(1758년)에도 계속해서 그는 자연철 학에 대한 많은 연구를 계속하였다: "운동과 정지에 대한 새로운 학설과 그것에 연계된 자연과학의 제1원인에 따른 결론"(Neuer Lehrbegriff der Bewegung und Ruhe und der damit verknüpften Folgerungen in den ersten Gründen der Natur-wissenschaft, 4절지 8면 분량)이 그것이다. 보로브스키 에 따르면, "전지 한 장 분량으로 처음 출판되었을 때는 많은 주의를 끌 었지만," 그의 새로운 편집자 라스비츠(Kurd Laßwitz)의 판단에 따르면, 그것은 "아주 흥미 있는 기초"로 칸트의 주저인 자연철학(*Metaphysiche Anfangs-gründe der Naturwissenschaft*, 1789년)의 기본 사상을 형성하였던 것이다. 그의 비판시기 이전에 씌어진 첫 저서와 마찬가지로 자연철학에 대한 마지막 저서도 모든 외적인 권위주의에서 탈피하여 완전한 자유를 누리고 있음이 강하게 나타나 있다. 재치 있게 그는 서문에서, "아주 많은 전문가의 존경할 만한 의견"에 대해 "상식으로 정당성을 인정받아" 그들의 자유를 빼앗을 뜻은 전혀 없다고 하였다. 그러나 "그의 생각은 우연한" 것이라며, 주저 없이 다음과 같이 진술하였다: "내가 이미 관습화된 이 신사분들의 모든 사고를 전혀 값어치 없는 것으로 던져 버릴 수 있는지, 나는 지금 당장 알 수 없다. 이 폐물 같은 사고들은 볼프적인 강압이나 혹은 다른 어떤 유명한 체계에 뿌리박고 있는 것도 아니다. 언뜻 보아서 이러한 것을 검토한다는 것 자체도 필요 없을 뿐 아니라, 이것에 대한 모든 연구가 잘못 설명되었다."

지금까지 논의된 모든 칸트의 저서들은 형이상학에 관한 학위논문(1755년)을 제외하고는 모두 자연과학에 관한 문제를 주제로 삼고 있었다. 그러나 1760년대 초 그의 주제는 논리학의 방향과 인류학 및 윤리학의 방향으로 양분되어 나타나고 있다. 1759/60년 겨울학기 그의 강의내용은 그의 마지막 영역이었던 "낙관주의에 대한 연구의 시도"였다. 1755년 베를린 학술원에서 실시한 학술논문의 심사대상으로 정해진 이 논문은 동시에 라이프니츠의 "지상낙원"을 논쟁의 대상으로 삼았다. 멘델스존, 레싱, 빌란트 같은 학자들도 이것에 대해서 언급하였으며, 같은 해인 1759년 볼테르는 의도적으로 "랄프(Ralph) 박사"라는 독일인을 소재로 한 풍자소설을 출판하였다. 칸트는 단지 전지 한 장 분량의 글로 석사학위 소유자 바이만(Weymann)과 아주 사소한 학술상의 논쟁을 벌였다. 바이만은 1759년 10월 6일 "가장 좋지 않은 세상에 대하여"(De mundo non optimo)라는 논문으로 쾨니히스베르크 대학교에서 교수자격을 얻었는데, 이 논문은 며칠 후 출판된 칸트의 저서와 직접 관계가 있었다. 칸트의 이 저서는 크루시우스의 반격 때문에 낙관주의로 방향이 바뀐 것이었다. 뿐만 아니라 칸트가 린드너에게 보낸 편지에서처럼, "유명한 그의(바이만)

무례한 행동 때문에" 칸트의 동조자들이 자신들의 역할을 거절하였다. 비록 칸트가 그에 대해서 아무런 생각도 하지 않았지만, 그의 성난 동료는 그를 적수라고 잘못 생각하고, 다음 일요일에 전지 한 장 분량에 "무례함과 비꼼으로 가득 찬" 내용의 글을 실었다. 칸트는 이에 대해서 마치 그리스 로마 신화에 나오는 외눈박이 거인인 "치크롭에게 한 방 먹이듯이" 강하게 대처하지 않고, 아무런 부정도 하지 않았을 뿐 아니라 "독자들의 비판"에 대해서도 아무런 언급을 하지 않았다. 그래서 그는 오히려 "보다 품위 있는 방법으로써, 즉 침묵으로써" 그것에 감사하며 답변을 대신하였다. 이로 인해서 그가 해야 할 답을 금방 그리고 당연히 잊어버리는 그의 적들에게 넘겨주었다. 우리는 칸트의 "성급함 때문에 작성된 몇 편의" 소책자에서 자신을 방어한 내용을 볼 수 있다: "전체가 최고이고, 모든 것은 전체 때문에 좋게 된다." 그러므로 이것이 바로 낙관주의적인 입장이다. 확실히 이 글은 무기력하게 표현된 그의 저서 중에 하나이다. 그래서 재치 있는 하만은 어려움에 처한 칸트를 어느 정도 근거를 갖고 "눈먼 젊은이"라고 표현하면서, 그 성격을 "성급한 암캐에게 던져 버려야" 된다고 주장하였다(린드너에게 보낸 편지, 1759년 10월 12일). 칸트의 능력은 여러 곳에서 나타나고 있는데, 자식의 부음을 받고 슬퍼하는 어떤 어머니를 위해 그의 개인적인 종교심이 발동하여 쓴 1760년 6월 6일 애도의 글에도 잘 나타나 있다. "요한 프리드리히 폰 풍크의 요절을 안타까워하며"(Gedanken bei dem frühzeitigen Ableben des Herrn Johann Friedrich von Funk)라는 이 글의 어떤 부분은 너무나 감동적인데 거의 시적으로 씌어져 있다. 아직 젊은 나이인 21살에 병으로 죽은 그는 귀족 집안 출신의 학생이었다. 그는 1년 전에 그의 가정교사와 함께 쾨니히스베르크로 와서 칸트의 제자가 되었다. 이 "조문"은 그 가정교사의 권유로 작성되었는데, "그 가정교사는 칸트가 그의 어머니를 충분히 안정시킬 수 있다고 생각해서였다." (이렇게 보로브스키는 희망에 가득 찬 그의 젊은 동료에 대

해서 "충분히 잘 알고" 있었다.) 누구든지 이 글을 읽으면, 우리의 철학자
가 결코 여린 심성의 소유자가 아니라는 것에 어떤 이견도 없을 것이다.

칸트의 짧은 논문 "삼단논법의 4개의 격(格)의 오류 증명"(Die falsche
Spitzfindigkeit der vier syllogistischen Figuren, 35면 분량)은 아마도 1762년
초겨울에 출판된 것 같다. 왜냐하면 그는 그 해 겨울학기에 논리학 강의
계획을 발표하였는데, 앞의 논문이 한 부분을 차지하고 있었기 때문이다.
그는 이 글에서 자신의 "모든 것을 서술한 것이 아니라, 많은 부분을 일
반적인 경향에" 따를 수밖에 없었다고 하였다. 그러나 그는 최소한 "유익
한 인식의 실재적인 확산에 의해서 얻어진 시간," 그리고 "유용한 사물들
이 우리의 시간에 쌓인 것"을 결합시키기 위해 서술한 이 논문에서, 왜
그가 삼단논법적 오류를 짧게나마 취급하였는지에 대한 근거를 제시하였
다. 이렇게 눈에 띄게 예리한 통찰력으로 씌어진 이 논문은 "불필요한 넝
마"와 같은 다른 모든 학교에서 강의되고 있는 논리학에 정면으로 대항
하였다. 그는 이러한 진흙으로 빚어진 "거대한 조각"이 단지 "몇 시간의
노력"에 무너지리라고는 희망하지 않았다.─학교에서 강의되는 형이상학
에 대한 이와 비슷한 반대 입장은 1763년 여름학기에 기초를 만들었다.
그러나 이 강의는 1764년 여름학기인 부활절 시기에 "철학에 있어서 부
정적인 크기 개념의 시도"(Versuch, den Begriff der negativen Größen in
die Weltweisheit einzuführen, 72면 분량)로 공고하였다. 이 글의 목적과 사
고과정을 《철학대전》(Bd. 46a, XVIII면 이하)의 서문에서 보다 깊이 다루
었다.─이 두 개의 논문이 발표되는 중간 시기에 하나의 저서로 발표되
었는데, 그것은 "오랜 기간을 두고 숙고한" 아주 괄목할 만한 저서로서
《신 존재 증명 가능성의 유일한 증명 근거》(Der einzig mögliche
Beweisgrund zu einer Demonstration des Daseins Gottes, 205면 분량)이다.
이 저서로 칸트의 이름이 처음으로 학자들 사회에 넓게 알려졌다. 멘델스
존은 칸트를 오랜 기간 동안 철학적 체계를 스스로 정리한 "독학자"라고

환영하였고 격려하였다. 튀빙겐에 있던 플로케(Ploucquet)는 특별히 자신이 관찰한 내용을 첨부하여 적어 보냈고, 신학자 퇼너(Töllner)와 클렘(Clemm)은 관례적인 신존재 증명에 대한 칸트의 의구심을 적극 수용하였고(신존재 증명 중에서도 칸트는 소위 말하는 존재론적 증명 방법에 대해서만 깊은 관심을 갖고 있었다), 오스트리아 빈에서 참고하라며 금서목록을 보냈다. 이렇게 해서 칸트는 대담성을 얻었다. 그의 대담성은 저서의 끝 부분에서 찾아볼 수 있다: "우리가 신의 현존재를 확인하는 것은 아주 중요하다. 그러나 신존재를 증명하는 것보다는 더 중요하지 않다." 형이상학에 반대하는 그의 입장은 보다 강하게 나타났는데, 서문에서 형이상학을 "부두도 등대도 없는 어두운 망망대해"와 같은 것으로 비유하였다. 그는 그의 저서에서 무엇보다도 먼저 "가장 근본적으로 치유되어야 할 것"을 제시하고 숙련된 솜씨로 그것을 잘 치료하여 그 위에 "아주 훌륭한 건물"을 짓고자 하였다.

다음 해(1764년)에 결코 지칠 줄 모르는 우리의 근면한 석학은 아주두터운 두 편의 저서를 내어놓았다. 그 외에도 그는 신문에 "인간의 머리에서 생길 수 있는 모든 질병에 대한 연구"(Versuch über die Krankheiten des Kopfes)를 연재하였다. 물론 이 글은 아주 특별한 논문이었다. 이때쯤해서 칸트는 종교적인 광신자를 자연인의 한 종류로 취급하였다. 폴란드사람 파블리코비츠(Jan Pawlikowicz Zdomozyrskich Komarnicki)가 쾨니히스베르크 근처에 있는 칼트호프(Kalthof) 지방의 산림지대에 나타났다. 그는 단지 짐승의 가죽만을 걸치고, 아주 훌륭하게 장성한 8살 먹은 소년과 함께 나타났는데, 그가 한 무리의 소떼와 양 그리고 특히 염소도(46마리) 함께 끌고 나타났기 때문에, 마을 사람들은 그를 "염소예언자"라고 불렀다. 그의 출현은 성서에서나 찾아볼 수 있는 이상한 현상이었다. 더욱이 그 예언자의 말을 들은 칸트는 임야의 신과 같은 반인반양(半人半羊)인 그에게 점점 흥미를 느끼기 시작하였는데, 특히 문화와는 어떤 접촉도 없는 산림지대에서 아주 신선하게 성장한 소년에게 큰 관심을 가졌다. 칸트는 그를 마치 루소가 얘기한 자연의 아이로 보고 연구대상의 가치가 있다고 생각하였다. "많은 사람들의 요구에 따라서" 칸트는 「쾨니히스베르크 학자·정치가 신문」(Königsbergsche Gelehrte und Politische Zeitungen) 3호에 (이 신문의 편집자인) 하만이 이 사건에 대해 쓴 글에 부언해서 "논설"을 발표하였다. 계속해서 다섯 번에 걸쳐 (1764년 13일~27일까지) 위에서 얘기된 논설을 발표하였는데, 그곳에서 그는 "염소예언자"와 그의 아들 사이에는 직접적인 관계가 더 이상 존재하지 않는다고 하였고, ─가볍게 읽을 수 있는 일반적인 형식으로 설명하면─ "어리석음"에서부터 바보짓에 이르기까지, 그리고 "백치"에서 "광기"에 이르기까지 이 모든 "인간의 머리에서 생길 수 있는 질병"은 일종의 재치 있는 심리적인 요설로 보았다. 뿐만 아니라 우리가 아직도 화제로 삼고 있는 루소의 사상에 동감을 표했다.

앞의 글이 나오기 바로 얼마 전에 칸트는 같은 기법으로 《아름다움과 고귀함의 감정에 대한 연구 고찰》(Beobachtungen über das Gefühl des Schönen und Erhabenen, 110면 분량)을 발표하였다. 아무리 두꺼운 책이라도 이렇게 일목요연하고 쉽게 이해할 수 있는 문장으로 정신의 유쾌함과 즐거움, 그리고 실질적인 인간 인식에 대해 서술한 글을 찾아볼 수 없을 것이다. 사실 이 저서는 우리가 책 제목에서 예상할 수 있는 미적인 내용을 담고 있는 것이 아니라, 오히려 도덕심리학적 내지 인류학적인 내용을 담고 있으며, 서문에서 자연과 예술의 고귀함과 아름다움에 대해서 짧게 서술하고 있을 뿐이다. 여기에서 아름다움과 고귀함의 특성은 인간 일반, 그리고 성인 남성과 여성 및 서로 다른 민족의 성격에 따르고 있다. 이런 점에서 우리는 인간 칸트를 이해할 수 있다. 이렇게 풍부한 내용과 함께 외적으로 아주 호감이 가는 형태를 지닌 이 글을 쓴 저자 칸트를 어떤 비평가는 프랑스의 유명한 예절 서술가인 라브뤼예르(Labruyére)와 비교하였고, 또 다른 비평가는 이 저서가 학자의 연구실에만 있어야 될 것이 아니라, 숙녀들의 화장대 위에도 있어야 한다고 주장하였다. 그래서 이 저서는 아주 짧은 기간에(1771년까지) 무려 두 번에 걸쳐 새로운 개정판이 나왔었다.

1764년에 세 번째로 출판된 책은 전에 이미 한 번 편찬된 것으로, 특히 방법적으로는 인식이론적인 면에서 중요한《자연 신학과 도덕의 확실한 근본법칙에 대한 연구》(*Untersuchungen über die Deutlichkeit der Grundsätze der natürlichen Theologie*)이다. 이 글은 베를린 학술원의 현상논문으로 제출되었고 2등에 입상하였다. 같은 현상논문에서 1등은 멘델스존이 차지하였다. 학술원에서는 포상 이유를 평가 기준에 "최대한으로 접근하였고, 훌륭한 찬사를 얻었다"고 밝히고 있다.[4] 이 글의 발생사와 내용에 대해서는《철학대전》서문에서(46a, XXI ~XXVII면) 잘 설명하고 있기 때문에, 여기서는 더 이상 언급하지 않기로 하겠다.─이미 위에서 언급한 1765/66년 겨울학기에 반년 정도 강의된 그의 강의에 대한 정리도 같은 책 서문에 잘 설명되어 있다. 또한 "농담과 진담 사이의 중용으로 취급된" 아주 기지가 넘치는《형이상학의 꿈에 의해 설명되는 정신을 볼 수 있는 사람의 꿈》(*Träumen eines Geistersehers, erläutert durch Träume der Metaphysik*, 1766년, 128면 분량)에 대해서도 마찬가지이다. 그러나 칸트 철학의 발달에 대한 역사로 볼 때, 아주 중요한 것은 여기서 묘사되지 않았다(《철학대전》46b, III~XIII면). 드디어 1768년 「쾨니히스베르크 정보 주간지」 6호에서 8호까지에 걸쳐 철학과 수학의 공통 문제에 해당되는 논문 "공간에 있어서 방향 차이가 보여주는 첫번째 원인에 대하여"(Von

---

4) 크라우스가 쓴 *Reickes Kantiana*, 21면 주에 따르면, 줄처(Sulzer)가 칸트에게 보낸 편지로 볼 때, 이미 칸트가 전에 그 상을 받았을 수도 있었지만, 멘델스존에게 "그러한 것을 격려"하여 일등상을 준 것에 대해서 그는 나쁘게 해석하지 않을 것이라고 하였다.

dem ersten Grunde des Unterschiedes der Gegenden im Raume)를 연재하였
다. 이 글은 1770년에 발표된 학위취득 논문의 서문에 해당되는 것이었다
(《철학대전》 46b, XIII면 이하).

4. 외적인 생활 방식

여기서 우리는 칸트의 강의와 저서에 대한 일반적인 서술을 마치고 석
사 칸트의 생활로 돌아가 15년 동안의 내·외적 생활에 대해서 알아보기
로 하자.

이 기간 동안 칸트의 외적 생활은 어떠하였는가? 그는 사강사 시절까
지도 고정된 월급을 받지 못했기 때문에, 그의 외적 생활은 결코 화려하
지 못했다. 이때의 생활을 우리는 데니아 칸터(Denia Kanter)가 베를린에
있는 그녀의 동료 출판인 라 가르데(La Garde)에게 보낸 동정 어린 편지
에서 찾아볼 수 있다: "… 내가 대학 강의를 시작하는 첫 학기 이후(1755
년) 수강생은 끊임없이 늘어났다. 그러나 나는 수강들에게 대한 어떤 개
인적인 정보도 갖고 있지 않았기 때문에, (일반적으로 사강사는 많은 돈
을 지불하는 자신의 수강생에 의해서 평가되기 때문이다.) 나는 많은 돈
을 지출해야만 했다. 그러므로 내게 꼭 필요한 어떤 것을 제외하고도, 내
가 가진 두 개의 방에 대한 세금을 내기에도 부족하였으며, 이미 죽은 영
국인이 초대하는 식사에 매번 응할 수도 없었고, 친구나 다른 어떤 누구
와도 함께 좋은 식사를 할 수 없었다. 그렇다고 매일같이 무료 급식소를
찾아갈 수도 없는 상황이었기 때문에, 오히려 늘 고용인으로 행세하였다.
나는 이 시기에 외국대학으로부터 네 번의 초빙을 받았지만 모두 거절하
였다. 물론 이러한 사실에 대해서는 나중에 누군가가 판단해 주겠지만,
내 생애에 있어서 가장 편안한 날들이었다."

35년이 지나 씌어진 이 편지에는 물론 몇 군데에 불분명한 것이 있지

만, 우리는 그의 생각이 잘못되었다고 할 수는 없다. 보로브스키는 석사
학위를 마친 후 자신의 사정도 칸트와 비슷한 상황이었다고 동의하면서,
다음과 같이 설명하고 있다: "그 당시 그는 이미 외적으로 끊임없는 가
난에 시달리고 있었다. 그는 아주 소박하게 살았으며, 그리고 그의 생활
은 충분하지 않았고, 한 사람의 남자로서 스스로에게 필요한 것을 충분히
갖지 못했지만, 그가 필요로 하는 것은 완전히 가진 충만한 삶이었다."
아마도 그는 그의 가정교사 시절에 이미 강철 같은 끈기로 프로이센 시
대에 사용하던 금화 20개(약 400마르크)를 저축하였다. 이 돈은 "그가 완
전히 궁핍하게 되기 전에 생길지도 모르는 질병을 위해 저축한 것이고,"
이 돈에는 "절대로 손대지 않았다." 1766년 전까지도 그는 고정 수입이
없었지만, 많은 학생들이 그의 강의를 들었고, 보로브스키가 1757년과
1758년에 "확실히 알고 있었던 사실은" 그 학생들이 칸트에게 넉넉한 돈
을 지불하였다는 것이다. 그 외에도 휠젠이 입증한 것처럼 그는 가끔씩,
시험을 앞둔 학생들이 그들 부모의 뜻에 따라서 그와 함께 기숙할 목적
으로 내는 얼마의 기부금을 받았다. "그가 나중에 그것에 대해서 설명하
였듯이 이러한 것은, 결코 그의 바람이 아니었다. 그러나 이 모든 것은
그가 생계를 유지하기 위해서는 필연적인 것이었다." 어쨌든 그는 자신이
관심 있고 좋아하는 과목만 강의하지는 않았다. 1759년에는 한 무리의 학
생들이 미학에 대한 강의와 "유창한 말솜씨와 독일어 문제"에 대한 연습
을 부탁해 왔다. 그는 이 강의를 거절하고 당시까지만 해도 젊었던 보
로브스키에게 넘겨주었다. 칸트의 부탁을 받은 보로브스키는 1759/60년과
1960/61년 두 번에 걸친 겨울학기에 15명에서 18명 정도의 젊은 학생들
을 상대로 칸트의 "감시 감독 아래" 수업을 하였다. 반면 칸트는 보다 확
실한 것을 위임받았다. 즉 그는 "귀족들을 위해서", 예를 들자면 폰 홀슈
타인-베크(von Holstein-Beck) 공작 외 몇 명에게 "개인지도"를 하였다(야
흐만, 26면). 그 외에도 동프로이센이 러시아를 점령하면서 발발한 7년

전쟁 동안 그는 "많은 러시아 장교들에게 수학을 개인적으로 강의하였다"(라이케[Reicke], 40면). 마찬가지로 칸트와 친구가 된 폰 마이어(von Meyer) 장군은 "그의 치하에 있던 장교들은 칸트의 개인 강의 중에서 특히 수학을 아주 즐겨 들었다"고 하였다(링크, 32면). 그 밖에도 그는 "젊은 장교들을 위해서 축성술에 관한 개인적인 연설을 하기도 하였다"(아르놀트, 264면). 칸트 스스로도 그들 중에 정을 듬뿍 준 제자가 있었다고 설명하곤 하였다. 특히 폴란드의 폰 오르제티(von Orsetti)에게 많은 정을 주었는데, "그는 아주 젊은 신사로 여름에는 농장을 경영하다가 겨울에는 쾨니히스베르크에 머물면서 당시 마기스터 프리바팀(Magister privatim)이었던 칸트로부터 특히 수학적 자연과학에 관해서 배웠다"고 하였다.

그럼에도 불구하고 우리가 보기에는 그의 수입은 "충분하지" 못했다. 그러나 그는 젊은 시절부터 곤경과 가난에 시달리면서 지내는 것이 버릇처럼 되어 있었다. 그렇다고 해서 빚을 지고 산다는 것에 대해서는 그 자신이 결코 용납하지 않았다. 차라리 다 낡고 해어진 저고리를 걸치고 다니기를 오히려 그는 좋아하였다. "석사 시절 동안에 그가 늘 입고 다니던 저고리 하나는 완전히 해어져 못쓰게 되었다. 그의 몇몇 유복한 친구 중 특히 추밀고문관이었던 J(아마도 야코비를 의미하는 것 같다)는 그 사실을 알고 직접 돈을 전해 주는 방법으로 새로운 옷 한 벌을 그에게 선물했다. 이것에 대해서 칸트는 매우 기뻐하였는데, 그 기쁨을 스스로 빈곤에서 벗어나 충분히 여유가 생긴 노년까지도 간직하고 있었다. 이 시기는 그가 남으로부터의 도움을 거절할 수 있고, 남에게 도움 받는 것 자체를 부끄럽다고 느낄 수 있는 여유를 가진 시기이자 빚의 무거운 짐에서 완전히 벗어난 시기이다. 그러므로 그는 자신의 빚 때문에 평생 동안 그 어느 누구에게도 피해를 입힌 적이 없다는 것을 매우 기뻐하고 있었다. '누군가가 나의 방을 두드렸을 때, 나는 항상 조용하고도 다정한 목소리로 '들어오세요!' 라고 얘기할 수 있다. 왜냐하면 그 문 밖에 서 있는 사람은 최소한 나와 채무관계에 있는 사람이 아니라는 것을 나는 확신하기 때문이다'라고 종종 설명하였다"(야흐만, 66면 이하). 이렇게 그의 경제상태는 "정말 어려운 상태로 압박받고" 있는 것이 아니라 최대한으로 절약하면서 살았기 때문에, 오히려 칸트는 그가 받은 보수의 많은 부분을 할애하여 그의 가난한 제자에게도 나누어주었으며, 그는 단지 밀린 집세를 "낼 수 있는 약간의" 몫만을 가졌다.

　이런저런 사실로 미루어 볼 때, 이 15년 동안 칸트의 수입에 대해서 분명히 말할 수 있는 것은, 그의 수입은 매우 불안정하고 고정적이지 않았다는 것이다. 우리가 나중에 설명하겠지만, 1765년 10월 그가 발표한 두가지 보고서, 즉 "이곳 대학에서의 아주 불확실한 상태"(Sehr mißliche Subsistenz auf der hiesigen Akademie) 내지 "아주 안전하지 못한 대학 상황"(Sehr unsichere akademische Subsistence)에서 이런 사실을 그 스스로 얘기하고 있다. 또한 야흐만이 위에서 서술한 여러 상황과 같이 그의 경제적 상황은 시간에 따라 밀려들고 빠져나가는 간조와 같았다는 것을 알 수 있다.―물론 위에서 본 바와 같이 때에 따라서는 아주 많은 수강생이 모이기도 했다.―그는 비상금을 챙길 목적에서가 아니라, 오히려 비상금이 필연적인 것이어서 이런 생활을 했다. "그는 당시 풍부한 양의 책을 가진, 정리정돈이 잘된 도서관에 대해서 조금씩 언급하기 시작하였다. 왜냐하면 그는 몇 년이 지나도 그에게 꼭 필요한 책을 그의 수입만으로는 구입할 수 없었기 때문이다." 특히 그가 꼭 필요로 하는 몇 권의 책을 구입한다는 것도 거의 불가능하였다. 그리고 그가 1762년 그의 저서를 출판해 주기로 한 편집자 칸터를 만난 이후, 그리고 1764년에 처음으로 발간되었고, 그가 회원이 되어 함께 일한 「쾨니히스베르크 학자·정치가 신문」이 창간된 이후에는 그곳 사무실을 아주 자주 이용하였고, 늘 자유롭게 드나들었다. 많은 교수들과 저자들이 그를 만나기 위해서 그곳에 들렀다. 특히 그곳에는 우편물 도착 마감 시간인 11시가 되면 새로 출판되는

인쇄인의 상표가 진열되었다.―정치적인 신문도 상황은 같았다.―학생들
은 특히 일주일에 두 번씩 학칙에 따라 수업을 대신해서 무료 봉사로 이
일을 도와야 했다. 그들은 칸터의 사무실에서 마치 그들의 집과 같이 편
안한 마음으로 토론과 담소를 나누면서 하고픈 일을 하였다. 칸터의 입장
에서는 칸트가 그의 출판사 회원이 되어 준 것에 대해서 매우 자랑스럽
게 생각하였고, 칸트도 자신이 원하는 책은 어떤 것이라도 집으로 갖고
갈 수 있게 칸터가 허락하여 주었기 때문에, 서로 공생 관계가 되었다.
특히 1766년부터 칸트는 오랜 기간 동안 그의 집에서 머물렀다. 이렇게
우리의 철학자는 옛 시청 청사에서 기거하다시피 하였는데, 이 청사 3층
왼쪽 지붕 아래 만들어진 다락방에서 거주하면서 때에 따라서는 그곳에
서 강의도 하곤 하였다. 1768년 칸터는 새롭게 자신의 출판사를 단장하기
로 결정하였다. 이때 그는 당시의 유명인사였던 멘델스존과 람러
(Ramler), 히펠, 셰프너(Scheffner), 린드너(Lindner) 그리고 그 외 여러 동
프로이센의 유명인사들의 초상화를 그의 사무실에 걸어 두고자 하였다.
그래서 그는 그 지방의 베커(J. G. Becker)에게 그의 사무실에 필요한 초
상화를 그리도록 부탁하였다. 이때 칸트 역시 이미 유명해졌기 때문에,
그의 초상화도 다른 유명인사들과 함께 당당하게 걸릴 수 있게 한 자리
를 부여받았다(하만이 1768년 8월 28일 헤르더에게 보낸 편지). 어쩌면
칸터의 사무실에 걸린 초상화는 사본에 불과하고, 칸트의 방에 원본이 걸
려 있었다고 보는 것이 타당할지도 모르겠다. 이 원본은 현재 (쾨니히스
베르크에 있는) 그래페와 운처(Gräfe & Unzer) 출판사에 소장되어 있는
바로 그것이다. 44세 때 그려진 이 유화 초상화는 우리 철학자 칸트의 초
상화 중에서 가장 오래 된 것으로 실재 크기의 상반신만 그린 것이다.

　석사 과정을 마치고 박사 과정을 지내는 동안 그는 소위 말하는 신도
시에 방을 얻었다. 그 후 그는 마이스터가세(Magistergasse)에 옮겨 살았
다. 아마도 동등 신분의 사람을 우대하여 지어진 거리 이름으로 보인다.

그러나 그 집에서 그는 프레겔 강 어귀에 모여드는 많은 폴란드 배들이 울리는 기적소리의 소음에 시달려야 했다. 그리고 칸터가 제공해 준 방에서도 이사할 수밖에 없었는데, 이웃집에서 기르는 수탉의 울음소리가 고요한 밤 깊은 생각에 잠긴 그를 계속 괴롭혀 더 이상 깊은 사고에 잠길 수 없었기 때문이다. "그는 아무리 많은 돈을 지불해서라도 소음을 팔아버리고 조용히 지내고 싶었다. 그러나 이웃 사람의 고집을 결코 꺾을 수 없었고, 그 이웃 사람은 수탉의 울음소리가 누구를 잠시 동안이나마 방해한다는 것에 대해서 전혀 이해할 수 없다고 하였다." 결국 동물들에게 오히려 관대해졌고, 그래서 우시장이 있는 곳으로 이사하였다.—당시 칸트는 이미 고정된 수입원을 갖고 있었다는 것이 1761년 5월 6일 보로브스키에게 보낸 편지에 나타나 있다. 비록 꺼져 가는 불꽃이었지만, 그는 뜻한 바가 있어 프로이센 군대에 철학자로 봉사하기로 결심하고 "약 40년 동안", 즉 1802년 1월까지 머물러 있었다고 (바지안스키는) 주장하지만 우리는 그것을 확실하게 받아들일 수 없다.

5. 사교적인 교류

노년에 시계처럼 움직인 칸트의 생활과는 다르게, 그 당시 그의 생활방식은 그렇게 엄격하지는 않았다. 오전 강의가 끝나면 먼저 그는 카페로 가서 한 잔의 커피를 즐기면서 낮에 일어난 일에 대해서 이야기를 나누거나, 당구 한 판을 즐기곤 하였다. 그리고 나서 그는 식당으로 옮겨 그날의 메뉴를 즐긴 다음,—별난 행동을 하였던 쇼펜하우어와는 반대로—어떤 때는 친분관계를 유지하기 위해서 사람을 만나기도 하고, 또 어떤 때는 세상이 돌아가는 모습을 알고 상식을 넓히기 위해서 사람을 만났다. 특히 경제적인 발달은 도시의 많은 집들을 점점 호화롭고 훌륭하게 바꾸어 놓았다. 그 결과 풍부한 정신의 소유자들이 점점 많이 그의 식탁으로 모여들었다. 그러므로 칸트는 자주 식당에서 저녁 늦게까지 시간을 보내거나 아주 유쾌한 대화로 개인적인 친교의 시간을 가졌다. 이때 그는 학생시절에 즐겼던 카드놀이를 하면서 저녁시간을 보내기도 하였다. 물론 칸트는 연습을 많이 하여 카드놀이의 즐거움이 무엇인지 이미 이해하고 있었고, 스스로의 극기를 위해서 이해해야 한다고 설명하기도 하였다. 그 외에도 그는 극장을 즐겨 찾아다녔다. 아침 일찍 일어나야 한다는 엄격한 규칙을 지켜야 됨에도 불구하고 그는 자정 무렵에 집에 돌아오곤 하였다.

칸트가 이렇게 사교계에 젖어 들다보니, 자연히 외출복에 대해서도 세심한 주의를 기울일 수밖에 없었고, 그 결과 양복을 점점 세련되게 입게 되었다. 그런 사실을 칸트 스스로도 느끼고 있었지만, 그의 청강생들은 보다 민감하게 받아들였다. 칸트가 지금까지 "유행과 전혀 관계없이" 양복을 입었던 것은 결코 누구를 놀라게 하고자 그랬던 것이 아니다. 뿐만 아니라 양복 색깔도 어머니의 영향으로 자연에 친근한 색으로 선택하였다. 예를 들어서 앵초와 같은 갈색과 노란색은 조화를 잘 이루기 때문에, 칸트는 갈색 저고리에 노랑 조끼를 즐겨 입었다. 이렇게 그는 스스로 저고리와 바지의 색깔을 잘 맞추어 세련되게 양복을 입고 다녔다. "그는 작은 세모난 모자를 늘 쓰고 다녔으며, 모대(毛袋) 주머니에 담은 흰빛이 도는 금발의 가발을 즐겨 착용하였다. 그리고 그는 검은색 리본을 넥타이처럼 매고, 주름이 있는 옷깃과 커프스를 한 블라우스를 입었다. 속감을 비단으로 수놓은 훌륭한 저고리 윗주머니에는 항상 습관처럼 검정색과 갈색 그리고 노랑색으로 조화를 이룬 손수건을 꽂았다. 물론 조끼와 무릎까지 오는 짧은 바지도 세련되기는 마찬가지였다. 회색 비단 양말을 신었고, 신발은 그 당시 사교계에서 유행하던 은색 칼 모양의 죔쇠로 청결하게 묶인 구두를 신었으며, 그리고 나서 그 유명한 등나무 지팡이를 버릇처럼 집고 외출하였다."

　당시에 유행을 주도했던 차림은 저고리와 조끼 그리고 무릎까지 오는 바지였다. 물론 이 바지 끝은 금색의 끈으로 단정하게 묶었고, 저고리와 조끼의 단추는 금장이나 비단으로 장식하였다. 특히 비단은 아름다운 무늬를 수놓아 그 모양이 찬란하였다. 그러나 칸트의 절약 정신은 여기서도 발휘되었다. "그는 항상 거의 비슷한 옷을 매일 입고 사교계를 드나들었으며, 강의할 때 옷의 상태는 더 나빴다. 왜냐하면 그가 즐겨 입던 옷이 낡아 더 이상 입지 못하게 되면, 강의할 때만 그 옷을 입었기 때문이다." 날씨가 나쁘거나 비바람이 불 때 그는 항상 갈색 비옷을 입고 다녔는데, 그 모습은 다른 일반 서민과 다를 것이 전혀 없었다.

　이렇게 우리의 철학자 칸트는 학자의 옹졸함과 안방샌님의 모습에서 탈피하여 여러 분야의 특별한 사람들과 교제를 계속하였다. 그와 가장 친한 친구(우리가 이렇게 말할 수 있는지는 모르겠다. 왜냐하면 그 스스로 "사랑하는 친구는 없다"고 말했기 때문이다.) 혹은 그의 주위에서 그가 총애했던 친구들은 그의 전공 영역이 아닌 다른 분야의 사람들이 많았다. 이는 그가 붕당심이나 편가르기를 싫어했기 때문인데, 특히 이 붕당은 그 속성상 대학이라는 울타리에서 매우 쉽게 일어날 수 있기 때문이다. 그와 친한 친구 중 산림 감독장인 보브서(Wobser)가 있었다. 그는 아주 소박하였고, 건전한 사고방식을 갖고 있었으며, 특히 따뜻한 마음을 갖고 있었다. 그는 칸트가 방학 동안 집에서 쉬고 있을 때, 쾨니히스베르크에서 수 마일 떨어진 곳에 있는 그의 산림청 사무실로 그를 자주 초대하였다. 특히 칸트가 원한다면 일주일 이상이라도 그곳에 머물러도 된다고 하였다. 1763년 이 적막하리만큼 조용한 장소에서 칸트는 그의 저서《아름다움과 고귀함의 감정에 대한 연구 고찰》의 탈고를 마쳤다. 그리고 영국 상인이었던 요셉 그린(Joseph Green, 1727~1786)과의 그 유명한 교제도 이곳에서 시작하였고 끝냈다. 그러나 야흐만에 따르면 이 교제는 영국과 북아메리카 간의 전쟁(1776~1783) 시기에 이루어졌다고 한다. 이 관계는 논쟁을 통해서 서로가 적수에서 친구로 바뀐 사이였다. 칸트의 잦은 방문에 대해, 보수적이고 강인한 정신력을 가진 미국인은 불쾌하게 느낄 수밖에 없었고, 그린은 두 번이나 우리의 철학자와 다투게 되었다. 그러나 칸트의 조용하고도 설득력 있는 웅변술은 그를 충분히 진정시킬 수 있었고, 결국 논쟁은 칸트를 승리로 이끌었다. 연대상의 날짜만으로는 이러한 모든 것이 정확하지는 않다. 북아메리카 해방전쟁이 일어났을 때, 그린은 이미 칸트와 오랜 친구 사이였다. 하만(Hamann)은 1768년 부활절 다음 월요일 '며칠 전 칸트와 그린을 자신의 친구 집에서 만났다'고 얘기하였다. 그리고 1770년 그린은 그의 저서를 분명히 "우리의 친구 칸트에게"라는 문구와 함께 봉정하였다. 다른 곳에서도[5] 새로운 사실을 얘기하고 있는데, 여기서 얘기된 그린은 영국의 영웅 그린이 아니라, 사회주의자 로버트 모터비라는 것이다. 그러나 모터비와 칸트의 일상적인 학문적 교류로 볼 때, 이미 1776년 5월 범애교(汎愛敎)[6]를 통해서 두 사람은 친구가 되었다. 이 경우가 다른 어떤 것보다 가능성이 높다. 모터비는 그들의 교제에 어떤 징조를 보인 아주 재미있는 일화를 들려주고 있다. 이 이야기를 야흐만이 그린으로부터 들은 것은 다음과 같다: "어느 날 저녁 그린은 칸트에게 다음날 아침 8시 산책길에 동행을 부탁하였고, 칸트는 약속하였다. 그린은 이미 8시 15분전에 준비를 마치고 손에 시계를 들고 거실에서 나와서 50분에 모자를 쓰고, 55분에 지팡이를 들고 8시를 알리는 첫번째 종소리를 들으면서 그의 마차에 올랐다. 그리고 달려가는 도중에 2분 늦게 나온 칸트를 만났다. 반대편에서 오는 칸트를 보고 그는 그의 마차를 세우지

---

5) 로버트 모터비(Robert Motherby)의 후계자이고 아주 흥미 있는 저서 《칸트와 상인》(*Kant und Kaufmann*)이란 글을 쓴 편집자 아우구스트 로지카트(August Rosikat) 교수에게 보낸 글에 잘 나타나 있다. 이 논문은 「쾨니히스베르크 일요신문」(Sontags-Beilage der Königsberg)에 실린 것으로 1911년 7월 31일과 8월 6일에 「하르퉁 지방신문」(Hartungsche Zeitung)에 게재되었다.
6) 바제도브(Basedow)가 1774년에 세운 교육기관—옮긴이 주.

않았다. 왜냐하면 그 시간은 그들이 약속한 시간이 아님과 동시에 그의 규칙에 맞지 않았기 때문이다." 천성적으로 특별난 젊은 그린과의 교제에 대해서—게다가 아주 음악에 소질이 없는 그의 성격에 대해서—칸트는 매우 특별한 이야기 거리를 우리에게 전해주고 있다(편지교환 II. 233면). 그 밖에도 다른 사람을 통해서 그들 사이의 보다 많은 관계를 알 수 있다. 칸트는 어찌되었든 1년 여 동안 매일같이 오후 시간을 그와 함께 보내면서 그에게서 정신적인 성향을 많이 발견하였다. 칸트의 입을 통해서 직접 들은 야흐만의 주장처럼, 칸트는 그가 생각하는 것보다 더 많은 것을 얻었을 수도 있다: 이러한 관계가 없었다면, 그는 "그 전에 그린을 만나지 않았다면" 순수 이성 비판을 "한 줄도 쓰지 못했을 것이고, 오성의 체계에 대한 판단도 결코 내리지 못했을 것이다"라고 설명하고 있다.

칸트는 이 시기에 다른 사람과도 역시 활발하게 교제하였는데, 특히 외국에서 온 사업가들이 주를 이루고 있었다. 모터비와 그의 부인, 스코틀랜드 사람인 토새인트 & 라벨(Tossaint & Lavel) 공장 사장 죠지 해이(George Hay)와 그의 부인, 독일인 사업가 휘게(Hüge), 상업 고문관이었던 야코비, 은행장 루프만(Ruffmann) 그리고 화폐장인(Münzmeister) 괘셴(Goeschen) 등이 있었다. 괘셴은 1769년에 이혼한 당대 미인이었던 야코비 부인과 결혼하였다.

그 밖에도 쾨니히스베르크에서 장교 출신의 가르니존(Garnison)과 교제하였는데, 그는 칸트의 물리지리학을 수강하면서 칸트와 친해졌다. 이러한 그의 사교 모임은 이미 세계적으로 널리 퍼져 나갔다. 러시아 기병대 대장이었던 (폰) 마이어 장군까지도 이 소문을 들었다. 하만은 1764년 2월 1일 린드너에게 다음과 같은 내용을 전했다: "지금 칸트는 마이어 장군과 그의 장교들을 위해서 수학과 물리지리학을 강의하고 있는데, 이것에 대해서 본인은 아주 영광스럽고도 유용한 것으로 매우 만족해하고 있다. 그는 거의 매일 그곳에서 식사를 하고 있으며, 마차가 그를 강의실로 모셔가기 위해서 항상 준비되어 있었다." 마이어는 칸트에 매료된 사람들 가운데 하나였고, 그로부터 많은 충고와 부탁을 즐겨 들어주었고, 이것은 자신에게 주어진 행운이라고 칸트에게 오히려 자주 감사해 하였다.—마찬가지로 다니엘 프리드리히 폰 로소프(Daniel Friedrich von Lossow) 장군도 그와 깊은 관계를 맺고 있었는데, 그는 1770년, 74년 그리고 77년에 여러 가지 종류의 물품을 골드아프(Goldap) 지방 소인이 찍힌 편지와 함께 보내왔다. 이때 그는 아주 친절하고도 깊은 존경의 뜻을 전하는 것도 잊지 않았다. 칸트 역시 가을 방학을 이용하여 1765년 아름다운 경관을 자랑하는 러시아 경계 지방에 거주하는 그를 방문하였다. 이것이 칸트가 한 여행 중에서 가장 먼 거리였으며, 우리의 철학자 칸트는 항상 그곳에 다시 가볼 것을 동경하였다.[7]—또한 젊은 장교들도 젊은 시절부터 그와 관계를 맺고 있었는데, 27년이 지난 후 남작 폰 딜론(von Dillon)이—그 사이 그는 기갑병 중령이 되어 헝가리와 터키 경계지역에서 근무하고 있었다.—그곳에서 보내온 편지에 의하면, 칸트와 함께 "잊을 수 없는 여러 가지 일들과 아주 편안한 시간을 보냈습니다"라고 적고 있다. 그는 1762년 칸트와 처음으로 교제를 시작하였는데, "G씨와 C씨와 함께 학문적으로 어떤 대화의 꽃을 피우지는 못했지만, 정신적으로 수천가지의 풍부한 해학적인 얘기를 나누었으며, 당시의 한 젊은 남자로서 나는 내가 경험할 수 있는 최대의 경험을 하였습니다"라고 하였다(딜론이 1789년 6월 2일 칸트에게 보낸 편지. 편지교환 II.55면).

그리고 칸트가 아직 젊었을 때, 즉 석사로서 칸트는 당시 여성들과의

---

7) 파울젠의 칸트 논문에 따르면, 칸트는 한번도 산맥이나 바다를 본 적이 없다고 주장하고 있다. 이는 물론 칸트가 골드아프에서 최소한 조그마한 동산이라도 본 것과는 상반된 주장이다. 바다에 관한 것만 해도 그렇다. 그는 여러 차례 그의 친구 그린과 함께 바닷가를 찾았을 뿐 아니라, 그 스스로 표현한 것처럼(*Anthropologie*, 70면), 필라우(Pillau)에서 쾨니히스베르크까지 배를 타고 오면서 배 멀미 때문에 고생하였다고 주장하고 있다.

교제를 결코 방해받고 싶지 않았다. 가장 멋있었던 교제는 그의 유창한
필치로 이미 잘 알려진 슈베덴보르크의 샤롯트 폰 크노블로흐(Charlotte
von Knobloch)와의 교제였다(《철학대전》 46b. 71면~76면 참조). 그는 이
서한에서 "존경과 기쁨을 나누었으며, 그녀 집안에 있어서 여성의 지휘권
은 모든 것에 대해서 실행이 가능하다는 것이 자랑거리"라고 설명하였다.
물론 "이러한 것은 습관적으로 이루어지는 것"이 아니라고 설명을 덧붙
이고 있으며, "아름다운 여인의 방에 들어갈 수 있게 허락한 것에 대해서
모든 감사를" 드리고 있다. 그리고 그는 9년 전에 사귄 여자에 대한 기억
을 새롭게 하고 있는데, 그 사이에 그 여자는 이미 폰 클링스포른과 결혼
하여 4명의 자녀를 둔 어머니가 되었다. 그 여인은 우리의 철학자 칸트와
"아름다운 처녀의 방에서 아주 건전한 주제로 얘기를 나눈" 것에 대해서
아주 깊은 호감을 갖고 있었다.─보다 더 특색 있는 여성과의 교제는 당
시 쾨니히스베르크의 사교계에 아주 중요한 역할을 담당하고 있던 젊은
부인과의 관계였다. 그녀는 당시 칸트의 친구였던 야코비(1739~1795)의
부인이었는데, 그녀가 칸트에게 보낸 짤막한 사연에서 다행스럽게도 우
리는 당시의 상황을 아주 잘 알 수 있다. 이 사연은 너무나 훌륭하고 아
름답기 때문에 우리는 그 전문을 여기 인용하고자 한다:

  "친애하는 친구여, 내가 이렇게 당신같이 위대한 철학자에게 편지 쓰는 모
  험을 강행하는 것에 대해서 놀랐지요? 나는 당신을 어제 우리의 정원에서
  보았다고 생각합니다. 그러나 나와 우리의 여자 친구들 모두는 발소리를
  죽이고 살짝 지나갔기 때문에, 우리는 우리의 친구를 그들의 무리 속에서
  찾지 못했습니다. 당시 나는 당신에게 드릴 칼집 끝에 달 매듭 끈을 묶느라
  정신이 없었습니다. 내일 오후에 나를 만나줄 것을 당신에게 부탁합니다.
  물론 나는 내일 당신의 말을 듣기 위해서 갈 것입니다. 그 일은 아주 기쁜
  일입니다. 우리는 당신을 기다릴 것입니다. 그리고 나는 나의 시계를 갖고

갈 것입니다.[8] 내가 이 사실을 나의 여자 친구에게 알리는 것에 대해서 용
서하여 주십시오. 당신에게 사랑의 키스를 보냅니다. 이 기분은 크나이프호
프(Kneiphoff)에서와 같습니다. 그래서 우리의 키스는 사랑스러운 힘을 잃
지 않고 있습니다. 내내 건강하시고 편안하십시오.

1762년 6월 12일

정원에서

야코비 여사(Jacobin) 드림"

　물론 편지에서 얘기된 모든 것은 실재적으로 이루어졌다. 칸트는 더
이상 안방샌님이 아니라, 넓은 세상과의 교제에 적극적으로 뛰어들었으
며, 동시에 그는 더 이상 속 빈 형식주의자로도 빠져들지 않았다. "칸트
는 어떤 경우에도 누구에게 비위를 맞추는 얘기는 하지 않았고, 빈말이라
도 과장된 말을 하지 않았다." 뿐만 아니라 "흉금을 털어놓고 해야 될 믿
을 만한 얘기는 조금의 치장도 더하지 않았다." 우리가 그를 학생들 중에
서 아주 예의에 통달한 사람으로 인정한 것은 1764년에 있었던 풍크
(Funk) 교수의 장례식에서 "화려하게 준비한" 그의 행동에 기반을 두고
있다(1764년 부활절 월요일에 하만이 린드너에게 보낸 편지). 그렇다고
해서 우리는 이와 같은 하만의 환상적인 표현을 받아들일 필요는 없다.
왜냐하면 당시 칸트는 "사교계의 복잡한 관계 때문에, 혼란 속에 빠져"
있었다. 그러나 우리가 위에서 본 것과 같이 이 시기에도 칸트는 그의 많
은 강의를 잘 소화시켰고, 일련의 저서도 저술하였다. 물론 그는 그의 가

---

8) 칸트도 그 여인에 대해서 설명하기를, "그녀는 그녀의 책과 함께 늘 그녀의 시계를 갖
　고 다니면서 보았다. 즉 그녀는 늘 시계를 차고 다녔다. 그것은 마치 자기가 시계를 갖
　고 있다는 것을 보여주기 위한 것 같았다. 비록 그 시계가 가지 않고 죽어 멈추어 있
　건, 아니면 해시계에 맞추어서 가고 있건 전혀 관계하지 않았다"(Anthropologie, 234
　면).

치를 다른 제자들과의 관계에서 평가하려 하지 않았다. 그들은 능력이 있고 성실하면서도 철학에 흥미를 갖고 있는, 예를 들어서 보로브스키나 젊은 헤르더와 같은 제자, 혹은 그들의 부모나 그 밖에 다른 사람들로부터 추천을 받은 학생들과의 교제를 통해서 자신의 가치를 인정받고자 하지는 않았다. 가끔씩 그는 강의가 끝나면 그의 강의를 들은 학생들 중 한두 명과 함께 산책을 하곤 하였다. 그가 얼마나 주도면밀한 사람인지는 그의 제자들의 복지상태를 파악하는 데서 잘 나타나 있다. 이 사실은 1766년 2월 7일 멘델스존에게 보낸 그의 편지 속에 잘 나타나 있다. 멘델스존이 추천하여 그에게 온 유대인 청년 레온(Leon)은 신앙이 깊지 않아서, 쾨니히스베르크의 유대인 단체와 약간의 문제점이 생겼다. 비록 그가 폴란드를 거쳐 긴 여행을 하여 칸트에게 왔지만, 칸트는 물질적인 것을 그 단체에 의지하고 있었기 때문에, 그에게 "알맞은 임무를 줄 것을" 베를린의 철학자에게 부탁하고, 칸트 자신이 이미 전에 갖고 있던 그에 대한 "몇 가지 기억들을 상기시켜" 그가 아주 "총명하였다"는 사실을 함께 잊지 않고 알려 주었다.

우리의 철학자 칸트는 자신이 세계적으로 알려지는 것을 원하지 않았다. 그렇다고 그의 소속 학교 울타리 안에서 머물기도 원하지 않았다. 이러한 사실은 그가 석사학위를 받은 그 해 스스로 쓴 아주 특이한 편지 속에 나타나 있다. 이 편지가 (1906년에) 발견되었을 때, 우리는 매우 기뻐하였다. 칸트는 완전히 폐쇄된 전형적인 북부 독일 사람처럼 자신의 내적인 삶이나 개인적인 감정에 대해서 어느 누구에게도 토로한 적이 없었다. 이 편지에 기록된 날짜는 1759년 10월 28일로 칸트가 쓴 편지 중에서는 아주 오래 된 것으로 보인다. 이 편지는 당시 리가에 있던 김나지움 선생님이었고, 훗날 칸트의 동료로서 칸트와의 서신교환으로 잘 알려진 린드너에게 보내기 위해서 작성된 것이었다. 칸트는 먼저 그곳에서 자신이 좋게 평가되고 인정받은 것에 대해서 감사하였다. 그리고 그는 다른 사람으로부터 "인정을 받기 위해 스스로 불쌍한 경쟁자가 되고, 마음에도 없는 아양을 떨어야 하는 광대 노릇은" 그만하기로 했다고 설명하고 있다. 이러한 그의 결심은 쾨니히스베르크에서 그나마 "허풍이라도 떨 수 있고 자신들의 능력에 따라 보수를 받으며, 결코 부당한 것을 취하기를 원치 않는 젊은 학자들 사이에서는 아주 신선한 충격"이었다. 아마도 여기서 젊은 학자들이란 대학에서 세력을 떨치고 있는 신진학자를 말하는 것 같다. 칸트는 자신의 발전을 위해서 그들의 호의와 정신적인 영향 아래 있어야 한다는 것을 느끼고 있었던 것이다. 링크에 의하면 지난 "옛 시절에" 많은 비밀을 간직한 칸트의 행동에 대해서 시기하는 몇몇의 동류들이 있었는데, 칸트가 그들을 싫어한 것이 아니라, 그들이 칸트에게 깊은 정을 주지 않았다고 언급하고 있다. 칸트는 자신의 강의를 위해서 충분한 자료를 준비하고 몇 번이고 반복해서 정리하였다. 당시에는 15살 내지 16살이면 이미 대학에 갈 수 있었기 때문에, 그의 수강생들이 자신의 강의를 충분히 이해할 능력을 갖지 못했다는 것을 인정하더라도, 강의를 마친 그는 스스로 자신의 강의에 대해서 만족하지 못했다. "나는 매일 나의 강의대 앞에 서서, 무거운 망치를 휘두르듯이 항상 비슷한 강의만 되풀이한다." 경제적으로 궁핍한 칸트는 가능한 한 넓은 범위에서 영리를 목적으로 강의를 했어야 했고, 이러한 영리활동은 자신의 내면에서 들려오는 강한 부정의 소리를 결코 따라갈 수 없었다. "이따금 나는 어디에선가 들려오는 고귀한 본성의 부정적인 소리에 자극받곤 한다. 이 소리는 좁은 공간에서부터 점차 넓게 퍼져 나간다. 그러나 지금 나에게 부족한 바로 그것만이 보다 더 큰 소리를 내면서 나를 휘감싼다. 그러면 나는 주저 없이 나를 아무리 어려운 일이라도 하도록 몰아 붙인다." 이렇게 그는 결국 자신이 처해 있는 그 상황에 대해서 모든 것을 체념하고 받아들이고 있다. "내가 지금 처해 있는 이 상황에서 조금의 여유라도 생길 수 있는 가능성이 허락되기를 기대하면서" 그는 항상 만족해하고 있었다. 칸트로서는 더 이상 어떤 좋은 방법이 없었기 때문에, "다른 사람이 나를 총애해 주는 것에 항상 만족하고 좋아하면서, 언젠가는 좋은 지위를 얻을 것이라는 꿈을 갖고 있습니다." '꿈을 갖는다' 는 이 말은 그렇게 냉정하고 이성적인 판단을 강조하는 칸트가 거의 믿지 않았던 단어이다.

우리의 석학은 그가 낙천주의에 대한 방어의 글을 쓰고 있던 자신의 시대를 이렇게 비관적으로 얘기하고 있었다. "젊은 석학"의 등장이라고 표현한 부분에서, 석사 바이만은 그를 파우스트와 같이 비탄에 젖은 목소리로 경고하였다: "이것은 당신의 세계이다! 즉 하나의 세계이다." 이 세계에 관한 것은 친구에게 보낸 편지에서 다음과 같이 우화적으로 설명하고 있다: "이것은 아주 큰 문제이다. 밖에서는 어떠한 것에 대해서도 얘기되고 있지 않지만. 우리는 우리의 젊은 석학에 대해서 아주 놀라워하고 있다." 이 세계는 가난한 생활과 자질구레한 삶을 사는 한 사람의 천재적인 소질로서는 감당할 수 없는 분위기에 휩싸여 있었다. 그러나 쾨니히스베르크 시에 있는 조그마한 대학 세계의 주변 상황은 마치 연극에서나 나타날 수 있는 "마녀"가 실재하고 있었다.

6. 1760년대의 정신적인 영향/루소의 영향/하만과 헤르더, 람베르트와 멘델스존과의 관계

어떤 사람이 전기를 쓸 때. 가장 흥미 있는 부분임과 동시에 우리 연구의 마지막에 해당되는 것은 한 인간의 내적 발달에 관한 것이다. 그러나 소극적인 성격의 소유자인 칸트에 대한 충분한 자료를 우리는 갖고 있지 않다. 그렇다고 우리는 이미 많이 다루어졌고, 많은 논쟁이 벌어진 철학적인 발달로 눈을 돌릴 수는 없다. 우리는 이 과제를 해결하기 위해서 어느 정도 한계를 두어야 한다. 즉 이미 잘 알려져 일반화된 그의 세계 직관의 발달과 그의 특별한 개인적 인격을 동등하게 놓아야 할 것이다.

  관심사의 변화, 즉 외향적인 성격에서 내적으로의 변화, 그리고 자연과
학에서 심리학과 인간적인 인식 비판에로의 변화에 대해서 우리는 이미
그의 저서를 통해서 살펴보았다. 1760년대 칸트에게 있어서 이러한 큰 변
화는 같은 시대의 프랑스와 영국 사상가들로부터 받은 영향이라고 할 수
있다. 특히 흄의 영향을 받은 학문적인 측면을 우리가 여기서 다시 설명
할 필요는 없을 것이다. 오히려 우리는 여기서 루소로부터 받은 영향의
모든 면들에 대해서 설명하고자 한다.

  칸트는 루소의 모든 저서를 연구대상으로 삼았다. 특히 친구 루프만이
보내준 루소의 초상화만을 텅 빈 그의 공부방에 걸어 놓을 정도로, 루소
에 대한 열정이 대단하였다. 그리고 1762년 《에밀》이 출판되었을 때, 그
는 그의 규칙적인 산보 때 그 책을 들고 다니는 비정상적인 행동을 보이
기도 하였다. 그 프랑스인의 문체는 이미 칸트의 마음을 흔들기에 충분하
였다. "나는 문체의 아름다움이 나를 더 이상 방해하지 않을 때까지 루소
의 글을 읽을 것이다. 그리고 나는 무엇보다 이성적으로 그를 바라볼 것
이다"라고 그는 1764년에 발표한 《아름다움과 고귀함의 감정에 대한 연
구고찰》의 초고에서 적고 있으며, "놀랄 만한 정신의 총명성"에 대해서
감탄하고 있다. 그리고 "보석처럼 반짝이는 천재성"과 "영혼의 풍부한 감
정"에도 극찬을 아끼지 않고 있다. 아마도 루소가 갖고 있는 그와 같이
고유한 성질은 지금까지 어떤 사상가도 소유하지 않았으며, 또한 어떤 민
족에서도 찾아볼 수 없는 고유한 것이라고 칸트는 보았다. 그러나 무엇보
다 칸트를 깊이 감동시킨 것은 그의 내면 세계에 혁명을 불러일으킨 신
약성서의 내용에 관한 것이었다. 이 글을 접하기 전만 해도 그는 "학자로
서의 완전한 자부심"으로 차 있었다. "나는 나 스스로 연구가라고 기꺼이
주장하고 싶다. 나는 인식 탐구에 대한 갈증으로 무엇인가 계속 이루려고
안절부절 못하고 있다. 그리고 내가 이룬 모든 것에 대해서 항상 만족해
하고 있다. 그러나 내 생각에 이제 이 모든 것이 인간성에 영광을 돌릴

때가 된 것 같다. 나는 아무것도 모르는 천민을 경멸하였다." "루소"만이 "나를 옳은 길로 이끌어 주었다. 인간성의 정당성이 회복될 수 있다는 눈 먼 선입견은, 연구의 부산물로 얻은 어떤 새로운 가치를 나눌 수 있다고 생각하지 못했을 때, 나는 인간을 존경하는 것을 배우고, 함께 연구하는 것보다 더 유용한 것을 발견할 수 있다는 선입견이 사라졌다." 그는 이 프랑스 사상가 루소를 뉴턴과 비교하였다. 외적인 자연 속에서 어떻게 "질서와 규칙이 거대한 단순성"으로 밀접한 관계를 이루고 있는가 하는 것을 루소는 "무엇보다 먼저 인간적으로 받아들여진 형태의 다양성 아래 에서" 찾고 있다. "이 다양성이란 비뚤어진 인간성과 인간을 관찰함으로 써 정당화된 선입견에 의해서 깊이 뿌리내린 법칙이다." 루소의 문체는 사물을 "아름답게 표현한" 것이 특성이므로 우리는 그것을 통해 감정이 풍부해짐을 느낀다. 그러나 칸트는 자신의 문체의 특성이 무미건조하다 는 것을 알고서 루소의 영향에 물들지 않으려고 자신을 보호하고 있다. 즉 루소의 매혹적인 문체를 칸트는 거부하였다. 그 결과 "일반적인 왕래" 가 이루어질 것 같이 보였던 두 사람의 관계는 칸트가 제네바 출신 독학 자의 생각을 "기이하고 불합리한" 생각으로 보았기 때문에 계속될 수 없 었다. 이미 그의 방법은 루소와 달랐다: "루소는 종합적으로 행동하고, 자 연 안에서 그 본성을 찾으려고 하지만, 나는 분석적이고 인간의 윤리에서 시작한다." 또한 칸트는 자연의 숲으로 돌아가기 위해 "야생적인 것이나 자연스러운 것에 대한 행복"을 얘기한 것이 아니라 단지 "우리가 무엇을 잃어버렸고, 다른 한편으로 무엇을 얻을 것인지를" 알아보기 위해 그것을 얘기했을 뿐이라고 생각한다. 그래서 우리는 오늘날 이루어지고 있는 "사 치스러운 교제"의 한가운데서 본성적으로 도덕적인 인간으로 남아 있는 것이다. 에밀과 같이 한 가지 방법으로만 아이를 키우는 것을 칸트는 결 코 자연적인 것으로 보지 않았다. 그래서 자연스레 학교가 가능하게 되는 것이고, 《에밀》이 출판되기 이전에도 우리는 교육을 하고 있었다. "루소

는 어떻게 학교가 발생하게 되었는지를 보여주려고 하였다." 우리는 1770
년대에 들어와서 실질적으로 칸트가 이러한 방법으로 교육을 개혁하려고
노력하는 것을 보게 될 것이다. 그리고 그의 곁에서 늘 강의를 듣던 헤르
더와 같은 사람 역시 흄과 루소에 관심을 갖고 있었다는 것을 칸트는 잘
알고 있었다.

　칸트는 석사 시기 동안 하만과 헤르더와도 개인적인 교분이 있었다.
칸트보다 약 6살 정도 어린 하만은 리가에서 알게 된 사업가 베렌
(Behren)의 제의를 받아들여 몇 년 간 외국 여행을 하다가 1759년 그의
고향 쾨니히스베르크로 돌아왔다. 여기서 그는 곧바로 "그가 아주 사랑하
고 높이 평가한 젊은 석학" 칸트를 사귀어서 베렌 가족과 함께 가까운
곳으로 소풍도 자주 갔었다. 예를 들자면 풍차가 있는 선술집이라든가,
아니면 함께 (하만이 1759년 7월 12일 린드너에게 보낸 편지 내용과 같
이) "시골에서 빵을" 나누면서 자신의 속마음을 털어놓았다고, 자신의 생
각을 긴 편지에 담고 있다. 그러나 이들은 근본적으로 서로 다른 본성을
갖고 있었기 때문에, 오랫동안 사귈 수 없었는데, 어떻게 우정이 생길 수
있었는지 의문이다. 우리는 이러한 사실을 하만이 같은 해에 보낸 네 번
째 편지의 말투에서 이미 찾아볼 수 있다. 그에게 있어서 칸트는 마치 소
크라테스나 알키비아데스와 같은 사람이라 하였고, 또 다른 곳에서는 칸
트가 "박식한 정복자" 박카스 신이나 그의 종자이길 바란다고 주장하고
있다. 그리고 칸트는 자신을 이해하지도 못하고 이해하려고도 하지 않았
다고 한다. 칸트는 물론 그를 믿지도 않았고, 믿으려 하지도 않았다. 동시
에 그는 항상 칸트가 중요시하는 예견에 대해서 부정하고 칸트가 "예수"
를 알지 못하기 때문에, 하만은 칸트를 어리석고도 기발하면서 기상천외
한 생각으로 모든 것을 설명하는 사람으로 보고 있다. 그리고 얼마 지나
지 않아서 그는 자신의 저서에 대해서 반대 입장의 서평을 쓴 철학자 중
에서 칸트를 주동자라고 생각하고, "젊은 석학"과의 교류를 완전히 단절

하고 말았다. 칸트와 칸트 추종자의 눈에 비친 그는 마치 야콥 뵈메 (Jakob Böhme)와 같은 신비주의자였다. 이러한 관계에 대해서, 즉 특이한 성격을 가진 그에 대해서 우리의 철학자 칸트는 사실상 더 이상 흥미를 갖지 않았다. 1763년 초에 하만 쪽에서 다시 새로운 접촉을 시도하였다. 이러한 교제의 교량 역할은 당시 잘 알려진 니콜라이(Nicolai)가 담당하여 칸트에게 "좋은 교제만큼이나 진리를 사랑하는 사람"을 추천함으로써 다시 시작된 것이다. 그러나 그는 칸트의 저서 《신 존재 증명 가능성의 유일한 증명 근거》에 대해서는 만족하지 않았다.─이 저서는 단지 "전형적인 상징"이라는 평만 받고 말았다.─그러나 그가 칸트의 저서에 대한 서평을 그의 유창하고도 박식한 필치로 「쾨니히스베르크 신문」 (Königsberger Zeitung)에 게재하였을 때, 칸트가 파악한 관점에 대해서는 아주 만족해하였다. 이 서평을 읽고 칸트는 그가 정신병을 앓고 있다고 받아들였다. 그 후 2년 동안 하만은 요양지에 머물게 되었으므로, 그들 사이의 교제는 다시 중단될 수밖에 없었다. 그러나 그가 1767년 2월 다시 돌아와 그의 고향 세무국에 취직하려고 하였을 때, 칸트는 그를 위해서 기꺼이 추천서를 정성껏 작성하여 주었다.

　젊은 헤르더와 그의 존경하는 스승 칸트의 관계는 실질적으로는 더 오래 지속된 것 같다. 모룽(Mohrung)에 사는 어떤 교회 지휘자의 아들인 헤르더는 1762년 18세 되던 해 쾨니히스베르크로 왔다. 그는 곧바로 칸트에게 매료되었고, 가난하지만 영명했던 청년은 칸트의 강의를 4학기나 계속해서 수강료를 내지 않고 청강하였다. 나중에 헤르더가 사망했을 때, 그의 부인은 평소 헤르더와 함께 강의를 통해서 만난 친구에게 다음과 같이 헤르더를 설명하였다: "그는 아주 세심한 주의를 갖고 위대한 철학자의 생각 하나 하나와 단어 하나 하나를 검토하였고, 자신의 사고와 표현으로 다시 정리하였다. 한번은 칸트의 우수한 정신력이 향상되는 아주 맑은 아침 시간에 시적인 영감에 대해 이야기하였다. 칸트는 그가 좋아하는 포페와 할러(Haller)의 시에서 모은 자료를 헤르더에게 넘겨주었는데, 정신적으로 풍부한 한 인간이 시간과 영원을 넘어서 그의 대담한 가설을 쏟아 놓았다. 집으로 돌아온 그는 눈에 띌 만큼 현저하게 힘이 넘쳐 보였다. 그는 그의 스승이 주신 의견에 시라는 옷을 입혔다. 이 시는 할러에게는 영광스러운 것이었다. 그는 이 시를 다음날 아침 강의가 시작될 때 칸트에게 헌정하였고, 칸트는 이 시의 표현이 자신이 생각한 것과 완전히 일치함에 기뻐하면서 강의실에서 감격에 찬 목소리로 읽었다." 우리는 헤르더가 유일하게 매료된 철학 선생에 대해서 이미 알아보았다. 그리고 그가 대학을 떠나 있을 때도, 좋은 관계가 계속되었다. 예를 들자면 1765년 칸트는 그의 《형이상학의 꿈에 의해 설명되는 정신을 볼 수 있는 사람의 꿈》을 리가에 있는 그의 옛 제자에게 전지 한 장으로 작성하여 보내 주었다. 이 사실을 칸트는 (1766년)「쾨니히스베르크 정보 주간지」(18호)에 게재하였고, 동시에 리가에 있는 그의 젊었을 적 친구에게 자신의 강의에 찾아줄 것도 부탁하였다.

　동시에 우리는 1767년 그들 사이에 오고간 2통의 편지를 알고 있다(편지교환 I. 72면 이하). 아주 따뜻한 우정이 그들의 표현 속에 묻어 있으며, 점차 그들 사이의 열린 직관의 틈이 미세한 관찰로 좁혀지기 시작했다. 그 사이 헤르더는 그의 저서 《독일 문학에 대한 단편집》(*Fragmente über die deutsche Literatur*)을 출판하였고, 칸트에게 보내 주었다. 칸트는 물론 1767년 5월 9일 그의 문학적인 발전에 찬사를 보냈지만, 스승으로서 비판도 아끼지 않았다. 즉 칸트는 헤르더의 글 중 다음 부분에 대해서는 근본적으로 최소한의 내용이 없어 공허하다고 하였다: "단지 당신의 고유한 기반 위에서 자랐고, 당신이 나에게 지도한 것에는 아무런 잘못도 없습니다." 아직도 그가 보관하고 있는 헤르더의 짤막한 시는 머지 않아 포페의 시만큼이나 유명해지리라고 희망하고 있었다. 포페는 칸트가 청아하고 지혜로운 시인으로 본 사람 중 하나였다. 이렇게 빠른 성장을 보인 헤르더의 재능에 대해서 칸트는 "이 시점에서 볼 때 그의 풍부한 정신은 젊은 시절의 연약한 감정에서 오는 따뜻한 황홀경에 더 이상 빠져 있지 않고, 오히려 아주 부드러운 안정을 찾고 있으며 아주 풍부한 감정을 갖고 있다"고 만족해하였다. 이와 같은 감정은 우리의 위대한 "철학자의 평온한 삶에" 대해서 "회의주의자는 무엇을 꿈꾸는가" 하는 것과 전적으로 상응하는 것이다. 이러한 감정은 그것을 소유하고 있는 사람에게는 마치 세계처럼 최대한으로 필요한 것이라며, 좋은 예를 몽테뉴와 흄에서 찾아볼 수 있다고 하였다.

칸트의 이러한 찬사에도 불구하고 본질적으로 같을 수 없는 두 사람의 성질을 우리는 볼 수 있다. 스승의 가벼운 경고가 실질적으로 제자에게는 아무런 의미가 없을 수도 있다. 헤르더는 같은 해 11월 존경하는 스승의 온화한 목소리에 아주 만족하였다. 그리고 그의 첫 저서에 대해서는 그의 "거칠고 어두운" 젊을 때의 시작(詩作)처럼 "밤을 꼬박 세워" 이루었다고 하였다. 그러나 우리는 그의 "존경하는 친구"나 "친절한 철학자"라는 표현 속에서 독립하고자 하는 마음이 헤르더에게 있음을 알 수 있다. 그는 흄과 몽테뉴의 모방에 대한 그의 스승의 충고를 거절하였다. 그에게는 오히려 샤프츠베리(Ahthony Shaftesbury)가 더 높은 위치를 차지하고 있었다. 그리고 그는 칸트의 철학적 가정과 증명방법에 대한 의문을 가슴에 품고 있었다. 그러나 "그는 그의 글에서 모든 것을 다 말하지 않았다." 이러한 상황은 더 이상 글로만 나타난 것이 아니라, 두 사람은 얼마 지나지 않아서 공간적으로도 떨어진 것이 원인이 되어 결국 그것에 대해서는 말조차도 더 이상 하지 않았다. 이렇게 그들 사이의 골은 점점 깊어 갔으며, 나중에 우리가 다시 보게 되겠지만, 1780년대 중엽에는 공식적인 표현으로 그 반대의사를 나타낸다.

1767년 5월 9일 편지에서 칸트는 젊은 친구에게 그들이 함께 한 몇 년 사이의 생각에 대해 흥분된 어조로 다음과 같이 흉금을 털어놓고 있다:

"나의 생각에 관해서 말한다면, 나는 나의 생각이 다른 사람의 의견과 아주 무관하다는 것을 밝히려고 모든 것을 뒤집었다. 여러 형태의 관점에서 보았지만, 항상 마지막에 찾아볼 수 있는 것은 내가 늘 기대하여 온, 진리에 따라 표현하는 것이다. 우리가 헤어진 이후 나는 늘 여러 종류의 다른 의견에 대해서 그 의미를 부여하려고 노력하였다." 이제 "특히 실질적인 규정 외에 인간의 능력과 성향의 한계를 인식하는 것"에 주목해야 할 것이다. 이런 입장을 밝힌 후, 몇 년에 걸쳐 그는 윤리학에 대한 근본 명제와 방법론의 실행을 위해서 노력하였다.

이렇게 칸트는 1760년대 중엽에 그와 동시대의 사상가들과 가까이 하면서, 새로운 철학적 사고의 기초 위에서 탐구를 계속하는데, 이는 동시에 철학에 있어서 자신의 새롭고도 고유한 길을 찾는 것이었다. 이때 칸트는 그보다 먼저 유명해졌고, 베를린 학술원의 회원이었던 람베르트(Johannes Heinrich Lambert, 1728~1777) 교수와 교제를 시작하였다. 람베르트 교수는 그의 주저인 《신기관》(*Das neue Organon*)을 발표하기 바로 직전인 1764년 칸트와 교제를 희망하였다. 그 당시 사람들은 어떻게 하면 비싼 우편료를 절약할 수 있는지를 잘 알고 있었다. 즉 그들은 인편을 통해서 서신을 직접 전달하는 방법을 택했다. 람베르트는 1765년 11월 자신과 친하게 지내는 동료학자가 쾨니히스베르크로 여행하는 기회를 이용하여 격식 같은 것을 차리지 않고, "사고방식이 서로 비슷한 것 같아서 이렇게 격식 없이 전하니 무례함을 용서바랍니다"라는 문장과 함께 칸트에게 편지를 썼다. 베를린에서 보내온 편지 내용은 다음과 같다: "여기서는 대부분의" 사람들이 소위 말하는 아름다운 학문들 중에서도 아름다운 부분에만 심취하여 표면적으로 철학을 연구하고 있습니다. 무엇보다도 철학에서는 철저한 방법론이 필요하다고 생각합니다. 그리고 철학과 다른 학문 사이의 차이점을 잘 알지 못하면서도 지금까지는 "그것들을 거의 동일한 연구"로 보고 있기 때문에, 그는 미래를 위해서 편지교환을 통해

학문적인 의사소통의 필요성을 제의하였다. 칸트는 물론 같은 해 12월 31
일자 답장에서 "독일의 최고 석학이자 동시에 천재 사상가"와의 접촉에
대해서 굉장한 경의를 표하고, 그의 철학적 관점을 통해서 어느 정도 방
법론이 형성되었지만, 지금은 그냥 믿고 있는 단계라며, 곧 정확한 방법
론에 따라서 그 자리가 정해질 여러 가지 "사상들"에 대해서 이야기하였
다. 그는 또한 "끊임없이 히히덕거리는 익살꾼"에 불과하며, "남을 피곤
하게 하는 수다꾼"의 역할에 지쳐 있고, "무엇에 대해서 이야기하는 것
외에는 아무런 취미도 없다"고 하였다. 1766년 2월 3일자 람베르트의 상
세한 답신은 순수한 철학적인 내용만을 담고 있었다. 그러나 1770년 9월
2일 칸트가 다시 편지를 할 때까지는 오랜 휴식기가 있었다. 칸트는 먼저
자신의 예상하지 않았던 사고의 발전 때문에 오랜 기간 동안 답장을 하
지 못한 것에 대해서 사과하였다. 즉 그는 약 1년 전부터 어느 정도 확실
한 관점을 찾았다고 하였다. 그리고 다가올 겨울에 자신의 사고를 시험해
볼 수 있기를 희망하였다.

람베르트와 교제를 맺고 있던 시기에 어느 정도 이름이 알려진 쾨니히
스베르크의 사강사 칸트는 다른 베를린 사상가와 철학적인 내용으로 편
지교환을 시작하였다. 그는 이미 유명해진 멘델스존이었다. 교제를 시작
한 지 얼마 되지 않아 멘델스존은 그의 친구 크라우스에게 서로 알게 된
것을 고마워하면서, 신존재에 대한 칸트 저서에 대한 논의를 통해서 그리
고 (니콜라이가 편집하던) 「문헌목록」(Literaturbriefe)에 삼단논법적인 형
식들을 "세상에 소개"하였다. 멘델스존의 첫번째 편지는 전해지고 있지
않은 반면 1766년 2월 7일자 답장에서 칸트는 람베르트에게 한 것과는
달리 그렇게 아첨하는 투의 말은 쓰지 않았지만, 계속되는 편지교환으로
멘델스존의 제안을 유지하기를 원하고 있었다. 그리고 거의 같은 전환점
이 이루어지는데, 칸트는 람베르트를 멀리하고, 멘델스존에게 편지를 다
시 보냈다. "두 사람 사이에 있어서는 지적활동의 유사성과 근본원칙의

동일성을 통해서 사고 방식이 일치하였기 때문에, 우리는 어떤 누구의 도움도 없이 바로 교제할 수 있었다." 칸트는 그의 저서 《형이상학의 꿈에 의해 설명되는 정신을 볼 수 있는 사람의 꿈》도 함께 보냈다. 그러나 멘델스존의 답장은 분실되고 전해지지 않는다. 반면 우리는 칸트가 같은 해 4월 8일 그에게 보낸 편지를 갖고 있는데, 그 편지에는 그의 저서에 대한 많은 내용이 적혀 있다. 내가 꿈에(《철학대전》 46b, V~VIII면) 대한 나의 문제를 서론에서 다루고 있기 때문에, 나는 여기서 두 가지만을 언급하고자 한다. 첫째는 형이상학에 대해서 이미 밝힌 것이다. 그는 형이상학에 대해서는 어떤 경우에도 논란의 대상으로 삼지 않고, 단지 형이상학의 "독단적인 면을 제거하고자" 하며, 그것에 대해서 "이미 주장된" 인식을 긍정적이고 근원적인 "인식"으로 끌고 가기 위해서 회의적으로 다루기를 원하고 있다. 두 번째는 그 유명한 자신의 묘사에 관한 것이다. "잘못을 저지를 수 있는 것은, … 날씨처럼 변하기 쉬운 변덕스러운 성향과 환상을 목적으로 하는 기질 때문이다. 나는 어떤 경우에도 충고를 하지 않을 것이다. 나는 나의 생애 중 이미 많은 부분을 배우고 나서, 훼손된 성격을 무엇으로 바로잡아야 할지 몰라 대부분의 시간을 괴로워하고 자신을 멸시하며 보내고 있다."

사실 칸트가 괴로워하면서 배웠다는 것을 우리는 그의 소년기와 학생 시절 그리고 가정교사 시절에 이미 보았고, 마지막으로 그의 오랜 석사 시절을 통해서 보아 왔다. 여기서 본 것처럼 그는 불확실한 그의 외적인 상태에서 무려 15년이란 기간을 기다려왔던 것이다.

7. 성과 없이 계속된 지원/하급 도서관 사서 생활/교수 초빙

1804년 크라우스는 칸트에 대해서 다음과 같이 설명하고 있다. "내가 아는 한, 칸트는 일생 동안 자신을 위해서 남에게 무엇을 부탁하거나 간

청하지 않았다." 즉 자신을 위해서 누군가가 은혜를 베푼다거나 어쩔 수 없는 연줄 때문에, 자신이 남에게 굽실거리거나 아첨을 하여 누구의 환심을 사는 행동을 한다는 것을 스스로 너무나 혐오스럽게 여긴 것은 어쩌면 당연한 것이었을 것이다. 이에 반해서 그가 어떤 기관에 지원서를 제출하지 않을 때는, 무척이나 바보 같았다. 그는 이러한 지원을 여러 차례 시도하였다.—이렇게 여러 차례 지원서를 내는 것은 그가 살던 시절에는 보통 있는 일이었고, 당시보다 모든 것이 "발달된" 20세기를 살고 있는 우리에게 있어서도 여전히 사라지지 않고 남아 있는 관습과 같은 형태다. — 우리가 알고 있는 칸트의 첫번째 지원은 1756년 4월 8일 크누첸의 사망(1751년) 이후로 공석이 된 쾨니히스베르크 대학교 철학부의 논리학과 형이상학을 담당할 정교수자리의 지원이었다. 그는 정식으로 프리드리히 II세에게, 실질적으로는 쾨니히스베르크에 있는 주 정부기관에 이미 준비한 청원서를 제출하였다: "항상 나는 최대의 노력을 기울일 수 있기 때문에, 가능하다면 위대하신 전하의 충복으로 전하의 대학에 보내지길 기원합니다. 이런 관점에서 철학적인 학문이 내가 노력을 기울일 수 있는 최대의 영역이라 생각하고 선택하였습니다. 그 중 모든 영역이 마찬가지겠습니다만, 특히 논리학과 형이상학에 최선을 다하여 어떠한 경우에도 시간과 기회를 소홀히하지 않을 것입니다." 그의 이러한 노력에 대한 "최소한의 증거"로 과연 위대하신 전하에게 그가 알려졌는지 어떤지, 그는 모른다고 하였으며, 마지막으로 임마누엘 칸트는 "모든 면에서 가장 겸손한 종복으로 최선의 노력을 기울일" 것을 약속하였다. 이때가 아마도 그의 희망을 채우기 위한 최악의 시기였던 것 같다. 오스트리아와 결전을 눈앞에 두고 군비를 긴축해야 했던 왕정에서는 당시 상황으로는 한 명의 교원도 초빙하지 않기로 결정하였다. 이것이 칸트의 성과 없는 첫번째 지원이었다.

두 번째 지원 역시 첫번째보다 나을 것이 없었다. 1758년 말 거의 같은 시기에 칸트는 두 번의 청원서를 제출하였다. (12월 11일) 그는 쾨니히스베르크 대학교 총장과 평위원회에 보냈으며, (12월 12일에는) "지존하옵고 위대하신 여왕폐하이시며, 모든 러시아인의 여왕이시며, 자애로우신 여왕폐하이시며 동시에 위대한 여성이신" 엘리자베트 폰 루스란트(Elisabeth von Rußland)에게 이미 준비된 청원서를 보냈다. 이 지원은 논리학과 형이상학 정교수에 초빙되기 위해서이며, 신학박사와 철학박사 학위를 동시에 소유하고 있던 퀴프케 교수의 사망 직후에 이루어졌던 것이다. 칸트의 학창시절에 교장선생님이었으며, 그의 후견인이었던 슐츠가 그의 옛 제자에게 그 자리에 지원해 볼 것을 권유하여 이루어졌다. 그는 물론 칸트에게 도와 줄 것을 약속하였다. 그는 칸트가 그의 집무실로 들어서자 "매우 엄숙하게" 질문하였다: "당신은 진심으로 신을 경외합니까?" 보로브스키는 (그리고 그에 따르면 나중에 칸트 스스로도) 이 질문이 단지 무언의 엄숙한 신앙고백을 의미하는 것인지, 아니면 어떤 의미가 있는지는 모르지만 아주 진지하게 이루어졌다고 설명하였다. 칸트는 다시 한 번 그의 집무실에 출석해야 했으며, 공적으로는—사실상 전문성은 전혀 없지만—모든 러시아인의 군주인 여왕에게, 그러나 실질적으로는 러시아 왕정의 니콜라우스 폰 코르프(Nikolaus von Korff)에게 청원서가 제출되어야 했기 때문이다. 1년 전부터 동프로이센 전역이 러시아인에 의해서 지배를 받고 있었으므로, 1762년 그들이 물러갈 때까지 그곳은 러시아인들이 행정을 총괄하고 있었다. 그 때문에 1758년 초부터 "모든 지방행정부서에서 올린 업무일지나 청원서 그리고 그 외 모든 서류는 러시아의 황제에게 올려졌고, 그렇게 제출되어져야만 했다"(바르다. 「구프로이센 월간지」 XXXVI, 498 주석). 칸트는 "2편의 공적인 학위논문과 4편의 저서, 논문 발표 3회 그리고 3편의 종교적인 내용의 논문이 있었고" 그 외에도 그는 "매 학기 매우 유명했던 이 두 과목(논리학, 형이상학)을 개설하였으며, 동시에 몇 사람을 위한 개인 교습도 가끔씩 하였다." 결국 칸트는 이미 철학과에 정원외 교수로 있던 부크(F. Joh. Buck)와 경쟁을 하게 되었고, 나머지 지원자들의 청원서는(그 중 세 사람역시 이미 교수였고, 한 사람은 의학과 철학 교수직을 동시에 갖고 있던 사람이었다) 평위원들의 보고서에 따르면 여왕에게까지는 전달되지 않은 것으로 나와 있다. 반면 칸트와 부크 두 사람은 관직에 필수적으로 필요한 "재능"을 소유한 자라고 명시되어 있다. 그들은 이 보고서를 다음과 같은 청원과 함께 여왕에게 올렸다: "공석중인 논리학과 형이상학 교수를 초빙하시기를 원하신다면, 아래 두 분의 경쟁자는 어떤 경우에도 자신들의 임무를 충실히 수행할 수 있음을 참고하시기 바랍니다." 결국은 복무연한 원칙에 따라서 1722년 11월 11일에 출생한 부크가 최종적으로 초빙되었다. "그는 15년 동안 대학에서 학문을 탐구하는 젊은이를 위해서 급료를 받지 않고 열심히 강의하였다." 그리고 그는 그 해에 정식으로 공석중인 자리를 메우게 되었다.[9]

　　보다 밝은 희망이 1764년 이미 마흔이 된 석학에게 새롭게 비치기 시작했다. 1762년 보크(Bock) 교수의 사망 이후로 시문학교수 자리가 비어 있었지만, 첫해는 전쟁 기간이라 어쩔 수 없었고, 그 다음해 역시 초빙되지 않고 있었다. 이번에는 베를린의 법무성에서—당시는 법무성에서 "수업의 모든 문제"를 관여하고 있었다.—직접 관여하여 칸트를 지목하였는데, 이는 아마도 1763년 베를린 학술원으로부터 연구논문 수상자로 선정된 것이 큰 이유로 작용한 것 같다. 1764년 8월 5일 (동)프로이센 정부에 보내진 훈령은 다음과 같다: "우리는 그곳의 석학으로 이름이 널리 알려져 있고, 그의 저서들이 이미 유명해졌으며, 그 저서 중 몇 권은 매우 근본적인 문제를 다룬 임마누엘 칸트라는 사람을 알고 있다." 그리고 계속해서 다음과 같이 청하였다: "이런 점에서 그는 공인으로서 선생님이 가

9) A. 바르다는 「구프로이센 월간지」 48호 378~380면에서 이렇게 새로운 사실을 밝히고 있다.

져야 할 강의에 대한 열정을 모두 겸비하였으며, 특히 독일어 시와 라틴어 시에 뛰어난 두각을 나타냈을 뿐만 아니라 좋은 자질을 고루 갖추고 있으니 이 공석에 그를 초빙하는 것이 어떻겠습니까?" 그러나 칸트는 "주어진 자리에 대한 필요한 능력을 갖춘 것도 아니고, 그 초빙에 응하려는 깊은 애착도 없었기" 때문에, 그들은 다른 "부족함 없이 능력을 가진 자"를 초빙하기로 하였다. 그러나 칸트는 교수직에 대해서 다음과 같이 느끼고 있었다. 교수직이란 당시 모든 대학에서 행해지고 있던 즉흥시를 검열하고, 국가에 대한 의무를 지며, 모든 대학의 축제에 공식적으로 등장하는 시인과 같은 존재였기 때문에, 교수로 초빙되는 것이 아니라 교수직이 거절당해지거나 정당한 형태를 통해서 추천되는 것이라고 칸트는 판단하였던 것이다. 사실 그는 그의 친구였고 함께 지원하여 나중에 정식 교수로 초빙된 리가의 린드너와 12월 크리스마스 축제 때, 라틴어로 된 축혼가와 왕의 즉위식과 국왕의 생일을 위해서 독일어로 된 두 개의 축혼가를 준비하였다. 우리 철학자의 자립심에 대한 정서가 충분히 주어져 있었다는 것은 아주 좋은 일이었다. 즉 실업자인 석학이 유혹적인 자리를 포기할 수 있는 자립심은 아주 고무적이다. 그리고 법무성에서도 그의 이러한 거절에 결코 놀라지만은 않고, 그의 거절에 대한 동기에 주의를 기울였다. 즉 법무성에서는 1764년 10월 24일 중대한 결정사항을 쾨니히스베르크 대학교로 발송하였다: "우리가 최소한의 호의를 갖고 결정한 것이 아님에도 불구하고 석학 임마누엘 칸트는 그곳 대학교에서의 유용성과 수용성을 감안하여 다른 곳에 선처해 주심이 좋겠습니다. 그리고 여러분에게 진심으로 부탁하오니 가장 적절한 방법에 따라 공손하게 대해 주시기 바랍니다." 그리고 추가로 10월 28일 "여러분의 대학교에서 강의를 하고 있는 아주 노련하며 모든 사람들로부터 찬사를 받고 있는 칸트에게 가장 먼저 기회를 주어 처리해 주시기 바랍니다"라는 내용을 보내왔다.

이 기회는 약 1년 후에 다시 칸트에게 찾아왔다. 물론 이 기회는 정식 교수의 자리가 아니라, 쾨니히스베르크 성 도서관의 하급 도서관 사서 자리였다. 당시 사서장은 보크(F. S. Bock) 교수였는데, 그는 연봉이 100탈러 정도였다. 부사서장은 옛 추밀원 회원이었고, 고등법원 변호사를 지낸 고라이스키(Gorraiski)가 담당하고 있었는데, 그는 35년 정도 그곳에서 일했다. 1765년 10월 1일 그는 "내 나이가 이미 너무 많고, 신체적으로 생길 수 있는 여러 가지 일로" 사직하고자 하였다. 그래서 그는 이미 그에게 '배운 적'이 있는 니쿠타(Magister Nikuta)를 먼저 조수로 임명한 다음, 나중에 그의 후계자로 정하려고 추천하였다. 그러나 14일 후에 로이쉬(Magister C. D. Reusch)도 지원하였다. 그리고 10월 25일 형식적으로는 정식 절차를 밟아 칸트에 대한 "가장 공손한 청원"이 왕에게(사실은 왕에게 직접 전해진 것이 아니라, 왕의 내각에) 전달되었다. "이 자리에 임명됨에 따라 공공 단체의 봉사라는 늘 원해 왔던 직책을 수행할 수 있을 뿐 아니라, 여기 대학교에서 해결할 수 없는 매우 불확실한 생계를 해결할 수 있는 자비를 베풀어주십시오." 이 청원서와 함께 동봉된 서류는 1764년 10월에 이미 첨부되었던 "엄청난 양의 추천서와 교서"가 다시 첨부되었다. 그러나 41세가 넘은 칸트가 이렇게 많은 서류를 준비하면서까지 얻고자 하는 일자리는 다른 사람이 부러워할 만한 직위는 결코 아니었다. 이 직업을 얻을 경우 그에게 매년 62탈러의 급여 외에 "현물지급"으로 "밀가루, 맥주, 고기, 버터, 치즈, 땔감과 1년에 한 번씩 수사복과 같은 제복이 지급된다." 그 외에도 50여 년 전에는 사택과 "서적 판매의 특권"이 직위에 "비례하여" 부여되어 있었다. 그러나 당시는 이미 폐지되고 없었다. 외견상으로 볼 때 사서장 보크는 그의 하급 도서관 사서에게 과다한 일을 부과하지 않고, 서로 잘 이해하고 있는 것 같았다. 도서관은 원칙적으로 일주일에 두 번씩, 즉 수요일과 토요일 오후 1~4시 사이 일반인을 대상으로 개관되었다. 그러나 나이 들고 모든 일에 의욕을 상실한 고라이스키는 이 원칙을 지키지 않고 마음대로 "특별한 시간을 정하여"

열고 닫고 하였다. 보크의 보고서에 서술되어 있는 것처럼, "패기 있는 젊은이들은 시간을 엄수해 줄 것을 요구"하였고, "성하 폐하에 의해서 정해진 법령에 위배되는 행위에 대해서, 즉 자신의 기호에 맞는 서적을 뽑아서 보관한다거나, 도서관 서재를 공공의 유흥지나 산책로로 생각하는 것에" 대해서 분개하였다. 그 외 도서관 바닥이 석재로 깔려 있었지만, 겨울에도 결코 난방을 하지 않았을 뿐만 아니라 창문의 개폐 장치도 아주 나쁜 상태였으므로, 보크의 매우 흥미로운 묘사에 따르면, 도서관 사서는 "완전히 굳어 마비된 손으로 얼어붙은 잉크병" 옆에 앉아 있어야 했다. "매우 강인한 체력을" 소유하지 못한 사서는 때에 따라서 "경련을 일으키고, 류머티즘에 의한 고열과 치통으로" 고생하였다. 그 외에도 겨울이 되어 짧은 일조시간과 안개 낀 날이 계속되면 서재는 너무나 어두워 "잘 읽고 쓸 수도 없었기" 때문에 어느 누구도 도서관을 찾아오지 않았다. 이러한 왕의 절약 정신에 대해 어떤 도서관 시종도 동의하지 않았다.

1765년 칸트에 있어서 경제적인 상황은 결코 특별한 상태가 아니었다. 그는 사서 자리를 얻기 위해서 지원하였고, 더욱이 이 지원은 그의 공식적인 구직신청이기 때문에, 1765년 10월 20일 대학교의 감사위원장에게 개인적으로 편지를 보내 도와 줄 것을 요청하였다. 이 편지에서 그는 그의 경쟁상대였던 로이쉬에 대해서 아주 정중하고도 공손한 어조로, 남에게 호감이 갈 수 있게 두 사람의 차이를 설명하고 있었다. 칸트는 주장하기를, 자신은 "이 직책을 수행하는 데 꼭 필요한 문학에 대해서 아주 다양한 지식을 소유하고 있다"고 말하였다. 그는 특히 "학문에 여러 가지로 도움을 줄 수 있는 자료를 직접 다룰 수 있는" 이러한 기회를 늘 갈망하고 있었고, 동시에 "제가 들은 바에 의하면 60탈러라는 비록 적은 수입이지만, 저의 불안정한 생계에 약간이나마 도움이 될 수 있다"고 강한 어투로 표현하고 있다. 11월 2일 "위대하신 전하의 특별 명령"에 대한 프로이

센 정부의 훈령이 발송되었다. 그리고 "의무적으로 첨부된 추천서"와 "형
이상학과 그 외 다른 저서와 논문을 통해서 이미 유명해진 칸트(Magister
Kant)"에 대한 모든 것이 대학의 감독을 담당하고 있는 최고 책임자에게
까지 전달되었다. 그리고 12월 15일 뮌히하우젠(Münchhausen) 장관에 의
해서 새로운 법령이 공포되었는데, 이미 "칸트(M.Cant)에게 약속한 것을
특별히 처리하라"는 내용이었다. 그러나 고라이스키가 그의 자리를 최종
적으로 사직하지 않은 상태였기 때문에, 2월 중순까지 쾨니히스베르크와
베를린 사이를 서류만 여러 차례 오갔다. 드디어 2월 14일 왕이 칸트의
임명장에 서명하였다: "그곳 우리의 성 안에 있는 도서관 부사서장 자리
에 능력 있고 그의 저서와 논문을 통해서 이미 유명해진 칸트(Magister
Kant)를 임명하게 되어 아주 영광스럽습니다." 그래도 고라이스키가 성심
강림절 일요일까지 근무하였기 때문에, 급료는 그 이후부터 지급되었다.
처음 칸트가 받은 급료는 "전례에 따라 분기별"로 15.5탈러였다. Tant de
bruit pour une omelette!(오믈렛을 얻기 위해 그렇게 야단이었단 말인가!)

임명장을 받은 일주일 후 새로운 "부사서장"의 "임무에 대한 선서를
하는 비밀회의"가 정부 주재로 3월 13일~17일 사이 쾨니히스베르크에서
있었다. 그리고 4월 9일은 사서장이 "도서관에 대한 안내와 아주 부지런
히 움직이는 행정부서와 그것의 역할에 대해서" 알려 주었고, 전임자인
고라이스키가 여러 번의 경고도 무시한 채 해결하지 않은 문제와, 그의
후임자에게 도서관의 질서 등 해결되어야 할 여러 가지 어려운 일에 대
해서도 인수인계를 해주었다. 10월 9일 칸트가 불평한 것처럼 다정다감
한 상관(보크 교수)과 불편한 관계도 있었다. "나와 사서장 사이는 매우
불편한 관계이며, 여러 차례에 걸쳐 의견 충돌이 있었다." 이러한 불편한
관계는 칸트의 주업무인 서적 재고를 함께 조사하면서 생긴 일이었다. 나
중에 고라이스키가 11월 12일 작성한 변명서에 의하면, 칸트는 "당시 사
서장의 명령에 따라" 목록표와 책들을 하나하나 대조하였고, 이미 많은

양의 책이 대조되어 있는 상태였다. 칸트는 그에게 주어진 의무를 최대한
으로 수행하는 성격의 소유자였고, 앞으로도 그에게 부과될 명령들에 대
해서 그것이 불합리한 것이라면 과감하게 거부할 것이다. 왜냐하면 6년
동안(1766~1772) 도서관 하급 사서직에 근무하면서 행정부서로부터 어
떠한 징계도 받지 않았다는 것이 아주 괄목할 만한 것이었기에, 그 해 겨
울 12월부터 다음해 3월 중순까지는 도서관을 개관하지 않았다.

  교수로 초빙되길 원했던 칸트는 사서 일을 시작한 지 6년이 지난 1772
년 4월 14일 그의 직책으로부터 면직시켜 줄 것을 청원하였다. 칸트에 대
한 전기를 기술한 많은 사람들은 이 사건에 대해서 분명히 설명하고 있
는데, 그 원인은 다음과 같다: 보크가 1773년 3월 19일 쓴 이미 잘 알려
진 변호의 서신이나 고소장에 잘 나타나 있는 것처럼, 칸트는 건강상의
이유로 사직이 "필연적"이었기 때문에, 그에게 맞지 않는 직책에서 떠날
수밖에 없는 데 그 원인을 찾고 있는 반면, 그들은 특히 "지식욕에 불타
도서관을 찾는 사람들을 돌봐야 된다는 것을" 칸트가 아주 성가신 일로
여겼기 때문인 것에서 그 원인을 찾고 있다. 물론 여기서 보크의 주장은
매우 불확실하지만 다른 입장은 충분히 납득할 수 있는 근거가 있다. 어
찌되었건 그는 사직서에서 그 원인을 다음과 같이 주장하고 있다: "부사
서장의 자리가 마치 정식 교수의 자리인 것처럼 바뀌어진 것이 이상할
뿐 아니라, 직책을 수행하면서 내 시간을 조정할 수 없었다." 이러한 칸
트의 입장이 충분히 전달되어서 그는 1773년 5월 15일 왕의 명령에 의해
서 면직이 되었고, 그 자리는 문학을 전공한 젊은 법학도 예스터(Jester)
에게 인계되었다. 그는 같은 해 7월 1일 정식으로 직무를 수행하였지만,
오래가지 않아서 그 역시 그곳을 떠나고 말았다.

  무엇보다 우리의 철학자 칸트가 소유하고 있는 도량에 비해서 그 직책
은 너무나 단순한 것이었다. 그러나 그는 그 일에 최선을 다했다. 이러한
이유 때문에 그는 같은 시기에 박물표본실에 소장되어 있는 아주 값있고

아름다운 호박(琥珀)을 감시할 수 있게 되었다. 이 박물관은 당시 백만장자였고, 상업고문관이었던 자투르구스(Saturgus)의 정원에 설치되어 있었다. 이 박물관은 이미 우리에게 잘 알려진 도서관장 보크가 감시감독하던 곳이었는데, 칸트에게 이 일을 시킴으로써 그와 보다 가까이 지내고자 했던 것 같다. 그러나 칸트는 그가 받는 보수에 비해 많은 노동을 해야 했고 지나치게 불편하였으므로 그만두었던 것으로 보인다. 어찌되었건 그는 이 일을 수행함으로써 광물학에 대한 연구를 할 수 있었다. 그러나 그는 그곳을 찾은 여러 사람들의 어리석은 질문에 답해야 한다는 강박관념에서 벗어날 수 없었기 때문에, 그 직업 역시 임시직으로 끝나고 말았다.

오랜 기간 동안 지속된 사강사 생활의 종지부를 찍고 드디어 칸트는 정식으로 교수에 임용되게 되었다. 그의 유명한 이름이 그의 고향에만 머물지 않고 다른 도시로 전해지자 여러 가지 현상들이 나타나기 시작했다. 1769년 11월 18일 할레의 유명인사 하우젠(K. R. Hausen)은 칸트의 "이렇게 아름답고 동시에 이렇게 근원적인 저서"를 자신이 편찬하고 있는 《18세기 독일 국내외의 저명 철학자와 역사서술가의 전기집》(*Biographien berühmter Philosophen und Geschichtesschreiber des 18. Jahrhunderts in und außer Deutschland*)에 싣기 위해서, 칸트에게 그의 생애와 학설 그리고 저서에 대한 자료를 요청하였다. 그리고 람베르트는 이미 1765년 그를 베를린 대학교로 초빙하고자 하였다. 이러한 그의 소원을 1765년 11월 13일 칸트에게 보낸 편지 속에 분명히 담아 보냈다. 왜냐하면 그는 "당시의 저작물"에 대한 출판여부를 몰랐기 때문이다. 두 번에 걸쳐 자신의 출신 학교 교수 초빙에 지원하였지만 아무런 성과를 얻지 못했던 46살의 칸트는 1769/70년 겨울학기에 그의 성향과는 전혀 어울리지 않는 용감성으로 세 번째로 도전하였다. 즉 몇 달 사이에 세 번이나 가능성을 보였는데, 그 중 두 번은 영광스러운 초빙에 한발 가까이 놓여 있었다.

첫번째 초빙은 에어랑엔(Erlangen) 대학교에서 왔다. 이 초빙을 위해

서 보다 적극적인 입장을 취한 것은 당시 대학 감독관과 젝켄도르프
(Seckendorf)의 주지사를 역임하고 있던 맨첸(Mänzen)이었다. 특히 그들
은 "아름다움과 고귀함의 감정에 대해서 다른 것으로 보고 연구한" 칸트
의 입장을 받아들여 쾨니히스베르크의 철학자를 초빙하기로 결심하였다.
대학교에서 그에게 줄 직위는 에어랑엔 대학교에 신설된 종교철학부의
교수직이었다. 그 전까지 이 학문은 "상위" 세 개 단과대학 아래 부속되
어 있었다. 칸트는 1769년 10월 25일 그를 지도할 수학과 물리학 교수 주
코브(S. G. Suckow)에게 그의 초빙을 허락해 달라는 편지를 보냈다. 왜냐
하면 그는 "소박하지만 확실한 행운을 날려보내고 싶은 입장이" 아니었
기 때문이다. 그에게 제시된 조건은 다음과 같다: 1년에 그 지방 돈으로
500굴덴과 다섯 마차 분의 땔감을 제공해 주기로 하였다. 그리고 그 외에
쾨니히스베르크에서 에어랑엔까지 여행비용과 이사비용으로 100탈러를
추가하여 지급하기로 하였다. 그곳에서 그가 와 주기를 바라고 있을 때인
11월 10일 에어랑엔 대학교에서 보내온 편지에는 이미 11월 23일자로 임
명장이 동봉되어 있었다. 그 임명장에는 "세계적으로 그 명성이 이미 알
려진 친애하는 임마누엘 칸트 박사(Hoch-Edelgebohren Herrn, Herrn
Immanuel Kant, der Weltweisheit berühmten Docktori)에게"라는 칭호와 함
께 알렉산더 후작의 서명이 뚜렷하였다. 그리고 대학교에서 보낸 12월 11
일자 편지에는, 그가 1770년 신년 전까지 에어랑엔에 도착해 주길 바라고
있었으며, 늦어도 성촉절(2월 2일)[10]까지는 도착해 주기를 희망하고 있었
다. 그리고 덧붙이기를 "여기에 있는 모든 학생들은 최고의 흥분상태에
서" 칸트의 도착을 기다리고 있다고 하였다. 그리고 "그들의 염원이 곧
이루어질 것이라는 희망으로" 가득 차 그의 도착을 열망하고 있다고 덧
붙였다. 1770년 1월 3일 그곳의 어느 가정교사로 있던 치글러(Ziegler)는

---

10) 성모의 순결을 기념하여 촛불 들고 행렬하는 날—옮긴이 주.

그의 제자인 로젠(Rosen) 백작과 뢰벤볼데(Löwenwolde) 백작의 이름으로 그에게 편지를 보냈는데, 그들은 그들의 집의 네 개의 빈방을 칸트의 숙소로 제공하겠다고 제의해 왔다. 그 외의 여러 가지 제공 중에서도 가장 "매혹적인" 것은 신선한 공기와 그 지방의 낮은 물가 그리고 "존경하옵는 전하 마르크그라펜(H. E. Marggrafen)의 영도 아래" 항상 발전하는 에어랑엔 대학교의 미래상에 관한 것들이었다. 그러나 칸트는 이미 1769년 12월 15일 그에게 "주기로 되어 있는 명예와 지위를 사절해야만" 하는 안타까운 마음을 금하지 못하는 내용으로 "최대의 겸양을 갖추어 자신의 결례"에 대한 글을 작성하였다.

이렇게 "갑자기 돌변한 자신의 성향에" 대해서, 칸트는 위에서 이미 밝힌 편지에서 자세히 그 원인을 설명하고 있다. 많은 사람들이 그에게 자신의 고향 도시 대학교에 공석이 생길 가능성이 아주 확실하기 때문에 (이 공석에 대해서는 다음 단락에서 다시 설명될 것이다.), "새롭고도 매우 유능한" 그가 그 자리를 채워 주기를 바라고 있었던 것이다. "고향 도시에 대한 애향심이, 평소에 잘 알고 지내던 사람과 친구 사이에 아주 넓게 확산되어" 일어났기 때문에, 그리고 최소한 "나의 연약한 체질"을 고려하지 않을 수 없기 때문에, 자신의 육체적인 휴식이나 정신적인 휴식을 위해서 "비록 번거로운 장소이긴 하지만, 지금까지 항상" 찾았던 옛 고향 도시가 그의 성향과 잘 어울린다고 판단하였다. 그리고 그는 "다른 사람들은 대수롭지 않게 생각하는 주위의 변화에 대해서 잘 적응하지 못하는 자신의 성향"에 대해서 깊이 사과하였다. 만약 이러한 자신의 결정이 나쁜 결과를 초래할지라도 그는 이러한 그의 감정을 극복할 수 없다고 하였다.

그로부터 한 달이 채 못 되는 1770년 1월 12일 신학과의 다노피우스(E. J. Danovius) 교수가 그를 찾았다. 그는 칸트와 같은 고향 사람으로 그의 선생을 지냈으며, 예나 대학으로 초빙되어 갔었는데, "그의 뛰어난 저서 때문에 일반적으로 이미 잘 알려져" 있었고, 대학교에서 새로운 철학 교수로서 "존경하는 폐하"(Serenissimi Nutritores)처럼 모실 목적으로 칸트를 찾았다. 칸트는 그곳에서 단지 200탈러의 봉급을 받을 수 있으며, 그러나 일주일에 2시간만 공적으로 강의하면 되었고, 나머지는 개인 교습을 통해서 150탈러의 수입을 올릴 수 있었다. 그리고 "출판인들이 그의 훌륭한 저서를 다투어서 출판하고자 하였기 때문에 약간의 수입이" 보장되어 있었다. 이렇게 예나에서도 안정된 삶은 이미 확실히 정해져 있었다. 이러한 상황을 칸트가 받아들여 그곳으로 갔었다면, 훗날 괴테, 쉴러와 좋은 교분이 이루어졌을 것이다. 그러나 칸트는 항상 그의 고향이라는 족쇄를 벗지 못하고 있었다.

　칸트가 에어랑엔 대학교의 초빙에 응하지 못하는 사과의 글에서 밝힌 것과 같이, 쾨니히스베르크 대학교에서는 1770년 3월 15일 오랜 기간 동안 투병생활을 하던 신학과 수학을 담당한 정교수 랑한젠의 사망으로 그 자리는 실질적으로 공석이 되었다. 그때 칸트는 단지 그의 "재능과 성향에 걸맞는" 자리를 얻고자 노력하였다. 그러나 그는 수학 담당 교수의 자리를 원하지 않았다. 그래서 그의 후견인이었던 군주 대신에게 지위의 교체를 청원하였다. 그 내용은 다음과 같다: 콜레기움 알베르티눔에 대한 감독관이라는 "좋은 부수입이" 보장되어 있는 공석인 자리에 이미 세상을 떠난 랑한젠의 사위인 윤리 교수 크리스티아니, 혹은 논리학과 형이상학 교수인 부크가 초빙될 것이라고 많은 사람들은 생각하고 있습니다. 크리스티아니는 칸트를 위해서 자신의 "전문" 과목에 대한 자유를 선언하였고, 부크는 이미 여러 해 동안 수학의 객원교수로 활동하고 있어서 "단지 러시아 정부와의 관계" 문제만 남아 있으며, 논리학과 형이상학 교수에 대한 "그 외의 모든 추천을 대학으로부터 나는 받고" 있기 때문에 그 자리는 칸트 자신에게 주어져야 된다는 것이다. 이번 기회는 칸트 자신의 생활에 생사가 걸린 것으로 분명히 결정해야 될 문제였다. 이러한 그의 행동은 지금까지 그의 행동을 지켜본 사람들 눈에는 완전히 다른 모습으로 비쳐졌다. 랑한젠이 죽은 뒤에 성주에게 보낸 그의 청원서나, 그 청원서를 보낸 3일 후 왕에게 보내진 정식 청원서에서 그러한 사정이 잘 나타나 있다. 뿐만 아니라 이 두 장의 편지에서 느낄 수 있는 것은 평소 때보다 훨씬 강한 어조로 그의 입장을 주장하고 있다는 것이다. 다음과 같은 문장이 그 좋은 예이다: "올해로 저는 벌써 47세입니다. 나이가 들수록 저 자신의 불투명한 미래에 대한 걱정으로 저는 항상 불안해하고 있습니다." 그리고 다음과 같은 문장도 그의 편지에서 찾아볼 수 있다: "모든 양심을 걸고 단지 명예로운 자리를 얻기 위해 대학에 자신의 생업을 맡기고 살아가고자 하는 저와 같은 연배의 사람도 흔하지 않을 것입니다. 이러한 저의 목적이 이번에는 꼭 이루어져, 불투명한 저 자신의 생계에 관한 문제가 저의 고향 땅에서 중단되고 마무리될 수 있게 삼가 바라 마지 않습니다." 이번에는 그의 희망이 결코 그를 속이지 않았다. 정부에서는 칸트가 보낸 두 번째 청원서를 보고 1770년 3월 31일 왕의 칙령을 통해서 임마누엘 칸트(Magister Immanuel Kant)는 "우리에게 천거된 사람 중 근면하고 정중하고 특히 철학이란 학문을 근본적으로 획득한 자이기 때문에", 그를 "프로이센의 쾨니히스베르크 대학교에 논리학과 형이상학 담당 정교수"에 임명한다고 밝혔다. 그리고 전제로서 다음과 같이 부탁하고 있다: "우리 정부와 우리 왕가에 항상 같은 충성과 호의를 베풀어주시기를 바라며, 그리고 항상 우리의 분부를 기다려 주기 바랍니다." 그리고 "공무에 의해서 교육이 필요한 젊은이와 사강사 그리고 토론과 같은 학술발표에도 거절하지 마시고 참석하여, 그 중에서 유능하고 능력 있는 인재를 양성하시는 데 최선을 다해 다른 사람의 귀감이 되어 주시기 바랍니다." 같은 해 5월 2일 대학의 평의회에서는 그를 맞이하는 성대한 행사가 벌어졌다.

4 순수 이성 비판이 나오기까지(1770~1781)

1. 칸트의 교수생활/체들리츠 장관과 마르쿠스 헤르츠와의 관계

우리의 철학자 칸트는 만 46세의 나이에 드디어 그가 오랫동안 바라고 희망하던 쾨니히스베르크 대학교 논리학과 형이상학 담당 정교수로 초빙되었다. 형식적으로 그는 논문에 대한 심사를 받아야 했다. 즉 그는 새로운 지위에서 그가 쓴 라틴어 논문에 대한 변호와 방어를 해야 했다. 이것이 그 유명한 그의 박사학위 청원 논문(Inaugural-Dissertation)인 "감성과 오성세계의 형식과 원리들"(De mundi sensibilis atque intelligibilis forma et principiis)이었다. 이 심사는 1770년 8월 21일 대학의 대 강의실에서 거행되었다. 이 논문에 대한 외적인 역사와 의미 그리고 내용은 이미 우리가 서론(《철학대전》 46b, XIV ~XXIV면)에서 설명하였다. 반대 입장에서 토론에 참석한 사람은 신학, 법학 학위 후보자였다. 칸트의 편에서 자신을 방어해 줄 아주 중요한 토론자를 칸트는 지금까지 그의 강의를 열심히 청강하였고, 의학과 철학을 공부하는 베를린에서 온 23살의 학생 마르쿠스 헤르츠로 정했다. 몇 명의 희랍 정교도 동료들에 의해서 약간의 불평에 찬 얘기가 오고 갔다. "최소한 유대인은 교수직에 대한 즐거움을 전혀 누릴 수 없습니다"라는 한 동료의 평온한 말에 칸트의 화가 어느 정도 풀렸다고 한다(「신베를린 월간지」 1805년 153면).

이 영예로운 날 우리의 신출내기 교수 칸트는 그에게 반한 17명의 새로운 수강생과도 새로운 친분을 쌓기 시작하였다. 이들은 발트 해 연안의 요양도시에서 그를 찾아온 사람들이었다. 특히 "돌격자와 압력자" (Stürmer und Dränger)[1]의 일원으로 잘 알려졌을 뿐만 아니라, 괴테의 생애에 많은 영향을 준 라인홀트 렌츠(Reinhold Lenz)는 그에게 경의를 표하는 시를 헌정하였다. 12절로 되어 있는 이 시는 젊은 시절부터 강한 정열과 민감한 성격으로 가득 차 있었다고 우리의 철학자 칸트를 찬양하고 있다. 그는 또한 "얼마나 아름다운 지식을 소유하고 있는가"라고 하면서 칸트 스스로 닦은 인간성을 찬양하였다. 그의 가르침은 결코 외적인 겉치레가 아니라, 교만하고 어리석은 가면을 벗겨 주었다. 그는 항상 그의 제자들에게 사유의 단순성뿐만 아니라 삶의 단순성까지도 강조하였다. 그는 그의 제자들이 갖고 있는 학문에 대한 갈증을 해소시켜 주었지만, 학문에 대한 열정을 가라앉히지는 않았다. 그리고 그는 그들이 깜짝 놀랄 만한 일도 결코 만들지 않았다고 찬양하였으며, 마지막으로 그 자신에 따라 살 것과 후손들을 교육시킬 것에 서약하여 줄 것을 당부하였고, 칸트가 살아 있는 동안 프랑스는 독일의 천재에 대해서 어떠한 의심도 갖지 못할 것이라는 강한 자부심을 표현하였다.

칸트는 그의 모교가 그에게 준 지위를 얻은 이후 그가 죽을 때까지 그곳에 머물러 헌신적으로 일하였으며, 보다 나은 조건의 어떤 초빙에도 결코 응하지 않았다. 1775년 미타우(Mitau)에 있는 아카데미 김나지움 (Akademisches Gymnasium)에서 그를 초빙하였다. 비록 이 학교는 그 지방을 통치하는 공작의 지원으로 이제 막 성장기에 들어서고 있었지만, 그

---

1) 18세기 독일의 문학운동 중 하나로서 젊은 괴테와 쉴러 등이 여기에 포함된다―옮긴이 주.

는 아무런 유혹도 느끼지 않았다(1774년 9월 4일 하르트만이 칸트에게 보낸 편지). 그 외에도 비슷한 시기에 그의 막내 남동생인 요한 하인리히(Johann Heinrich)가 "미타우의 학교"(Mietausche große Schule)에 교직원으로 채용되었다. 그리고 다음으로는 할레에서 그를 초빙하였다. 특히 이 할레는 칸트의 저서들을 많이 출판한 편집자 마이어가 살았던 곳이다. 마이어는 볼프의 제자(바움가르텐의 신봉자)로 잘 알려져 있었고 1777년 그곳에서 죽었다. 마이어의 후계자로 칸트의 후원자이자 신봉자인 당시의 교육담당 체들리츠 장관이 누구보다 칸트를 지목하고 있었다.

당시 40살이던 체들리츠는 1771년부터 프로이센 정부의 교회와 교육 업무를 담당하고 있었다. 그는 처음부터 정신적인 친화력을 중시 여김으로써, 자유분방한 사고의 철학자에게 많은 관심을 갖고 있었다. 1775년 12월 25일에 내려진 장관령에 의하면 여러 가지 이유에서, 예를 들자면 이미 낡아서 사용하지 못하는 교재를 버리지 않고 계속 사용하는 쾨니히스베르크 대학교 교수들에 대해서 신랄하게 질책하였다. 그러나 칸트와 로이쉬는 예외였다. 시대에 걸맞는 철학을 위해서 왕이 특별히 발표한 새로운 칙령이, 이미 발효된 훈령을 보다 강하게 보호해 주었다: "우리의 조국이 추구하는 목적이 그러하기 때문에, 우리의 대학에서는 학문하는 학생들의 머리에 자양분이 부족하여 주도면밀하지 않아서는 안 되며, 철학을 통해서 특히 참되고 유용한 개념을 받아들이고 사용할 수 있는 능력을 길러, 보다 맑은 정신을 갖게 해야만 한다." 그러므로 크루지아 지방 철학에 대해서 "몇몇의 영명한 학자들은 이미 오래 전부터 그것의 무가치를 주장하였다." 그 결과 그것에 대해서 더 이상 가르치지 않았고 크루지아 철학의 신봉자인 바이만과 블로흐아티우스(Wlochatius)는 다른 과목으로 바꾸어 강의할 수밖에 없었다. 엄격하게 금지되었던 이러한 현상도 전제정치가 어느 정도 약화된 이후에는 다음과 같이 더 완화되었다: "우리는 개인의 사고방식을 지배하려는 우리의 좁은 편견을 지양해야 하며, 일반적으로 유용성이 결여된 사고의 확장을 방지하는 것이 필요하다고 생각한다."[2] 그러나 체들리츠 장관은 우리의 철학자 칸트에 대해서 긍정적인 감정 외에도 개인적인 신뢰를 갖고 있었다. 1778년 2월 21일 그는 칸트에게 다음과 같은 편지를 보냈다: "존경하옵는 칸트 교수님, 나는 지금 당신의 물리지리학에 대한 강의를 듣고 있습니다. 내가 지금 최소한 당신에게 할 수 있는 것은, 당신에게 무한한 감사를 드릴 수 있다는 것뿐입니다." 그는 80마일이나 떨어진 곳에서 칸트의 강의를 직접 들은 사람의 강의노트를 보고 있었던 것이다. 그러나 그 강의노트는 분명하지 않고 불완전하였기 때문에, 그는 칸트의 강의록을 직접 보고 싶다고 하면서, "결코 그 강의록을 내 손에서 놓지 않겠으니" 꼭 보내 줄 것을 간청하였다. 어쨌든 그는 칸트와 칸트의 지식을 "아주 높이" 인정하고 있었다.

8일 후 체들리츠는 다시 한 번 그의 부탁에 대해서 독촉하였으며, 그가 왕에게 칸트를 연봉 600탈러를 받을 수 있는 할레 대학교의 철학교수로 추천해도 되겠느냐고 함께 물어 왔다. "만약 당신이 나의 이 제안을 받아들이신다면, 당신은 분명히 나에게 감사할 것입니다." "당신은 쾨니히스베르크의 상황을 잘 알고 계실 것이고, 이곳에 있는 나는 당신의 희망에 대해서 아무런 도움도 드릴 수 없습니다." ― 당시 칸트는 단지 236탈러만을 받고 있었다. ― "그러나 할레 대학교에서는 당신에게 드릴 초봉이 600탈러이기 때문에, 시간이 지남에 따라 당신의 경제상태는 점점 호전될 것입니다." 사랑에 가득 찬 그의 이 제안에 칸트는 잠시 망설였지만 결국 거절하였다. 그러나 한 달 후인 1778년 3월 28일 장관으로부터 속달로 새로운 소식이 전해졌다. 그는 800탈러의 연봉을 제안해 왔다. 그뿐

---

2) 슈베르트(59~61면)는 갑작스런 금지의 해제로 불확실한 저서를 완성되지 않은 상태에서 출판하였는데, 이것은 쇤되르퍼(Schöndörffer)가 보충하고 수정하여 다시 출판하였다(Arnold 전집 V2, 249면 각주). 반면 블로흐아티우스는 어쩔 수 없이 개설한 자신의 형이상학 강의를 즉시 중단하였다.

아니라 그는 할레 대학교를 독일 학문의 중심 대학으로 성장시킬 것을
약속하였고, 쾨니히스베르크 대학교보다 더 좋은 자연환경에 대해서도
강조하였다. 무엇보다도 그곳에는 1000~1200명 정도의 학생이 그를 기다
리고 있다며 칸트의 약점을 건드렸다. 그리고 "인접해 있는 다른 지방에
도 그의 지식을 널리 유포해야 할" 의무를 칸트가 갖고 있다는 것도 부
각시켰다. "나는 단지 당신의 전공 분야에서 당신의 지식과 당신의 친절
을 모르는 사람이 없기를 바랄 뿐이며, 당신에게 결코 강요는 하지 않겠
습니다. 그러나 내가 당신에게 부여한 의무를 오해하지 않으시길 바랍니
다. 나는 단지 당신에게 주어진 상황들을 당신이 잘 가꾼 것과 같이 필요
한 모든 것을 잘 만들어 주시기를 바랄 뿐입니다." 그는 최소한 철학이
없는 생활 자체가 얼마나 무의미한가 하는 것을 칸트에게 강조하고 싶었
던 것이다. 그는 우리의 "철학자가 피할 수 없는 어떤 상황에 처해 있는
지는" 모르지만, 원한다면 "추밀원으로 추대"한다고 하였다. 물론 이러한
경우 왕의 동의가 있어야 할 것이다.[3]

체들리츠의 간곡한 이 편지에 대한 칸트의 답장을 우리는 안타깝게도
찾을 수가 없다. 그러나 4월 초순경 칸트의 편지가 마르쿠스 헤르츠에게
전달되었다. 물론 헤르츠는 칸트의 정신적 성장에 많은 영향을 주었고,
계속해서 거절만 할 수 없는 상황에서 "거절할" 원인을 제공해 준 사람

---

3) 칸트와 마찬가지로 진보주의적인 체들리츠 장관의 영향을 받은 멘델스존이 1777년 7
   월 칸트에게 보낸 것과 같은 장관의 청원을 받고 동프로이센 지방을 실질적으로 둘러
   보기 위해서 여행을 하였다. 물론 그는 마이어의 후임자로 초빙되었다. 당시 칸트는 그
   가 아끼던 제자 크라우스가 일시적으로 그 지위에 머물 수 있길 바라고 있었다. 크라
   우스 스스로는 그 지위를 차지하기에는 적당한 시기가 아니라고 생각하고 있었다. 칸
   트는 역시 여러 면에서 그의 천재성을 발휘하였는데, 그는 크라우스에게 "철학 저서나
   논문을 체들리츠 장관에게 헌정하라"고 충고하였다. 멘델스존 역시 그러한 칸트의 "의
   중을 알고 도와 주었다." 1780년 노교수 크리스티아니가 쾨니히스베르크에서 사망하
   였고, 칸트는 곧바로 크라우스가 지원할 수 있게 도와 주었고, 체들리츠 장관에게 직접
   청원하였다.

이었다. 헤르츠는 칸트 초빙에 대한 축하 서한을 할레로 보냈다. 칸트의 답장 내용 중 다음 부분이 주목된다: "… 요즘 나는 거처에 대한 생각으로 나의 평온한 감정이 흔들리고 있습니다. 특히 내 앞에 펼쳐질 어떤 것, 즉 보다 넓은 곳에서 보다 많은 사람들을 접해야 된다는 생각(물론 이러한 것은 원칙적으로 보다 넓게 퍼져 나가야 좋은 것이지만)을 할 때마다 우울한 감정마저 듭니다. 넓은 곳에서 살아갈 수 있는 힘이 나에게는 없는 것 같습니다. 당신이 잘 알고 계시지만, 내가 큰 무대 위에 혼자 동그라니 올라서서 다른 사람들로부터 주목받는 일을 할 만한 추진력이 내게는 부족합니다. 필요에 따라 평화롭고도 한가로운 상태에서 연구하고 철학적 사색을 하거나 다른 사람들과 교제를 맺는 것은 나도 아주 열심히 할 수 있지만, 그 외 다른 것은 나를 더욱 우울하게 할 뿐입니다. 내가 바라는 것은 어떤 경우든 병든 육신을 벅찬 업무로 인해 긴장상태에 노출시키고 싶지 않다는 것입니다. 나에게 있어서 변화란 곧 나 자신에 대한 불안입니다. 물론 이러한 변화는 아마도 지금의 내 상태보다 더 좋은 상태로 나를 바꿀 것이 분명합니다. 그리고 운명의 여신이 짠 아주 가늘지만 질긴 실이 나의 운명의 실이라면, 나는 이 실을 더 길게 늘리기 위해서 타고난 나의 성격에 세심한 주의가 필요하다고 생각합니다. 나의 후원자들과 친구들의 친절한 호의에 대해서 무한한 감사를 드리며, 아울러 진심으로 바라오니 나의 이러한 신념을 십분 이해하시어, 지금 현재 내가 처해있는 복잡한 상황에서 구해 주시고 (왜냐하면 저는 지금까지 항상 자유롭게 지내왔기 때문입니다.) 나를 그러한 회오리 속에 들어가지 않게 보호하여 주십시오." 비슷한 내용의 편지를 칸트는 한 달 정도 뒤에 멘델스존에게도 보냈다: "나는 늘 같은 생활방식 속에 머물고 싶고 변함없는 일에 몰두하고 싶어하는 나의 건강상태가 저에게는 더없이 고맙고 영광스러운 장관님의 부르심에 응할 수 없게 만들었습니다. (나의 생각으로는 당신도 그 지위에 대해서 관심을 보인 것으로 알고 있습니다.)" 결국 그 지위는 7월 13일 당시 샬로텐부르크(Charlottenburg)에서 목회를 하였으며, 나중에 칸트의 논쟁자가 된 에베르하르트(Eberhard)에게 돌아갔다.

'칸트가 자신의 타고난 연약한 성품을 바꿀 수 없었던 것이 얼마나 안타까운 일인가!' 하고 단지 우리는 탄식할 뿐이다. 정신문화 발전에 대한 가능성은 조금도 전망할 수 없는 상황이었기 때문에, 독일의 핵심인 프로이센 지방의 대학교로 많은 철학자들이 자주 옮겨다니는 것도 그 원인이었다. 우리의 고전적인 시인 쉴러 이후 대학을 자주 옮겨다닌 관례가 생겨난 것 같다. 칸트는 실질적으로 운명의 여신이 그의 삶을 약 25년 정도 더 연장시켜 주었다고 믿고, 이 시기에 자신이 정립한 철학의 기초확립을 근본적으로 서술하고자 하였다. 그는 아무 일도 하지 않고 조용히 지내는 것에(Quieta non movere) 대한 지나친 조심성과 걱정으로 고민하고 있었던 것은 아닐까? 물론 이러한 것은 칸트에 관한 우리의 연구와 아무런 관계가 없는 것인지도 모르겠다. 단지 우리가 알아야 할 것은 평생동안 변함없는 행동을 하게 한 칸트의 몸에 배인 천성이 무엇인가 하는 것이다. 우리가 살펴본 것과 같이, 그는 더 좋은 활동영역도, 큰 발전이 가능했던 상황도 단지 미안하다는 말 한마디로 거절하고 말았다.

칸트가 존경하는 체들리츠도 같은 생각을 하고 있었던 것 같다. 같은 해 8월 1일 칸트에게 보낸 편지에는 몇 달 전 그가 그렇게 원했던 초빙에 관한 얘기는 한마디도 하지 않고, "친애하는 칸트 교수"에게 항상 옛날과 같이 변함없는 존경과 감사를 보내고 있었다. 뿐만 아니라 그는 칸트의 강의록을 약속한 날짜에 돌려주지 못한 것에 대한 사과의 말도 잊지 않았다. 그는 겨울학기에 칸트의 애제자 마르쿠스 헤르츠의 강의와 칸트가 그 능력을 인정한 멘델스존의 인류학에 관한 강의를 칸트 강의라 생각하고 시간이 나는 대로 짬짬이 듣겠다는 포부를 밝혔다. 그리고 그는 우리의 철학자 칸트에게 학생들이 "빵을 위한 공부만을 하지 않게 설득

할 수 있는" 방법에 대해서 "이해할 수 있게" 충고해 줄 것을 부탁하였다. 사실 "법에 종사하는 사람들이나, 성직자들 그리고 의료업에 종사하는 사람들은 직업의 특성상 어떤 지위까지만 올라가면, 그때부터는 보다 쉽고 편안한 생활이 확정되는 것입니다. 즉 판사, 변호사, 성직자, 의사 그리고 그 외 많은 다른 분야에 지원하는 신입생들이 하루에 몇 시간만이라도 시간을 쪼개어 자신과 관계없는 다른 학문에 대한 필요성을 인식하고 활용할 수 있는 철학적인 인식을 갖는다면, 그들이 그들의 직업에 대해 갖는 자부심과 응용방법은 한층 더 높아지리라 생각됩니다." 10년 후 같은 주제와 관점에서 쉴러가 예나 대학교에 초빙되었을 때, 그는 "세계사가 무엇이며, 어떤 목적으로 연구하는가?"(Was ist und welschem Zweck studiert man Universalgeschichte?)라는 제목으로 취임강의를 하였다. 고전주의적인 시인과 비판 철학자 그리고 이러한 교육을 담당하는 장관의 만남이 같은 생각을 하고 있다는 것이 얼마나 다행스러운 일인가! 그리고 "이해할 수 있게" 충고하여 달라고 부탁한 부분은 체들리츠 장관에게 당면한 과제였다. 왜냐하면 오늘날까지 우리가 영향을 받고 있는 "명문화된 법칙이나 규칙들은 빵을 위한 공부보다도 더 나쁜 것"이었기 때문이다.

약 30여 명의 "고정적인 수강생과 의과대 교수, 성직자, 추밀원 고문관, 그리고 산림 감독관 등의 전문직에 종사하는 사람들이" 헤르츠의 강의를 청강하였다. 우리의 관대한 장관 역시 그 중의 한 사람으로 열심히 청강하였다. 소박한 유대인 의사 집에서 규칙적으로 가진 모임에도 그는(체들리츠) "가장 먼저 와서 가장 늦게 돌아갔습니다. 지금까지 한번도 늦은 적이 없습니다"(헤르츠가 칸트에게 1778년 11월 24일 보낸 편지). 그 외 다른 칸트의 제자에게도 체들리츠는 항상 친절하게 대했다. 그리고 그는 당시 베를린에 사는 크라우스도 다른 학자들과 모일 수 있는 기회를 마련하여 매주 수요일마다 열리는 만찬에 초대하였다. 여러 차례에 걸쳐 그들은 다른 사람들과는 어울리지 않고 둘만의 시간을 보내기도 하였다. 체들리츠는 그를 대학에서 근무하는 여러 사람들에게 소개시켰으며, 특히 나중에「베를린 월간지」(Berlinische Monatsschrift)의 편집인이 되었을 때, 자신의 개인비서 비스터(Dr. Biester)를 통해 그가 여러 유명인사들과 교분을 맺을 수 있게 지시하였다(크라우스가 1779년 3월 2일 칸트에게 보낸 편지). 헤르츠도 자신의 첫번째 성과에 대한 흥분 상태가 가라앉지 않은 1779년 4월 심리학에 대한 새로운 강의를 시작하였다. 같은 해 4월 11일 비스터가 칸트에게 보낸 편지에 "우리의 장관님은 한 시간도" 빠지지 않았다고 쓰고 있다. "때때로 그는 크라우스에게도 철학적인 대화를 나누자고 부탁하기도 하였습니다. (헤르츠와 크라우스) 이 두 사람의 그늘 아래에서 우리는 당신의 위대함을 다시 한 번 생각합니다." 이런 입장에서 본다면, 2년 후에 칸트가 그의 순수 이성 비판을 체들리츠에게 헌정하면서, 그를 "단순한 학문의 애호가일 뿐 아니라 명철한 지식인"으로 표현하고 있는 것은 결코 공치사도 아니며, 그의 비위를 맞추기 위한 아부의 말도 아닌, 칸트의 내면에서 우러나온 진심이라는 것을 우리는 쉽게 알 수 있다.

이제 여기서 우리는 다시 베를린에서 쾨니히스베르크로 방향을 바꾸어 보기로 하자. 칸트가 교수로 초빙되자 마치 기다렸다는 듯이 대학의 주요 부서장과 직책은 모두 그에게 돌아왔다. 그는 1776년 여름학기에 처음으로 철학부의 학장자리에 임명되었다. 그 후 그는 무려 다섯 번이나 그 직책을 수행해야 했다. 56세인 1780년 칸트는 타계한 동료교수 크리스티아니의 뒤를 이어서 대학의 평의원이 되었다. 물론 보직수당도 받았는데, 그 액수는 27탈러 75그로센 10페니히였다. 이 "보직수당"을 합친 그의 연봉은 236탈러 76그로센에 불과하였다. (이 연봉에 관해서는 나중에 바르다가「구프로이센 월간지」XXXVIII. 412에서 세목별로 잘 표기하였다.) 어찌되었건 평의원 직책수당으로 인하여 "논리학과 형이상학을 담당하는 칸트 교수는 보다 많은 수입이 보장되었다"는 왕실의 칙령이 1780

년 8월 11일 수여되었다. 이 모든 것이 대학의 수입으로 잡히게 되었다. 다시 우리는 그의 강의에 대해서 알아보기로 하자.

2. 강의(Vorlesungen)

이 시기에 칸트가 한 강의는 아르놀트의 기록에 상세하게 잘 나와 있다. 1770년 5월 26일 베를린에서 내려온 "지침"에 의하면 "문헌학과 기타 다른 학문도 철학과 마찬가지로 철학부에서 수업을 담당하게" 하였고, "그리고 그에 따른 모든 규정과 절차는 대학에 일임"하고 있다. 이러한 규정을 모든 신입생이 알고 있도록 인쇄물로 작성하여 나누어주게 하였다. 이렇게 함으로써 이미 철학에 대한 취미가 있는 사람에게는 진정한 철학적인 정신이 무엇인지 직접 찾게 하였다: "진정한 철학이란 일종의 숙련과 같은 것이다. 철학 자체는 어떤 종파의 사상이나 본성에 대한 연구에 있어 어떠한 선입견도 가질 필요가 없을 뿐만 아니라 그것에 집착할 필요도 없다." 동시에 모든 학부의 전공을 위해서 각 전공에 관계하고 있는 철학적인 학설에 대한 교육이 필연적임이 증명되었다. 일반적으로 칸트는 그가 교수로 초빙되기 전에 강의한 과목을 계속해서 강의하였다. 1770/71년 겨울학기에 그는 예외적으로 일주일에 4시간짜리 광물학에 대한 강의를 하였다. 1770년 1월 21일 교육부서의 훈령에 의하면, "광산업의 확장을 위해" 자연과학을 "역사적인 것과 실재적인 것으로" 나누어 가르쳐야 된다고 명시함으로써, 자연과학의 세분을 공공연하게 유도하고 있다. 이러한 훈령에 대해서 광산이 없는 동프로이센에도 이 과목을 신설한다는 것은 적절한 조처가 아니라고 대학의 입장을 표명하였다. 당시 우리의 철학자 칸트가 이러한 훈령과 관계하여 광물학에 대한 강의를 한 것은, 우리가 앞에서 본 것과 같이 그가 당시 상업고문관이었던 자투르구스의 집에 있는 광석 박물관에서 잠시 일한 것과 관계가 있었을 것이다.

그러나 전체적으로 봤을 때, 그의 강의 시간은 그가 교수에 초빙되기 전에 비해서 약간 줄었다. 이것은 그의 젊은 친구인 동시에 베를린에서 의학을 공부하는 헤르츠의 충고와 부탁을 받아들인 것으로 보인다: "당신은 당신의 강의에 대한 중압감에서 벗어나는 것이 정말로 불가능한 것입니까? 당신은 오후 반나절이라도 강의와 관계없는 책을 읽으면서 강의에 대한 긴장에서 벗어날 수는 없겠습니까? 강의의 중압감이 당신의 건강을 해치는 원인이라고 저는 판단합니다. 물론 쾨니히스베르크 대학교에서는 아침부터 저녁까지 열심히 강의하는 사람들이 많이 있습니다. 그러나 그들은 당신처럼 그들의 체력에 대해서 한탄하는 사람들은 없습니다." 그러나 칸트는 여전히 일주일에 평균 14시간 정도의 강의를 하였다. 이 시간은 오늘날 독일 철학 교수들이 강의하는 평균시간보다 훨씬 많은 시간이었다. 그리고 그는 여름학기뿐 아니라 겨울학기까지도 이른 아침 시간을 이용하였는데, 특히 아침 7시에서 9시까지 꼭 강의를 하였다. 때때로 이 시간에 강의를 하지 않은 학기도 있었는데, 예를 들자면 1773년 여름학기에는 이 시간 강의를 피했다. 그는 졸업시험을 보기 위한 학생들과 복습하고자 하는 학생들을 위해서 거의 규칙적으로 시간을 할애하였는데, 대부분 수요일과 토요일 오전 7시에서 8시까지 이들을 위한 수업을 하였다.

　칸트는 1774년 여름학기에 처음으로 자연종교학에 대한 강의를 하였다. 그리고 1776/77년 겨울학기에는 교육학을 처음으로 강의하였다. 같은 학기 칸트는 나중에 다른 관점에서 연구한 바제도브의 방법론을 특징적으로 서술하면서 강의하였다. 대학평의회에서는 "지금의 학사과정을 개선"해야겠다고 제의하였고, 이 제안이 받아들여져 1774년 정부에서는 교과과정을 "철학 교수"가 강의하게 규칙을 정하여 하달하였다. 이 규칙에 따라서 1780년 칸트에게 그 순서가 돌아왔다. 당시 그는 보크(Bock)의 "종교적인 부모와 장래의 젊은 선생을 위해서 사용될 예술교육의 지침서"(Lehrbuch der Erziehungskunst zum Gebrauch für christliche Eltern und künftige Jugendlehrer)에 관한 개론을 강의하였다. 뿐만 아니라 평의원으로서 칸트는 학교발전을 위한 업무도 담당하게 되었다. 더욱이 그는 왕과 정부에 대해 반대입장을 표명하였다. 특히 정부에서는 강의의 일부분이나 복습을 위한 강의(Repetitorien)에서는 최소한 라틴어를 사용하라고 다시 한 번 간절히 요구하였다. 그러나 이것에 대해서 총장과 평의원회에서는 여유를 갖고 대처하였다. 이러한 정부의 노력은 1781년 10월 1일자 칸트가 서명한 상세한 서류에 의하면 아무런 성과가 없음이 증명되었다. 뿐만 아니라 이러한 라틴어에 대한 논쟁은 1년 전에 이미 옛 이야기가 되어버린 사건의 재판에 불과한 것이다. 대학교의 입장에서 볼 때 독일어만으로도 확실하게 인식할 수 있는 문제를 라틴어에 우선권을 인정하는 정부의 이러한 간섭은 "지나친 독재"라고 판단하여 감정적으로 정부의 요구에 용감하게 맞섰다.[4]

형이상학에 대한 칸트의 강의는 무려 10년간이나 계속되었다. 사실 이 강의와 그의 학문의 발전은 비례하고 있다. 이런 사실에 대해서 그는 1778년 8월 28일 (형이상학 강의록 사본을 원한) 헤르츠에게 다음과 같이 서술하고 있다: "이미 작성된 원고에서만 생각을 이끌어 내려고 한다면, 명석한 두뇌를 무디게 하는 것입니다." 동시에 이러한 원고는 "내가 이전에 확고하게 정의 내리던 개념들과 아주 다르다는 것을 알 수 있습니다." 그리고 그의 청강생들에 대해서도 같은 상황이 일어나고 있다고 주장하였다. 물론 이러한 상황은 오늘날에도 마찬가지인 것이다: "나의 청강생 중 어떤 사람들은 아주 훌륭한 능력을 소유하고 있어서 모든 것을 아주 잘 이해합니다. 그들은 아주 적은 부분까지도 중요한 점을 잘 정리할 수 있고, 이것을 나중에 다시 한 번 사고할 수 있게 아주 상세하게 필기하고 있습니다." 반면에 "아주 많은 양을 받아 적은" 다른 청강생들

---

4) 이 두 가지 흥미 있는 사건은 쉰되르퍼가 편집한 아르놀트의 전집 3권 259~262면에 잘 나타나 있다.

은 무엇이 중요한 것이며, 또 무엇이 중요하지 않은 것인지 구별하지 못하는 경우가 많습니다. 그리고 그들은 "올바르게 이해하고자 노력하지만 결코 그렇지 못하고, 이해되지 않은 무게에 눌려 있기 마련입니다"(칸트가 1778년 10월 20일 헤르츠에게 보낸 편지). 1775년 여름학기부터 칸트 강의에 등록한 수강생의 수를 대학교 서류에서 찾아볼 수 있다. 이 기록에 따르면 1775년부터 1780년까지 약 5년간 칸트의 강의를 수강한 수강생의 수는 대체로 계속 증가하고 있다. 1775년 논리학 강의의 수강생은 45명이었지만 1776에는 60명, 1777년과 1778년에는 50명, 1779년에는 70명 그리고 1780년에는 무려 100명의 수강생이 등록함으로써 최고를 기록하였다. 물론 이러한 기록은 1780년대에도 두 번 정도 더 있었다. 형이상학의 경우에는 논리학보다는 적은 수의 수강생이 그의 강의를 들은 것으로 나타나고 있다: 1775/76년 겨울학기에는 30명, 1777/78과 1778/79년 겨울학기에는 60명 그리고 1780/81년 겨울학기에는 70명의 수강생이 그의 강의에 등록을 하였다. 눈에 띄게 적은 청강생이 수강한 과목과 수강생수는 다음과 같다: 물리지리학의 경우 1774년에는 42명, 1776년 24명, 1777년 49명, 1780년 54명 그리고 1781년에는 56명이 수강하였고, 인류학의 경우에는 1775/76년 겨울학기부터 5년 연속 겨울학기마다 개설하였지만, 33명, 41명, 29명, 55명 그리고 38명만이 수강한 것으로 나타나고 있다. 아마도 이런 현상은 의무 강의에 따른 단점으로 지적될 수 있을 것이다. 왜냐하면 의무 강의의 경우에는 공식적으로 수강생의 수를 기술할 필요가 없었기 때문이다. 아마도 위에서 얘기된 물리지리학과 인류학 강의 시간에 직업과 계급이 다른 많은 성인 남자들이 수강한 것으로 보인다. 이들 수강생 중에서 대학의 서류에 나타나 있는 수는 단지 학생들만의 수를 계산하였을 것이다.

당시에 많은 외부인들은 유명인사의 강의만을 찾아다니면서 청강하는 경우가 많았는데, 이미 유명해진 칸트의 강의에도 이런 외부인이 많이 청

강하였다. 좋은 예로 멘델스존도 잠시 쾨니히스베르크에 머문 적이 있었
는데, 그 역시 1777년 8월 18일 칸트의 철학강의를 두 시간 청강하였다.
이틀 후에 칸트는 이 사실을 칸트의 친구일 뿐 아니라 멘델스존의 친구
이기도 한 헤르츠에게 다음과 같이 설명하였다: "그저께 그는 나의 강의
를 두 시간이나 듣고 나서 나에게 경의를 표했다. 그러나 나로서는 아무
런 준비 없이 그렇게 당당하게 나의 강의에 들어와 앉아 있는 그를 어떻
게 설명해야 할지 모르겠다." 그러나 곧 방학이 시작되었기 때문에, 그는
그 시간에 얘기된 많은 부분을 주어진 자료들과 함께 개괄적으로 연결시
켜 다시 한 번 정리하여야 할 것이다.

　그의 일반 강의에 대해서 마지막으로 한 가지만 더 설명하겠다. 이 시
기에 관한 얘기를 끝내며 네덜란드 출신인 디르크 판 호겐도르프(Dirk
van Hogendorp)에 관한 얘기를 하겠다. 그는 당시 20살의 프로이센 군인
으로 계급은 중위였으며, 쾨니히스베르크에서 근무하고 있었다. 그는 특
히 칸트의 인류학 강의에 매료되어 있었으며, 1887년 불어로 출판한 그의
회상록에서 당시를 다음과 같이 서술하고 있다: "나는 이 위대한 철학자
의 철학체계를 말로 표현할 수 없다. 단지 몇 명의 사람만이 완전히 그를
이해하고 있었다. 내가 몇 가지 경험으로 확신할 수 있는 것은 그 스스로
분명한 확실성을 갖고 그의 강의를 통해서 단편적인 지식을 융합시켜 나
갔다는 것이다. 그리고 쉽게 이해할 수 있는 표현들에 대해서는 거의 설
명을 하지 않았다. 가끔씩 이러한 설명을 그에게 요구하였을 때, 항상 그
는 우리가 생각할 수 있는 모든 가능성을 다 동원하여 친절하게 설명해
주었다." 그리고 계속해서 다음과 같이 회상하였다: "나는 그에게 내가
그의 강의를 공식적으로 청강할 수 있게 청하였다. 그리고 그의 충고를
받아들여 나는 그의 인류학 강의를 청강하였다. 그 강의를 통해서 나중에
나는 다른 사람들과의 관계를 보다 쉽게 할 수 있는 확실한 이치를 터득
하였다. 그리고 나는 다행스럽게도 이러한 것을 내가 여러 차례 적용함으

로써 인간관계의 정당성을 확인하였다." 그러나 칸트의 인류학 강의는 완전히 철학자의 입장에서 이루어졌다. 그가 1778년 헤르츠에게 서신으로 설명한 것처럼, 그는 이 강의를 통해서 인간적인 성질의 "가장 기본적인" 것에 관한 것이나 혹은 "나의(칸트) 입장에서 볼 때 영원히 해결될 수 없는 문제인 사고와 인간의 기관이 어떻게 관계를 맺고 있는가" 하는 문제를 밝히고자 하는 것이 아니라, "도덕적인 것의 원천 또는 인간의 재주 및 사교의 원천 그리고 방법론의 원천이 인간에게는 어떻게 형성되어 있으며 지배하는가 하는 문제, 즉 인간에 있어서 실질적인 문제를 다루고자 하였다." 이런 입장에서 칸트가 그의 강의를 진행했다면, 그의 청강생들은 처음부터 끝까지 결코 지루하지 않고, 오히려 아주 좋은 환담의 기회를 가졌을 것이다. 즉 그의 개인적인 소견과 그들 개개인의 경험이 일치했던 것이다. 인류학과 물리지리학은 "상식적인 지식을 갖게 하였다."

이렇게 많은 강의에 반해서 이 시기에는 그가 맡은 보직인 학장이나 혹은 우리가 나중에 얘기할 학위취득 논문의 공적인 반대 논쟁자로서의 활동은 두드러지지만 저술활동은 현저하게 뒤떨어지고 있다.

3. 저술(Schriften)

1770년 칸트의 학위논문이 출판되고 나서 순수 이성 비판이 출판될 때까지 만 11년 동안 칸트는 단지 몇 편의 논문만을 발표하였다. 이 시기에 그는 무엇보다도 여유를 갖고 한가로운 생활을 하였고, 나머지 시간은 그가 기분이 울적할 때마다 찾아가는 친구들에게 편지를 통해서 자주 설명한 것처럼 비판철학의 주저를 위해서 시간을 보냈다: "지금 연구하고 있는 것을 완성하기에는 최소한 12년은 걸릴 것 같습니다." 이 완성품은 1780년 여름학기 4~5개월 사이에 탈고되었다. 이 완성품은 "작은 분량의 단행본" 내지 "얇은 소책자" 정도로 예상되었는데, 그것이 갑자기 무려

856면에 달하는 거대한 저서로 부풀어올랐다. 칸트의 비판철학 중 가장 기본적인 저술인 이 책의 출판에 대한 많은 에피소드는 여기서 다 설명할 수가 없다. 즉 한마디로 설명할 수 없다. 이 책의 초판 출판에 관해서는 에르드만이 칸트의 아카데미판 제4권 서문에서(569~587면) 서술하고 있으며, 나(포르랜더) 역시 내가 편찬한 책(할레에 있는 헨델출판사에서 1899년에 편찬됨)의 서문에서(VI~X면) 이 날짜에 대해서 기록하고 있다. 이 책의 날짜에 대해서 가장 상세한 것은 역시 아르놀트가 저술한 《칸트 연구 분야에 대한 비판적 이론》(*Kritische Exkurse im Gebiete der Kantforschung*) 99~189면에 잘 나타나 있다.

칸트는 자신의 사고 체계가 완전하게 성숙되기 전에는 자신이 그렇게 오랫동안 준비하고 계획하였을 뿐 아니라, 그의 침묵에 대해서 강한 호기심과 기대를 갖고 있는 학회의 염려 따위는 아랑곳하지 않고 발표를 계속 연기하고 있었던 것이다. 특히 저서의 발표 직전에 칸트는 자신의 저서가 모든 사람들에게 공개되었을 때, 누구보다도 자신에 대해서 혹시나 자신의 사고가 완전한 부정은 아니라고 할지라도 철학적인 측면에서 아직은 덜 발효된 상태가 아닌가 하는 강한 의구심을 제기하였다. 그래서 그는 먼저 철학의 영역이 아닌 다른 영역에서 몇 편의 소 논문을 발표하였다. 첫번째 논문에서 그는 자연과학의 내용을 담았고, 그 외 두 편의 논문에서는 교육학에 대한 내용을 담고 있다.

1771년 8월 23일 칸트는 「쾨니히스베르크 학자·정치가 신문」에 이탈리아의 해부학자 모스카티(Moscati)의 저서 《동물과 인간의 구조 사이에 있어서 확실하게 다른 육체에 대해서》(*Von dem körperlichen wesentlichen Unterschiede zwischen der Structur der Tiere und Menschen*, 베크만 [Beckmann]에 의해서 괴팅겐에서 번역됨)에 대한 서평을 (익명으로) 실었다. 모스카티가 그의 저서에서 주장하고자 한 것은, 인간의 직립 보행은 부자연스러운 것이며, 인간은 동물보다 많은 단점을 갖고 있다는 것이다. 특히 병에 대해서는 더욱 많은 약점을 가지고 있는 것이 인간이라는 것이다. 칸트가 그 책에 대한 비평에서 주장하고자 한 것은 모스카티의 역설적인 사고에 대해서 칸트 자신이 아주 만족한다는 것이었다. 왜냐하면 "사고와 어쩌면 항상 새로운 것이라고 할 수 있는 탁월한 생각에서 나온 일반적인 개념들은 그의 정신적 자극을 요구하였기 때문"이라고 (크라우스는 주장한다). 그 외에도 날카로운 분석을 통해서 거의 확실한 주장을 한 "이탈리아 저자"의 역설은 그에게 목적론적인 사고와 함께 진화론적인 결론을 이끌어 내는 동기를 부여하였다: 먼저 자연은 그의 방법에 따라서 동물로서 인간을 가장 적절하게 네 발로 걸어다닐 수 있도록 돌본다. 그러나 인간 속에 내재해 있는 이성의 씨앗이 움트기 시작하면서, 이성이 인간으로 하여금 공동체를 구성하게 한다. 그래서 인간은 "이것에 대해서 가장 숙련된" 자세를 갖게 되는 것이다. 즉 두 발로 직립 보행을 하게 되는 것이다. 우리의 철학자 칸트는 아주 우화적으로 결론을 내리고 있다. 즉 "그는 그의 옛 동료들로부터 그렇게 자랑스러워하는 것에서 탈피하는 부자유스러움을 참아 내야만 할 것이다."

1775년 부활절을 기하여 칸트는 마지막으로 그의 강의에 대한 개요를 발표하였는데, 그것은 물리지리학에 대한 것이었다. 칸트는 이 글을 4절지 12면 분량으로 요약하였는데, 나중에 엥엘(Joh. Jak. Engel)이[5] (1777년 라이프치히)에서 발표한 그의 저서 《세계의 철학자》(*Philosoph für die Welt*) 125~164면에서 다시 편집하여 발표하였다. 이 글은 인간의 여러 가

---

5) 엥엘은 베를린에 있는 요아힘슈탈 김나지움(Das Joachimstalsche Gymnasium)의 교수로서 비스터와 함께 칸트의 입장을 따르는 베를린의 계몽주의자였다. 그리고 한 가지 특이한 것은 칸트가 엥엘에게 보낸 편지 서두에서 《세계의 철학자》에 관해서는 "별다른 이야기"를 하지 않았지만, 그를 1770년대에 있어서 뛰어난 천재라고 분명하게 기술하고 있다. 이 계몽주의자들은 언어정화, 순박성 그리고 분위기 쇄신 등에 관한 모델을 제시함으로써 당시 몰락의 위기를 걷고 있던 독일의 진정한 정신문화를 구현하고자 노력하였다(칸트가 엥엘에게 보낸 1779년 7월 4일자 편지).

지 다른 변종에 대해서 취급하고 있으며, "보다 심도 있는 연구"를 통해서 "유익한 연구대상이" 될 것을 바라고 있었다. 지금의 입장이 학문으로 정립되기 위해서는 오래 전부터 확립된 개개의 학문에 대해서 먼저 살펴보아야 한다. 철학적 흥미로 볼 때, 모든 살아 있는 생명체로 보이는 새로운 종류는 "같은 종에서 변종되고 퇴화된 종뿐이다. 이러한 종의 맹아와 자연적인 성향은 오랜 기간 동안 머물러 있다가 단지 우연한 기회에 의해 여러 가지 다른 방식으로 나타나는 것이다." 물론 "우연적인 것이나 혹은 일반적으로 기계적인 법칙들"은 결코 합목적성을 가질 수 없으며, 유기체적인 신체를 창출해내는 것 또한 어려운 것이지만, 오히려 "특별한 맹아나 혹은 자연적인 성향"으로써 유기체적인 피조물로 "나타나는" 것이다. 왜냐하면 "외견상 나타나는 사물들은 아주 우연한 원인에 의해서 생겨나지만, 필연적으로 유전된다거나, 누구를 닮았다는 식의 창출된 원인은 아니기 때문이다." 칸트는 현재의 입장에서 볼 때, 거의 잘못된 박물학을[6] 우리에게 전해주고 있다. 그는 단지 외적으로 나타나는 것만을 기술하는 것이 박물학이라고 보았다. 여기서 그는 박물학의 발달에 대해 잘못된 근거를 제시하고 있지만, 점차적으로 박물학은 "하나의 독립된 학문이 되어야 한다는 생각으로 확고하게 인식을 굳혔다"(아카데미 판 II권, 443면과 434면 주 참조). 이러한 자연철학과 함께 역사철학에 대한 칸트의 관점 또한 간과할 수 없다. 즉 "선과 악의 혼합에 아주 중요한 동기가 놓여 있는 것이다. 이 동기란 인간성의 잠재적인 힘을 불러내어 이

---

6) 출판업자 브라이트코프(Breitkopf)는 칸트가 박물학에 대해서, 혹은 최소한 박물학의 일부분이라도 출판해 주기를 원했다. 이 부탁에 대해서 칸트는 "급히 처리해야 할 아주 다른 종류의 일로 너무나 바빠" 응할 수 없다고 즉각적으로 대처하였다. 뿐만 아니라 박물학은 자신의 "전공 영역"이 아니고, 단지 일종의 "외도"에 불과하다고 설명하였다. 그러나 칸트는 나중에 박물학이 무엇인가에 관한 자신의 생각을 "일반적으로" 아주 간략하게 설명해 주었다(브라이트코프가 칸트에게 보낸 1778년 3월 21일자 편지에 대한 같은 해 4월 1일 칸트가 보낸 답장에서).

용하는 것이다. 이러한 인간의 능력을 모두 발달시키고 최대한으로 완전성에 이르도록 의견을 좁히는 것이다." 이러한 생각은 사실 나중에 씌어진 그의 목적론적 판단력 비판 내지 1780년대 중반에 씌어진 역사철학에 대한 그의 몇 편의 논문들의 기초가 되었으며, 이를 바탕으로 그의 목적론적 입장이나 역사철학에 대한 사고의 발전을 이루는 계기가 된 것이다.

　이러한 박물학에 관한 내용을 발표하고 얼마 지나지 않아.[7] 칸트는 인식 문제를 위한 지나친 과소 평가가 아닌 감성적인 직관의 발달에 관한 내용을 1777년 2월 28일 라틴어로 발표하였다. 시학을 담당하다 죽은 린드너 교수의 후임자를 정하기 위한 논문발표에 당시 쾨니히스베르크 김나지움의 선생이었던 크로이츠펠트(Kreutzfeld)가 참여하였다 칸트는 철학부의 동료 교수 중에서 공식 "토론자"로 지정되어 위의 논문을 발표하게 된 것이었다. 크로이츠펠트는 그의 "시문학에 대한" 논문 "시적인 허구성의 보다 일반적인 법칙들에 대해서"(Über allgemeineren Grundsätze der dichterischen Fiktionen)를 방어해야만 하였다. 사물의 본성에 대해서 보다 자유롭고 기지에 넘치는 사고를 체계적으로 설명하고 있는 그의 마지막 연설은 칸트와 시에 대한 인간 인식의 문제를 흥미 있게 표현하고 있다. 우리는 그의 시 속에 특히 다음과 같은 해학적인 사상이 두드러지게 나타나고 있음을 잘 알 수 있다: 그가 사용한 개념들 중에서 두드러지게 나타나는 근본 개념의 의미나 매력은 시작의 숭고성, 시인과 철학자 사이의 차이점 그리고 자연적인 사랑과 시적인 사랑, 시와 논리학 간의 순수한 구별 그리고 논리학의 과제 등과 같은 것에서 나타난 사고와 시의 근본요소로서 가상 혹은 환상이다.

　1770년대에 씌어진 마지막 두 편의 문학에 대한 칸트의 발표는 그의

---

7) 칸트의 라틴어 원고는 바르다가 「구프로이센 월간지」 47호 662~670면에 게재하였고, 이를 슈미트(B. A. Schmidt)가 Kantstudien XVI권 5~21면에서 약간의 주석과 함께 번역하여 실었다.

시대에 있어서 활발하게 이루어지고 있던 교육 개혁에 대한 노력에 생동력을 더 불러일으켰다. 루소와 코메니우스(Comenius)에 심취한 바제도브는 1774년에 데사우에서 그곳 제후의 후원으로 새로운 칙령에 따른 교육 기관인 범애교(汎愛校, Philanthropin)를 설립하였다. 물론 우리의 철학자 칸트도 이 학교의 중요한 협력자로 활동하였다. 1776년 5월 28일 칸트는 이 연구기관의 실질적인 책임자인 볼케(Wolke)에게 만 6살은 되지 않았지만, 학교에서 실시하는 모든 원칙을 완전히 지킬 수 있는 그의 친구 모터비의 아들을 입학시켜도 되는지에 대해서 문의하였다. 그가 당시의 교육에 대해서 보고한 것은 우리에게는 아주 흥미롭다. 왜냐하면 이 보고서는 충고가 아니라 오히려 칸트의 입장에서 얘기되었기 때문이다: "지금까지 시도된 교육은 매우 부정적으로 이루어지고 있었다. 나의 견해로는 많은 사람들이 그의 교육에 대한 연륜만이 가장 좋은 것이라고 믿고 있었다. 교육을 맡고 있는 동안 인간의 본성과 상식들은 아무런 의심도 없이 계속 발달되었고, 잘못 제시된 상식과 성질의 방향은 모두 저지되었다. 그는 어떤 누구에게도 수고를 끼치지 않고 자유로이 교육을 받았다. 그는 어떤 것도 강하게 다루지 않고, 늘 온유하고 유순하게 다루었다." 거짓말을 방지하기 위한 수단으로 그는 누군가가 "그에게 너무나 어리석은 잘못을 저질렀을 때, 오히려 그가 사고하는 것으로, 즉 정직의 법칙으로 자신의 입장을 바꿈으로써" 무마시키곤 하였다. "범애교 정신에 따른 그의 종교는 그의 아버지 사고방식과 전적으로 일치하고 있다. 그는 나이가 들수록 그리고 오성이 점점 성숙할수록 신앙적인 행동의 직접적인 연관성에 대해서는 알지 못하지만, 단지 매일같이 신에 대한 경외심과 양심적인 삶이 신앙적인 행위 전체이며, 생활에 활력소를 주는 신의 계율로보고, 그의 의무를 수행할 뿐이다. 이런 행위에 대한 가치를 알고 난 후그는 신에 대한 참된 인식을 알고자 절실히 희망하였다." [그러므로 칸트는 《신존재 증명 가능성의 유일한 증명 근거》에서 이러한 것에 대해 잘 다루고 있다.] 그러나 어린 게오르크는 "신앙적인 행동이 무엇인지 모르고 있다."

칸트의 이 편지에 조그마한 "쪽지" 한 장이 끼워져 있었는데, 이것은 "그 당시 그 지역의 왕족연구원이 얼마나 위력이 있었는지에 대한 확실한 증거자료가 되고 있다." 이 내용은 1776년 3월 28일자 「쾨니히스베르크 학자 · 정치가 신문」에 익명으로 실렸지만, 지금까지 알려진 사실은 그것이 칸트의 열렬한 범애교적 노력으로 바제도브가 편찬한 「박애주의 논문집」(Philanthropinischer Archiv) 창간호에 게재되었다는 것이다. "이것은 좋든 싫든 세기(世紀)의 시작과 함께 꽃을 피우고 있다"는 말로 서두를 장식하고 있다. "즉 자연스러울 뿐 아니라 서민들의 목적에 알맞은 실재적이고 적당한 교육기관"이 현실적으로 있다. 그리고 그것으로 우리는 "완전히 새로운 사물의 질서를 잡을 수 있다." 그러므로 이것은 모든 박애주의자의 의무이다. 이러한 의무는 근원부터 보다 더 온화하게 가꾸고 보호되어져야 한다. 5월 13일 연구소의 모든 분야뿐 아니라 생도, 그리고 무엇보다도 교사후보자에 대한 공적인 검열이 실시되었다. 이 검열은 무엇보다도 짧은 시간 안에 좋은 학생들을 확보하기 위해 실시되었다. 그러나 그때까지만 해도 모든 가정교사와 선생님들도 그들에게 위탁된 젊은이에 대한 가르침이 마치 개인의 고유한 가르침인 것처럼 바제도브의 저서나 교과서에 따라 철저하게 수업하고 있었다.

칸트는 6월 19일 바제도브에게 어린 모터비가 그의 아버지와 함께 여행할 준비가 되었다고 연락하였다. 어린 모터비의 아버지는 "그의 아들이 범애교를 벗어나는 것에 관심이 없었다." 칸트는 7월 7일로 예정된 8월의 연설을 기다리고 있었다. 이 보고는 칸트와 쾨니히스베르크에서 만찬을 함께 한 회원들에게 약속된 것으로, 칸트에게 있어서는 범애교와 직접적인 관련이 있는 아주 중요한 보고였다. 모든 것은 순조롭게 잘 이루어졌다. 그러나 안타깝게도 공개 채용시험에 응시하기로 예정되어 있던 빌란

트(Wylandt)와 괴테가 참석하지 못한다는 연락을 바이마르에서 보내 왔
다. 왜냐하면 바이마르에 살던 한 공작의 병환이 심했으며, "빌란트와 괴
테만이" 그의 도움을 받고 있었기 때문이다. 범애교의 새로운 선생님이
되기 위해서 이 공개 채용시험에 응시했던 능력 있는 범애교 출신 학생
들이 많이 탈락하였다. 그리고 늘 문제가 된 것은 학교를 계속 운영할 경
비였다. 당시 상업고문관이었던 파렌하이트(Fahrenheid)는 칸트에게 5명
의 학생을 받아줄 것을 부탁하였고, 대신에 칸트는 그에게 몇 천 탈러를
모금해 줄 것을 요청하였다. 그리고 최후의 수단으로 우리의 철학자는 당
시 부유한 쾨니히스베르크의 거상을 찾아다니며 최소한 "교육학을 전공
하고자 원하는 학생이 데사우에서 공부할 수 있게" 얼마를 기부해 줄 것
을 호소하였다. 이러한 칸트의 노력에도 불구하고 바제도브의 후임으로
범애교의 연구소를 인수받은 캄페(Campe)도 경제적인 어려움을 해결하
고자 노력해야만 하였다. 1777년 3월 27일 칸트는 범애교에 대한 두 번째
글을 쾨니히스베르크 신문에 발표하였다. 투고자가 칸트로 표시된 이 글
은 "데사우의 교육기관"을 위해 좋은 반응을 불러일으켰다. 그리고 그는
"이 기관을 한 개인의 인간성뿐 아니라 모든 세계시민의 참여를 위해 바
친다"고 하였다. 그러나 학교의 사정이 점차적으로 좋아질 것이라는 생각
은 단지 헛된 기대에 불과하였다. "세계시민들이 무엇인가 좋은 것을 산
출하려면, 그들 스스로 바뀌어야만 한다. 왜냐하면 그들의 근원적인 계획
이 잘못되었으며, 선생들은 그들 스스로 새로운 교육을 인정하고 수용해
야 하기 때문이다. 이러한 변형은 천천히 이루어져서는 안 되며, 마치 혁
명처럼 빠르게 진행되어야 성취될 수 있는 것이다." 그리고 다음으로 필
요한 것은, 새로운 교육방법을 구현하는 이와 같은 학교를 모든 전문가들
은 관심을 갖고 관찰해야 하며, 그리고 모든 박애주의자들은 학생들의 입
학을 적극적으로 추천해야 한다는 것이다. 물론 이와 같은 노력 그 자체
가 이미 잘못된 것임에도 불구하고 "오랜 관습으로 그 잘못을 계속 지키

려는" 사람들의 기득권만 강화되었다. 이러한 결점을 칸트는 처음부터 범애교를 통해서 떨쳐버리고자 하였다. 그러나 "현재 정부는 학교를 개혁하기 위해 필요한 돈이 없는 것으로 보이기" 때문에, 개인적으로 아량이 넓은 후원자와 결연을 맺게 하는 것이 최선의 방법이었다. 우선 바제도브와 캄페가 편집하였던 잡지 「교육상담」(Pädagogische Unterhaltungen)에 대한 후원금을 상향조정하여 지원해 주길 원했다. 이를 위해서 칸터 서점 외에도 "칸트 교수에게 직접 오전 10시부터 오후 1시 사이에" 이 잡지를 예약할 수 있게 하였다. 이러한 칸트의 논술형 호소문은 칸트의 이름으로 「교육상담」 특별호에 게재되었다.

그러나 이러한 칸트의 호소도 아무런 효과를 얻지 못했다. 10명의 쾨니히스베르크 사람과 15명의 리투아니아 사람, 이렇게 모두 25명만 잡지를 예약했을 뿐이다. 그 외에도 이 교육기관은 쾨니히스베르크의 지방 종교 단체와 많은 부분에서 마찰을 일으켰다. (1777년 8월 26일자 칸트가 캄페에게 보낸 내용을 보면) 현재 일어나고 있는 "일반적인 소용돌이"는 "현 체제"에 그 원인이 있다고 보기 때문에, 지방 종교 단체에서는 그들 편에 서 있는 쾨니히스베르크 사람이 범애교의 대표자로 선정되면, 그 대표자가 모든 문제를 잘 해결할 수 있을 것이며, 무엇보다 좋은 방향으로 나아갈 것이라고 믿고 있었다. 그리고 교육의 실효성보다 교육 그 자체에 의미를 두고 있는 몇몇의 변덕스러운 사람들은 그들의 자식을 자퇴시키기도 한다는 것이다. 그 사이 칸트는 다른 방법으로 구조 조정을 위해서 노력하였다. 칸트는 그와 친분이 있지만, 투병중인 자신의 제자 레게(F. W. Regge)를 파직시켰다. 레게는 범애교의 선생이었을 뿐 아니라 학교를 위해서 잡지의 예약을 받기 위해 뛰어다니기도 하였다. 안타깝게도 그는 몇 년 후에 죽고 말았다. 그러나 교육당국에서는 이런 일련의 일들을 한 칸트에게 무척 감사해하고 있었다. 범애교 선생님 중의 한 분이었던 에르만(Ehrmann)은 두 통의 편지로 칸트에게 감사해하고 있다. 그리고 캄페는 1777년 가을 범애교의 교장직이라는 업무와 근심을 벗는 자리인 퇴임식에서 칸트에게 감사하였다. 이때 칸트는 그에게 자신의 힘이 닿는 데까지 최선을 다하여 완전히 범애교를 복구하겠다고 약속하였다. 드디어 범애교를 위해서도 좋은 시기가 다가왔다. 오랫동안 공석이었던 동서프로이센 구교의 주교와 신교의 교구장이 임명되어 왔기 때문이다. 당시 프로이센의 교육부는 이미 자유주의의 영향 아래에 놓여 있었기 때문에, 베를린에 있는 캄페의 친구 중 한 사람이 범애교의 교장 초빙에 관한 서류를 제출하면서 (교육담당)장관에게 잘 보이기 위해서 어떤 행동도 할 필요가 없었다. 그리고 일반 시민들은 유명하고 사랑받는 교장을 모시게 된 것에 "아주 만족"해하였다. 그러나 범애교를 위해서 캄페의 퇴직을 잠시 연기해 줄 것을 바라는 편지를 칸트는 캄페에게 1777년 10월 31일자로 발송하였다. 캄페는 칸트의 이와 같은 "사랑에 가득 찬 청원에" 매우 고맙게 생각하면서도, 데사우에서 일어나고 있는 "정신과 물질의 큰 쇠퇴"를 통하여 어떤 새롭고도 거대한 조직을 책임지는 것보다는 개인의 생활에 충실하는 것이 좋다고 판단하고 몇몇의 학생을 가르치기 위해서 함부르크로 돌아가야겠다고 생각하였다(편지교환 I. 209~211). 그러나 그는 우리가 앞에서 본 것과 같이 15년 후에 다시 지원하였다.

캄페가 완전히 퇴임하였음에도 불구하고 칸트에게는 그의 결정이 충격적인 사건으로 오랫동안 남아 있었다. 그러나 1778년 8월 4일 "이 사건에 협력한 사람들이 바라는 모든 희망의 마지막 정착지라는 생각만으로도 가슴이 설레인다"며, 칸트는 볼케에게 편지를 보냈다. 그리고 "아무리 늦어도 우리의 자식들은" 자신의 결정에 감사할 것이라고 확신하였다. 동시에 칸트는 이 사건을 통해서 현실적으로 세태를 파악하고 있는 지식의 소유자임을 보여주었다. 오히려 자신의 연약함을 이용한 교활성까지도 엿보인다. 쾨니히스베르크에서 유일하게 새로운 생각의 문학적인 확대만을 고려하는 「칸터 신문」(Die Kantersche Zeitung)이 이제는 혁신적인 궁중설교사 크리흐톤(Crichton) 박사에 의해서 편집되고 있다. 크리흐톤 박사는 지금까지 범애교에 대해서 특별한 호의를 갖고 이야기하지는 않았다. 영향력이 많은 "더욱이" 박식한 이 사람이 한 번의 투표로 그리고 많은 지지를 얻어 이겨낼 수 있는 최고의 방법은 그 스스로 "그들의 당면 문제를 위해 선봉에" 서는 것이다. 왜냐하면 "이 문제는 그들의 투표에 의해서 부결되거나 재투표가 실시될 경우 그들의 생각이 바뀔 수 있기 때문이다." 이러한 상황에서 "더없이" 정직한 칸트가 1778년 7월 29일 "매우 존경하옵는" 목사님 좌하로 시작되는 교활할 정도로 아주 빈틈없는 편지를 기꺼이 발송하였다. 칸트는 만약 목사님이 "이 문제를 주요한 것으로 받아들이면, 당신의 이름과 서명만으로도 최고의 문제 거리로 취급될 것이며," 목사님의 영향이 "더욱더 커질 것"으로 본다고 하였다. 범애교가 중단되지 않고 끊임없이 열심히 일하는 볼케 아래에서 "새로운 형태를 이루는 것"보다 존경하옵는 목사님께서 맡아 주시는 것이 더 나을 것이라고 칸트는 말하였다. "몇몇의 정직하고 호의적인 사람들이 퇴진한 후 나머지 사람들이 들떠 있는 상태임에도 불구하고 선발된 직원 모두는 새롭고 순수한 생각으로 옛 교육방법과 결합하여 유용성을 창출할 수 있다"며 세태를 잘 파악하는 우리의 철학자 칸트는 이렇게 약간은 자만심에 차 있는 궁중설교사를 설득하여 공적인 공무나 예약 접수의 의무를 맡기고자 하였다. 안타깝게도 같은 해 8월 4일 칸트가 친구 볼케에게 쓴 편지에는, 사실 크리흐톤과 칸트가 "기관의 판정을 위한 원칙에 합의한다는 것은 요원한 것"으로 보인다고 기록되어 있다. "그(크리흐톤)는 학교를 학문을 배우는 유일하고도 필연적인 장소로 보는 반면, 나(칸트)는 개인의 재능과 성격에 따른 인간성 형성의 장소로 판단하고 있다." 크리흐톤에게 보낸 칸트의 아첨에 가까운 애교 있는 편지는 결국 좋은 결실을 맺게 되었다. 즉 궁중설교사 크리흐톤은 "기꺼이" 수락하였고, 그에게 주어진 일들을 처리하기 위하여 "펜대"를 움직이기 시작하였다. 크리흐톤은 1778년 8월 24일 범애교를 세 번째로 추천한 논문이 게재된 「쾨니히스베르크 신문」에 대해서 매우 혼란한 상태에 빠져 있었던 것이 거의 확실하기 때문에, 범애교 자체를 그곳에서 인용할 수밖에 없었다. 이 논문은 처음으로 라이케가 발견했는데, 칸트가 쓴 것으로 알고, 그의 저서 《칸티아나》(*Kantiana*, 76~81면)에서 주장하고 있다. 그러나 그것은 칸트의 성격에 어울리지 않게 너무나 많은 미사여구로 씌어졌다. 그리고 그것의 본질에 대해서도 어울리지 않게 너무나 극적인 결론을 이끌어 내었다.

같은 해 10월 28일 짧지만 감동적인 볼케의 편지를 마지막으로 범애교에 대한 칸트와 볼케 사이의 편지교환은 일단 끝을 맺었다. 물론 1780년대에도 베렌스(Berens)와 뤼벡(Lübeck) 등지에서 많은 편지를 보낸 볼케는 범애교에 대한 이야기도 잊지 않고 하고 있다. 그리고 범애교에 대한 칸트의 열정도 여전히 남아 있었다. 우리는 이러한 사실을 1780년대 실시한 칸트의 실천철학 강의에서 찾아볼 수 있다.—아르놀트는 이 실천철학에 관한 강의를 1787/88년 겨울학기에 개설하였다.—칸트가 실천철학을 완성하였을 때, 교육이란 개인의 재능을 발전시키는 것이고 개인의 성품을 교화시키는 것으로 "바제도브식 제도"에 국민들은 "작은 희망을 걸고 있다"는 아르놀트의 말과 함께 나라 안팎으로 괄목할 만한 영향에 휩싸여 있었다(Arnoldt, *Kritische Exkurse im Gebiete der Kantforschung* 229면, 289면).

4. 사교적인 모임

이성 비판의 문제로 사고작용에 대한 강한 압력을 받고 있던 1770년에서 1781년 사이에도 칸트는 자신의 정신세계와 감각세계를 완전히 열어놓고 있었다. 그리고 그는 그가 속해 있던 지역의 사람들뿐 아니라 그의 석사과정 때부터 중요시 여기던 사람들과도 꾸준한 사교적인 모임을 결코 등한시하지 않았다. 이때 그는 지금까지 알고 지내던 사람과 더 깊은 교제도 하였지만, 새로운 사람을 사귀기도 하였다.

칸트가 가장 오랫동안 그리고 가장 좋아했던 교제의 장소는 자신의 집이었으며, 그는 항상 자신의 집 대문을 열어 놓았었다. 이미 2장에서 우리는 칸트와 카이제르링 가족과의 관계에 대해서 설명한 바 있다. 이 카이제르링 가족은 1772년부터 쾨니히스베르크에 머물면서 대부분의 시간을 보냈다. 1772년 첫번째 폴란드 분할이 이루어지던 해 하인리히 크리스티안(Heinrich Christian) 백작은 45세의 나이로 러시아 관직을 버리고 명석하기로 유명한 그의 부인 카롤리네 아말리(Kaloline Amalie, 1729~1791)와 매우 소문난 교제를 하면서 살았다. 그녀는 철학적인 사고로 잘 무장된 여자로 알려져 있다. 그들의 저택은 그들의 취향에 따라 잘 꾸며져 있었다. 쾨니히스베르크와 주변 도시에 사는 많은 사람들은 귀족정치에 관한 문제를 논의하고 결정할 때, 그들의 저택에서 만났다. 그 중에는 히펠, 하만, 셰프너 그리고 우리의 철학자 칸트가 당연히 포함되어 있었다. 백작의 사촌 중 하나이며 여류작가로 잘 알려져 있는 폰 렉케(Elise von Recke)는 (1804년) 칸트의 장례식 조사에서 다음과 같이 말하였다: "매일같이 나는 나의 사촌오빠 집에서 좋은 교제를 할 수 있었다. … 칸트는 이미 그 집과 30년이란 긴 세월 동안 친분을 맺고 있었으며, 그 집에서 가장 인기 있는 사람으로 군림하고 있었다. 그는 아무리 훌륭한 정신을 소유한 사람이라도 능숙하게 다룰 수 있었다. 그리고 그의 도덕적인 인격은 그의 명석한 두뇌만큼이나 높이 평가받고 있었다. 칸트도 이미 죽은 재기 발랄한 백작 부인과의 교제를 아주 좋아하였다. 가끔씩 나는 상냥하게 환담하고 있는 그를 보았다. 그때마다 나는 그가 철학사에 있어서 혁명이라 할 수 있는 새로운 획을 그었을 뿐 아니라 깊은 철학적 사고에 빠져 있는 사상가라고는 도저히 믿어지지 않았다. 교제에서 이루어지는 그의 담론은 아주 추상적인 생각까지도 극히 아름다운 표현으로 쉽게 풀어 설명하였다. 그뿐 아니라 그가 갖고 있는 생각을 분명하게 표현하였다. 애교 있는 농담도 곧잘 하였으며, 항상 근엄하고 점잖은 그의 표정과는 다르게 양념처럼 가벼운 풍자도 때때로 잊지 않았다." 요한 베르눌리(Johann Bernoulli)도 같은 인상을 칸트로부터 받았다고 하였다. 그는 1778년 7월 페테르스부르크에서 쾨니히스베르크로 여행하는 도중에 카이제르링의 집 만찬장에서 칸트를 알게 되었다. "이 유명한 철학자는 남과 교제할 때, 아주 명랑하고도 조용한 사람으로, 섬세한 생활태도를 갖고 있어서, 깊은 연구에 빠진 노학자라는 생각을 쉽게 할 수가 없다. 나에게 있어서 가장 인상적인 것은 생각지도 못했던 유창한 그의 농담과 그의 시선 그리고 용모였다." 크라우스는 다음과 같이 묘사하고 있다. 칸트가 카이제르링의 집에서 식사를 할 때는 항상 상석에 앉았다. 그때마다 백작부인은 옆자리로 물러나 앉았다. 이러한 모습이 아주 어색해 보이지만, 마치 습관처럼 이루어졌다.[8] 백작이 1779년, 1782년, 그리고 1784년에 보낸 세 장의 편지 내용과 칸트가 1782년 5월 8일, 백작에게 쓴 편지내용에서 우리는 그들의 몸에 배인 예의와 친절한 성격을 잘 알 수 있다. 당시 동프로이센의 귀족들이 얼마나 심하게 격식을 차렸는지, 칸트가 교육받지 못한 젊은 귀족들을 좀 심하다 할 정도로 묘사한 곳에서 찾아볼 수 있다. 다음과 같은 문장이 그 좋은 예이다: "지나친 아첨으로 실질적인 죄가 감추어지고, 거짓 공로로 신분상승을 하여 대부분 대가문의 귀족이 되었다"(편지교환 I. 276~285). 이러한 백작과의 절친한 관계는 1787년 백

---

8) 백작 부인에 대해서 (카이제르링의 가정교사였던) 크라우스는 그의 친구에게 다음과 같은 내용의 편지를 보냈다: 식사 동안 모든 사람들은 침묵을 지켰다. 그러나 그녀는 나와 둘이서 쉬지 않고 이야기하였으며, 오일러와 뉴턴의 열체계나 지구에 대해서 그리고 미신과 무신론 중 어떤 것이 더 나쁜가, 혹은 새로 출판된 책이나 새로 찾아 읽는 책 등에 대한 수수께끼 놀이도 때때로 하였다. 그녀는 모든 프랑스 저널을 주문하여 받아 보았지만, 한 권도 읽지 않았다.

작이 죽을 때까지 계속되었다.

백작보다 더 친숙한 관계였던 그린과 칸트의 교우관계를 우리는 이미 앞에서 이야기하였다. 그와의 관계는 1787년 그가 세대주가 될 때까지 계속되었다. 특히 이 관계는 칸트가 "신분 높은 사람들이 많이 모이는, 특히 군인들이 즐겨 찾는 호텔의 점심시간에 자주 나타났기 때문에," 계속될 수 있었다. 칸트는 그곳에 모인 모든 사람들과 자신이 쓰는 사투리로 대화를 나누었는데, 그들이 어느 지방 출신이건, 어느 가문 출신이건 간에 아무런 부끄러움이나 거리낌이 없이 대화하였다. 그는 상대가 누구이든 잘난 체하거나 점잔 빼는 것에 대해서 증오하였다. 만찬 도중 이루어지는 자연스러운 철학적인 주제에 대해서도 항상 "발뺌하거나 피하지" 않고, 오히려 "신명을 다하여" 이야기하였다. 그러므로 그는 성급하게 굴거나 조급하게 서두르지 않았다. 비록 그는 미식가는 아니었지만, 가끔씩 좋은 식사와 잘 익은 포도주를 즐길 줄 알았다. 뿐만 아니라 그는 요리법에 대해서 상당히 많이 이해하고 있었다. 히펠은 (보로브스키가 전하는 바에 의하면), 가끔씩 칸트가 《요리 기술의 비판》(Kritik der Kochkunst)을 쓴 것에 대해서 농담반 진담반으로 이야기 거리로 삼았고, 이렇게 칸트는 소위 말하는 "만찬 모임"에 종종 초대되었다. 당시 그를 자주 초대했던 저명인사는 다음과 같다: 프로이센 지방의 총독이었던 폰 도네르스마르크(Hanckel von Donnersmarck) 백작, 폰 브뤼네크(von Brünneck) 장군, 프로이센의 수상이었으며, 후일 지방장관을 지낸 폰 슈뢰터(von Schrötter), 그리고 폰 홀슈타인 베크 공작, 추밀고문관 히펠, 육군 참사관 셰프너, 은행장 루프만 등등이었다. 그 외에도 거상이었던 모터비는 칸트를 매주 일요일 점심식탁에 초대하였다.

소위 말하는 귀족과의 마지막 친분관계를 칸트는 슈뢰터(Friedrich L. von Schrötter, 1741년생)와 깊이 맺었다.—이러한 친분관계는 그의 철저한 생활습관으로 볼 때 예외임에 틀림이 없다.—칸트는 프리드란트 근처

에 있는 슈뢰터의 저택에 "며칠씩 아주 자주 머무르곤" 하였다. 칸트는
그곳에서 자신의 집에서와 같이 아주 특별한 편안함을 느꼈다고 야흐만
이 주장하였다. 슈뢰터의 저택은 "기사를 위한 좋은 장소"이며, 칸트는
생의 마지막까지 그곳에 대해서 즐겨 바지안스키에게 설명하였고, 그가
평소에는 그렇게 꺼리던 "서정적인 묘사를" 그곳에 대해서는 거침없이
하였다: 그는 아주 상쾌한 여름날 아침 높은 나루에 있는 정자에 올라
많은 사람들과 담소를 나눈다. 그들 모두는 한 손에는 커피 잔을, 다른
손에는 향기로운 파이프를 들고 부드러운 미소를 머금고 가벼운 목례와
함께 이야기꽃을 피우고 있다. 그들 중에는 주인과 그의 절친한 친구 폰
로소프 장군도 눈에 띈다. 잘 알려진 것과 같이 슈뢰터는 1807년부터 오
랜 기간 동안 프로이센의 내적 결속을 위해서 가장 영향력 있는 실질적
인 개혁가였다. 돌처럼 강했던 개혁의 법령은 동프로이센 지방의회에서
이미 거의 완성되었다. 프로이센의 법률제정은 1808년 슈뢰터의 마지막
작업에 의해서 이루어지는데, 구 단위나 지방 단위 의회에서도 그 실행이
쉽게 이루어졌다.

　우리의 철학자 칸트가 그의 위대한 저서 순수 이성 비판을 저술하는
동안 그는 학교에서의 교분관계, 즉 교직원과 제자들을 위해서 그전보다
훨씬 적은 시간을 할애할 수밖에 없었다. 심지어 1778년 10월 20일 헤르
츠에게 보낸 편지에 의하면 "거의 개인적인 관계를 맺지 못한다"고 토로
하고 있다. 그리고 1778년 12월 15일자 헤르츠에게 보낸 편지에서는 최소
한 "공적으로" 만나야 할 사람들은 예외라고 하였다. 이미 여러 차례 언
급하였던 특별한 능력을 가진 크라우스와 같은 사람과의 교분은 당연히
유지되었다. 반면 시간이 흐름에 따라 그에게 학문적으로 필요했던 질문
이나 답변은 편지교환과 개인적인 친분관계에 의존하게 되었다.

5. 편지교환과 개인적인 친분관계

칸트는 편지를 열심히 썼지만 가끔씩 편지에 대해 나태한 자신을 한탄하곤 했다. 그럼에도 불구하고 당시의 학자들뿐 아니라 문필가들과도 많은 편지교환이 이루어졌다.

같은 학교에 근무하는 칸트의 동료들 눈에는 칸트가 이 시기에 그들과 어떤 특별한 교제도 하지 않고 있는 것으로 보였다. 그들 중에서 아마도 가장 먼저 교분을 맺은 사람은 물리학과 로이쉬 교수였을 것이다. 그와 함께 칸트는 정부로부터 특별한 감사장을 수여받은 것으로 우리는 기억하고 있다. 칸트는 그에게 피뢰침의 원리, 혹은 화씨온도에 대한 이론 등 많은 물리학에 관한 내용을 서면으로 질문하였다. 하만도 같은 입장에서 칸트와 교분관계를 맺고 있었다.

편지교환은 교내에서만 이루어진 것이 아니라 자연적으로 외부 사람과도 이루어졌다. 칸트는 저자로서 신문사와 출판사를 섭외하기 위해서 자주 편지를 발송하였다. 우리는 이미 앞에서 브라이트코프와 엥엘과 같은 범애교의 사람들에 대해서 설명하였다. 빌란트 역시 칸트에게 그의 「토이체르 메르쿠르」(Teutscher Merkur, 1772년 12월 25일자 편지) 정기구독을 위해서 많은 사람에게 홍보해 주길 부탁하였다. 그리고 그 부탁에 대해서 칸트가 적극적인 관심을 가졌을 뿐 아니라 정기구독을 신청한 것에 대해서 빌란트는 깊이 감사해하고 있었다. 그는 인간에 의해서 창출된 "모든 정신적인 산물에 대해서 라파엘의 작품과 같은 것을 무료로 얻는 것보다, 세계 어딘가에 있는 서점에서 파는 책을 주문하기를" 오히려 원했다(1773년 2월 1일자 편지). 그럼에도 불구하고 15년 만에 처음으로 칸트는 빌란트의 뜻에 따랐던 것이다. 계몽 시기의 주요 대변인이었으며, 나중에 칸트의 반대자였던 니콜라이(Friedrich Nicolai)는 우리의 철학자에 대한 평을 그의 《독일대전》(Allgemeine Deutsche Bibliothek) 20권에 실었

다: (물론 칸트는 그 평에 대해서 불만이었다.) 아주 겸손한 사람을 "전혀 흥분시키지 않은" 것이 오히려 영광스럽다. 왜냐하면 그는 "다른 사람의 주목을 끌기 위해서 거짓된 찬사와 넉살 좋은 언행 등 모든 외적인 것을 잘 하기 때문이다."(칸트가 헤르츠에게 보낸 편지. 편지교환 I. 139 면) ─괴팅겐에 있던 보이에(Boie)와 도옴(Dohm)은 그들의 독일박물관에서 함께 일해 줄 것을 (1775년 9월 12일 편지에서) 부탁하였다.─ 다정다감한 서정시인으로 유명한 야코비(Johann Georg Jacobi)의 기억에 의하면, 야코비는 그에게 "여성들이 방문할 때는, 「여성의 방 저널」(Frauenzimmer Journal)의 이리스(Iris)에 관하여 그리스식으로 할 것"을 부탁하였다. 사실 "소녀 이리스"는 다른 소녀처럼 "항상 꽃과 같은 것에 관심이 있는 것이 아니라 지적인 깊이로 그녀의 반려자들을 제압할 수 있는 것"으로 보였다(1774년 2월 27일 야코비가 칸트에게 보낸 편지). 그리고 우리의 철학자가 행운이 있었다면, 괴테와도 함께 일할 수 있었다. 어찌되었건 칸트는 다독가였고, 칸터의 서점에서는 아주 편안하게 문학작품을 읽을 수 있었을 것이다. 예를 들어 칸트가 괴테의 베르테르에 대해서는 알고 있었던 것이 거의 확실하다는 것은 1775년 2월 18일 하만이 칸트에게 보낸 편지로 알 수 있는데, 그는 "괴테가 베르테르를 사랑한다"는 것에 대한 니콜라이의 반박 편지가 칸트에게 있다는 소문에 대해서도 쓰고 있다.

하만이 친구와 주고받은 편지를 추려보면 산발적이긴 하지만, 하만과 칸트의 교분은 계속되었다. 1774년 4월 6일 칸트는 하만에게 다음과 같이 쓰고 있다: "… (나는) 몇 줄의 당신 생각을 원합니다. 그러나 혹시 인간의 언어로 가능할지 모르겠습니다. 불쌍한 인간인 나는 직관적인 이성에 의한 신의 소리를 정리할 수 없기 때문입니다. 우리가 일반적인 개념들로부터 어떤 논리적인 법칙을 더듬어 가는 것은 내가 도달해야 할 어떤 것입니다." 하만은 칸트를 방문하였다고 1779년 4월 17일 헤르더에게 알렸다. 칸트는 곧 56세 혹은 57세가 되며, 그로부터 "삶과 죽음에 대한 강한 사고를 발견하였다"고 전하였다. 같은 해 5월 6일 하만은 역시 헤르더에게 레싱의 유대인 예언자 라탄에 대한 칸트의 확고한 판단에 대해서 언급하였다. 하만이 처음 160면 정도를 읽으면서 "즐기는" 동안에 칸트는 "유대인의 2부에 대한" 평가를 하였다: "이 민족은 어떠한 영웅도 좋아하지 않는다. 그래서 우리의 철학은 신의 강한 힘으로 모든 관용과 공평성이란 선입견으로 나타난다." 하만 역시 출판업자 하르트크노흐(Hartknoch)에게 순수 이성 비판의 출판을 주선하였다. 칸트가 그에게 호의를 보이는 동안, 하만은 자연종교에 대한 흄의 대화를 번역한 초고 정리에 몰두하고 있었다.

우리의 철학자 칸트와 근본적으로 다른 사람인 라파터(Lavater)와도 같은 해(1747년) 편지교환이 있었다. 그는 첫번째 편지(1774년 2월 8일)에서 칸트를 "내가 가장 사랑하는 작가"라고 표현하고 있으며, "오래 전부터 가장 존경하고 있었다"고 하였다. 다른 많은 사람들과 마찬가지로 그역시 칸트의 저작상의 침묵에 대해서 놀라고 있었다: "당신은 세상을 마비시키고자 하십니까? 왜 당신은 쓸 수 없는 것을 그렇게 많이 쓰고 계십니까? 그러나 당신은 그것을 결코 탁월한 것이라고 생각하지 않습니다. 왜 당신은 이 새로운 시대에 침묵만 하고 계십니까? 왜 당신은 일언반구도 하지 않고 있습니까? 당신이 하시고자 하는 말씀이 무엇인지 제발 제게 좀 알려 주십시오." 그는 계속해서 "당신의 글이 어느 정도 정리되었든 아니든, 혹은 어떤 것과 상관이 있든 없든 아무 상관 마시고 저에게 알려주신다면, 저는 그것을 저의 시에 약간의 도움을 줄 수 있는 어떤 생각 조각이나, 몇 줄의 단문으로 표현할 수 있을 것입니다" 하고 무엇인가 알려 줄 것을 부탁하였다. 곧바로 칸트는 약간의 과민반응을 보이고 있는 라파터에게 몇 줄의 짧은 글을 보냈다. 물론 자신이 계획하고 있는 저서에 대한 내용을 언급함으로써 상대를 진정시켰다. 왜냐하면 4월 8일 이미 라파터는 같은 부탁의 편지를 보내왔기 때문이다: "당신의 순수 이성 비판에 대해서 우리 나라의 많은 사람들은 목말라하고 있습니다." 계속해서 그는 오늘날 우리에게도 생소한 사랑고백과 같은 글로 놀라게 하고 있다: "한마디의 아부나 아첨 없이 드리는 말씀인데, 당신은 몇 년 전부터 제가 가장 사랑하는 작가입니다. 당신의 형이상학에 대한 일반적인 방식과 방법에 대한 저술이 저의 생각과 거의 일치합니다." 나중에 악의 없는 우리의 스위스 사람 라파터가 칸트의 저술에 대해서 얼마나 실망했는지 우리는 잘 알고 있다. 그는 칸트가 보내준 편지에서 논한 내용과 다른 어떤 것을 기대하고 있었다. 그는 이미 그의 논문 "신앙과 기도에 대하여"(von Glauben und Gebete)에 관한 칸트의 판단을 통해 어느 정도 각성하고 있었다. 이 논문에 대해서 칸트는 그와 교분을 맺은 지 1년 만에 두 장의 긴 편지를 썼다. 이 편지는 이미 "단순한 이성의 한계 내에서의 종교"(Religion innerhalb der Grenzen der broßen Vernunft)의 관점을 확실히 대신하고 있는 것이었다. 1776년 3월 6일자 라파터의 마지막 편지에서 최소한 이 두 사람 사이의 편지교환은 서로를 정신적인 적대자로 보고 있음이 간파되었다.

약간은 자아도취에 빠진 듯하지만 재능 있는 본성을 가진 하만이나 라파터와 같은 사람과 친하게 지내기에는 너무나 이성적인 생각을 가진 우리의 철학자 칸트는 학문적으로나 정신의 계몽적인 측면에서나 그들에게 적대자이긴 하지만, 1728년에 태어난 람베르트나 (1729년에 태어난) 멘델스존과 같은 사람과의 관계를 더 중요시하였다. 그들과의 관계는 이미 우리가 3장에서 논한 것처럼 60년 이상 그 관계가 지속되고 있었다.

특히 편지교환은 무엇보다 철학적인 중요성을 의미하였고, 그 중요성은 이미 동시대 사람들에게는 인식되어 있었다. 즉 람베르트의 갑작스러운 사망(1777년)으로 베르눌리는 칸트의 후견인이 되는 조건으로 칸트의 지지를 요청하였다. 누구의 전기를 서술하면서 흥미로운 것은 이런 것들이 단지 일반적이고 개인적인 것만이 아니라는 것이다. 안타깝게도 한 통

의 편지이긴 하지만, 1770년 10월 13일 람베르트는 8면 분량의 긴 편지에
아주 만족스러운 내용을 담고 있다. 아름다운 문학의 세계에서 다시 "근
원적인" 학문의 세계로 방향을 선회하기 시작하였습니다. 그는 이미 많은
"공을 들인" 철학자로부터 아주 작은 부분이긴 하지만 어떤 통일된 무엇
을 찾고자 하였는데, 특히 물리학뿐 아니라 형이상학에도 조예가 깊은 철
학자를 원했다. "왜냐하면 나의 판단에 따르면, 순전히 형이상학적 계산
(purus putus methaphysicus)이라는 것은 마치 맹인이 눈을 뜨는 것과 같
이 철학자가 감각적인 것을 버릴 때, 가능한 것이기 때문이다." 그러므로
철학자들은 그들에 의해서 씌어진 논문이나 철학적인 서신들을 서로 교
환하여 보아야 하며, 필요한 경우 다수의 의견에 따라, 마치 예전이「라
이프치히 학술문서」(Leipziger acta Eruditorum) 혹은 소위 말하는「브레멘
잡지」(Bremer Beiträger)처럼 문자화되어야 한다. 그러나 안타깝게도 이에
대한 칸트의 답장은 없으며, 어쩌면 칸트는 답장을 보내지 않은 것 같다.
오히려 칸트는 람베르트와 멘델스존에게 용서를 구하며 긴 편지를 1771
년 6월 7일 헤르츠에게 보냈다: 칸트는 곧바로 그들의 반론에 대한 답장
을 하지 않았다는 것이다. 왜냐하면 무엇보다 먼저 그들의 반론을 근본적
으로 숙고할 필요성을 느끼고 있기 때문이라고 칸트는 주장하였다. 그리
고 또 하나의 이유가 있다면, 항상 그를 괴롭히는 그의 건강 상태였다.
칸트는 계속해서 다음과 같이 쓰고 있다: "오랜 시간 동안 항상 긴장상
태에 놓여 있고, 무엇을 할 수 있는 좋은 상태는 얼마 되지 않습니다. 그
리고도 남은 시간은 혼자만의 아늑하고 고즈넉한 시간으로 보내고 있습
니다." 람베르트의 단명에 대해서 칸트는 아주 슬퍼하였는데, 그는 "명석
하고 풍부한 통찰력으로" 비형이상학적이며, 그렇기 때문에 편견 없는 정
신을 소유하고 있어서 자신의 이성 비판을 위해서 한층 높은 평가와 비
판 그리고 보충을 해주리라는 기대를 갖고 있었다고 1781년 11월 16일
베르눌리에게 적고 있다.

　멘델스존은 이미 1770년 칸트를 "형이상학의 최고 권위자"라고 하였다. 이때쯤 칸트는 자신의 저서가 출판되기를 기다리고 있었다. 그리고 라파터가 한 것처럼 전혀 기대하지도 않았던 칭송을 듣기도 하였다: 그는 "특히 재능을 소유하고 있기 때문에, 많은 독자들을 위해서 많은 글을 써야 합니다." 칸트의 박사학위 논문에 관해서 솔직하게 다른 의견을 주장하였지만, 그는 칸트를 "스스로 생각할 수 있는 재능"의 소유자라며, 나쁘지 않게 평하였다. "진리를 찾는다는 것이 얼마나 어려운지 스스로 경험한 사람은 늘 다른 사람에 대해서 친절하고, 관대하며, 다른 사람도 늘 그렇게 생각합니다"라고 멘델스존은 1770년 12월 25일 칸트에게 적고 있다. 1777년 8월 20일 멘델스존이 쾨니히스베르크를 다시 떠나던 날, 칸트는 헤르츠에게 다음과 같은 편지로 아쉬워하였다: "쾨니히스베르크에서 그렇게 부드러운 기질과 맑은 정신을 가진 사람과 분위기 좋고 진실된 교제를 변함없이 계속한다는 것은 내가 지금까지 생각지도 못했던 것입니다. 그것은 나의 정신에 새로운 영양소를 주는 것과 같습니다. 그리고 시간이 흐를수록 나는 그를 무척 그리워할 것입니다." 칸트는 "마지막까지 불안과 걱정"으로 세월의 흐름과 자신의 건강을 늘 묶어 생각하였지만, 후원금에 의한 "금전적인 몫"에 대해서는 "아주 만족하였다." 칸트는 그들 사이의 교제가 오히려 자신의 일을 방해할 수 있다는 걱정 때문에 안타깝게도 멘델스존과 충분한 교제를 즐기지 못했다.

　아주 윤리적인 사람으로 유명한 미학자 줄처(Sulzer, 1710~1779)는 칸트가 보내준 학위논문을 검열한 다음, "이 논문은 철학에 하나의 신선한 바람을 불러일으킬 것이다"라고 논증하고, 칸트에게 "만약 당신이 이 논문을 출판한다면, 아주 영광스러운 경력사항"이 될 것이라고 칭찬을 아끼지 않았다(1770년 12월 7일 칸트에게 보낸 줄처의 편지). 체들리츠 장관과의 관계에 대해서는 이미 서술하였으므로 더 이상 거론하지 않겠다.

　이 시점에서 새롭게 우리가 이야기해야 할 사람은 이미 자주 논한 바 있는 마르쿠스 헤르츠이다. 그는 1749년에 태어났으며, 상업견습생으로 쾨니히스베르크에 왔다. 이곳에서 그는 학문에 대한 내적 충동으로 의학과 철학으로 전공을 바꾸었다. 그리고 곧 칸트로부터 사랑받는 제자가 되었던 것이다. 우리가 앞에서 본 것처럼 칸트는 1770년 그를 논쟁 "대변인"의 명예를 줄 만큼 믿었다. 얼마 지나지 않아서 그는 그의 고향 베를린에서 병원을 개원하여, 그곳에 정착하였다. 그곳에서 그가 칸트의 학문을 얼마나 널리 알렸는지 우리는 이미 앞에서 살펴보았다. 물론 부정적인 목소리가 없었던 것은 아니다. 즉 유태인 배척자임과 동시에 반계몽주의자였던 하만은 적의에 찬 목소리로 다음과 같이 말하였다: "철학적 엄격성이 멀리까지 퍼져 나가더니, 이제 베를린까지 이르렀다. 칸트의 빼어난 제자 헤르츠 박사는 철학이라는 상품의 가치를 높여 놓았다. 철학을 청강하려는 사람들은 (고등학교와 대학에서) 매일같이 증가하였는데, 그 중에는 미망인과 고아들까지도 포함되어 있었다"(1779년 2월 21일 하만이 헤르더에게 보낸 편지). 헤르츠는 우리의 철학자 칸트에게 편지로도 주변의 인물을 소개하였는데, 그 중 계몽시대 문학의 선두주자였던 베를린의 요한 에리히 비스터(Johann Erich Biester, 1749~1816) 박사가 있다. 그는 체들리츠 장관의 영향 있는 비서관이었으며, 1783년부터는 게디케(Gedike)와 함께 「베를린 월간지」를 발간하다가, 얼마 지나서는 이 잡지를 혼자서 발간하였다. 그리고 1784년부터 왕궁의 성에 있는 도서관 총 관리인으로 일했다. 그는 칸트에게 "헤르츠의 진정한 존경"이 부럽다고 하였다(헤르츠가 칸트에게 보낸 1779년 2월 4일자 편지, 비스터가 칸트에게 보낸 1779년 4월 11일자 편지). 그를 통해서 칸트는 개인적인 질문, 즉 어떻게 교수를 추천하는가 등과 같은, 여러 가지 의문점을 알아보았다. 그리고 그로부터 많은 영향을 받았으며, 그들의 편지교환은 1780년대 중반까지 계속된 것으로 나타나 있다.

멘델스존은 헤르츠를 "명석한 이해력과 부드러운 감성, 풍부한 상상력 그리고 정신의 민감성까지 갖춘" 완벽한 사람으로 특징지었다(멘델스존이 칸트에게 보낸 1770년 12월 25일자 편지). 칸트에게 모든 것을 감사하는 헤르츠는 스스로 고백하듯이, 칸트를 통해서 "무명"의 자신이 4년 안에 한 사람의 참된 인간으로 거듭나게 되었다고 칸트에게 보낸 첫번째 편지에서 말하고 있으며, 그 외에도 자신의 어릴 적 결점들이, 특히 정서법과 문법이 규칙적인 수업시간을 통해서 바로잡혔다고 적고 있다. 그리고 사랑하는 헨리테(Henriette)의 남편으로 남아 있게 해 준 그의 스승 칸트에게 전적으로 존경을 표하였으며, 그는 칸트의 초상화를 그의 서재에 항상 걸어 두었다. 그리고 칸트 역시 그의 믿음에 보답하였다. 이 두 사람 사이의 편지교환은 1790년대까지 이루어졌는데,—이들 사이에 오고간 편지는 이 시기의 칸트 편지 중 가장 많았으며, 무엇보다 가장 중요한 것이었다.—단지 베를린에 있는 학자에게 안부나 묻고 무엇을 주문하고 부탁하는 그런 편지가 아니었으며, 젊은 제자가 그의 스승에게 의사로서 건강에 대한 충고나 하는 그런 편지도 아니었다. 그들은 정말로 중요한 철학적 문제에 대해 편지를 통해서 서로의 의견을 주고받았다. 예를 들어서 1772년 2월 21일 헤르츠가 칸트에게 보낸 편지는 헤르츠가 쾨니히스베르크를 떠난 이후 칸트의 철학적 사고에 아주 중요한 발달사로 남게 되었다. 칸트는 순수 이성 비판을 쓰기로 결심한 후, 그로부터 편지를 통해 많은 충고를 얻고자 하였다. 칸트는 고집이라고 할 만큼 강한 자신의 계획 때문에 보다 가볍고도 인기 있는 작품으로 영예만을 추구하는 "작가적인 욕심에 사로잡혀 유혹당하지 않고," 그의 저서가 순수한 저작으로 남을 수 있게 헤르츠에게 적절히 조언해 줄 것을 당부하였다. 덧붙여 칸트는 "철학이 다른 어떤 학문보다 항구적이기 때문에, 종교와 도덕에 앞서 이로운 방향으로 선회"하기를 희망하였다. 그리고 동시에 "수줍은 수학자"를 편안하게 해 줄 수 있는 어떤 상태도 희망하였다(1773년 말경). 칸트가 많은 사람들과 단체로부터 저서에 대한 아무런 준비도 하지 않는다는 질책을 듣는 동안, 실제로 헤르츠가 떠나고 난 뒤 칸트 자신은 "체계적이고도 지속적인" 작업을 제대로 하지 못했다고 자신의 심경을 고백하였다(1776년 12월 24일). 이런 모든 어려운 상황에서도 우리의 철학자 칸트는 담담한 생활을 계속하였다. 한 번은 헤르츠가 어떤 글에서 칸트를 레싱과 동등한 위치에 놓고 찬사를 아끼지 않았다. 칸트는 이 글에 대해서 이러한 찬사는 "아직"은 너무 이르며, 오히려 "나에게 비난이 돌아오고, 이러한 상황에서 달갑지 않은 혹평이 난무하는 우롱자가 될 수 있다"고 헤르츠의 자제를 당부하였다. 학계에서도 칸트가 실질적으로 얼마나 위대한 학자인지 예상하는 사람이 극소수였음이 칸트의 추종자 크라우스가 괴팅겐의 한 발표에서 보여주었다. 한번은 크라우스가 괴팅겐에서 철학 교수들을 포함하여 많은 교수들이 참석한 가운데 당시 철학에 대한 강의를 하였다. 이 자리에서 크라우스는 "칸트의 책상 서랍 안에는 철학자 칸트를 굉장히 가치 있는 사람으로 만들 것이 확실한 그의 저서가 있습니다"라고 말하였다. 이 말에 대해서 그곳에 모인 모든 사람들은 "아마추어 철학자로부터 어떤 중대한 것을 기대하겠는가!"라며 박장대소하였다.[9]

그 사이 "아마추어"의 저서가 드디어 출판을 기다리고 있었다. 이 저서는 1780년 여름이 지나서 탈고가 끝났고, 같은 해 가을 펴낼 사람인 (리가의 하르트크노흐)와 빠르게 교정을 마치고, 인쇄를 담당할 사람으로 베를린의 슈페너를 정하였다. 여기서 칸트는 인쇄전지당 4탈러의 인세를 요구하였고, 이에 동의한 하르트크노흐는 곧바로 초판을 인쇄하였다(하르트크노흐가 칸트에게 보낸 1780년 10월 15일자 편지). 그의 저서는 모두 55장 분량의 인쇄전지로 이루어졌기 때문에, 초판 인세로 받은 금액은 그가 10년 동안 어렵게 정신노동을 하면서 번 돈보다 더 많은 금액이었

---

9) Voigt, *Leben des Professor Kraus*(1879), 87면.

다. 그뿐 아니라 220탈러나 되는 거금이 철학분야에 지급된 인세였기 때문에, 철학분야에서는 하나의 혁명과도 같은 것이었다. 그리고 저자의 증정용으로 10~12권을 별도로 인쇄하였는데, 그것은 "질 좋은 종이"에 곱게 인쇄되었으며, 보기에도 아주 "우아하게 제본"되었다. 칸트는 이 증정본을 누구보다 먼저 체들리츠 장관에게 헌정하였으며, 다음으로 마르쿠스 헤르츠, 멘델스존 그리고 철학적 담론에 대한 감사의 표시로 젤(Sell) 박사에게 주었다.

　여기서 우리는 칸트의 새로운 정신활동으로 그 무대를 옮겨 보기로 하겠다.

5 학문의 전성기(1781~1790)

1. 이 시기의 저서에 대하여

1781년부터 1790년까지가 곧 3 비판서가 출판된 10년이다. 1781년 순수 이성 비판을 시작으로 1788년 실천 이성 비판 그리고 1790년 판단력 비판이 출판되었다. 인식비판과 윤리학 그리고 자연철학에 대한 서문과 같은 짧은 글들도 함께 출판되었는데,《학문으로서 나타날 수 있는 모든 장래의 형이상학에 대한 프롤레고메나》(*Prolegomena zu einer jeden künftigen Metaphysik, die als Wissenschaft wird auftreten können*, 1783),《도덕 형이상학의 기초》(*Grundlegung zur Metaphysik der Sitten*, 1785) 그리고 《자연과학의 형이상학적 원리》(*Metaphysische Anfangsgründe der Naturwissenschaft*, 1786) 등이 있다. 이들 책에서 칸트는 철학의 역사와 철학의 발생사, 철학 경향 그리고 철학의 직접적인 영향에 대해서 설명하고 있다.

왕성한 창작력을 발휘한 이 10년 사이에 칸트는 위에서 논한 여섯 권의 주저 외에도 일련의 논문들을 여러 논문집에 실었다. 그 중 대부분의 논문은 칸트의 친구이자 동료인 비스터가 베를린에서 편집하는 「베를린

월간지」에 실었다:

1. 1784년 11월에는 "세계 시민적 관점에서 본 일반적 역사의 이념" (Idee zur einer allgemeinen Geschichite in weltbürgerlichen Absicht)이 출판 되었다. 이 저서는 칸트의 역사철학에 대한 기본 사상을 담고 있다.

2. 칸트의 역사철학의 완결편이라고 할 수 있는 "인류 역사의 가정적 기원"(Mutmaßlicher Anfang der Menschengeschichte)은 1786년 11월에 출 판되었다.

3. "물음에 대한 답: 계몽이란 무엇인가?"(Beantwortung der Frage : Was ist Aufklärung? 1784년 12월)에서는 앞으로 오게 될 세대에 대한 칸트의 계획에 대해서 서술하고 있다.

4. "사고 안에서 정리된다는 것은 무엇을 의미하는가?"(Was heißt : Sich im Denken orientieren? 1786년 10월)에서는 야코비-멘델스존의 영향 아래 있던 당시 철학세계에 대한 대처 방안에 대해서 논하고 있다.

5. 예나에 있는 칸트의 추종자(쉬츠[Schütz] 교수 외 몇 명)들이 「예나 일반 문학신문」(Jenaische Allgemeine Literaturzeitung)을 창간하였는데, 헤 르더의 《인류 역사의 철학에 대한 이념》(Idee zur Philosophie der Geschichte der Menschheit, 1784~1791)에 대한 "헤르더의 인류 역사의 철 학에 대한 이념에 대한 논평"(Zwei Rezensionen des ersten bzw. zweiten Teils von Herders Ideen, 1785년)을 1부와 2부로 나누어서 실었다.

6. 그리고 빌란트가 편집하고 있는 「토이체르 메르쿠르」에는 "철학에 있어서 목적론적 원리의 사용에 대하여"(über den Gebrauch teleologischer Prinzipien in der Philosophie, 1788년 1월, 2월)를 투고하였다.

지금 우리가 살펴본 두 그룹의 저서와 논문(모두 12개의 저술)에서 우 리는 각 그룹마다 어떤 연관성을 찾아볼 수 있고, 이렇게 나눈 것은 칸트 의 의도적인 저술방법이 아닌가 생각된다. 칸트는 그의 주저 순수 이성 비판을 위해서 10년이라는 그의 생애를 바쳤다. 지나친 정신적 노동의 후

유증 탓인지 그는 그 후 2년 동안 완전한 휴식기간을 가졌다. 그 후 첫번째 나온 저서가 곧 프롤레고메나이다. 이 저서는 잘 알려진 것과 같이 순수 이성 비판의 보충서이자 주석서이고, 독자가 순수 이성 비판을 보다 쉽게 이해할 수 있도록 한 입문서이다. 그 후 칸트는 항상 관심을 갖고 있던 문제로 자신의 관점을 바꾸는데, 그것은 곧 지난 10년 동안 종교적 사고작업에 밀려 있던 윤리적인 문제의 작업이었다. 윤리학 입문서인 《도덕 형이상학의 기초》의 출판과 거의 같은 시기에 칸트는 역사철학에 대한 논문("세계 시민적 관점에서 본 일반적 역사의 이념", "인류 역사의 가정적 기원", "물음에 대한 답: 계몽이란 무엇인가?", "헤르더에 대한 논평")을 발표한다. 그리고 여섯 번째 논문("철학에 있어서 목적론적 원리의 사용에 대하여")은 목적론적 판단력 비판의 서곡을 의미하는 것이었다.

칸트의 저술은 이렇게 크게 두 그룹으로 나뉘어 있다. 그러나 이런 주요 저술들 외에도 여러 분야의 크고 작은 일련의 저술들을 끊임없이 발표하였다. 그 여러 영역 중에는 오래 전부터 관심이 있던 자연지리학에 대한 연구도 포함되어 있는데, "달 속에 있는 화산들"(über die Vulkane im Monde, 1785년 3월), "인류 개념의 규정에 대하여"(über die Bestimmung des Begriffs einer Menschenrasse, 1785년 11월), 그리고 "책 복사판의 불법에 관하여"(Von der Unrechtmäßigkeit des Büchernachdrucks, 1785년 5월) 등 모두를 「베를린 월간지」에 발표하였다. 또 다른 영역은 주석 혹은 서평에 관한 분야이다. 물론 이것은 칸트에게 있어서는 특별한 부분은 아니다:

1. 길스도르프(Gielsdorf)의 목사 "슐츠의 《종교 차별 없는 모든 사람을 위한 도덕론 입문 소고》에 관하여"(über Schulz' Versuch einer Anleitung zur Sittenlehre für alle Menschen ohne Unterschied der Religion, 1786)를 쾨니히스베르크에서 발간되는 「이성적 도서목록」(Raisonnierendes Bücher-

verzeichnis)에 게재하였다.

2. "후펠란트의 자연법 원칙에 대하여"(über Hufelands Grundsatz des Naturrechts)를 「예나 일반 문학신문」에 1786년 발표하였다.

3. "멘델스존의 《아침 시간》에 대한 야콥의 검사에 관한 몇 가지 입장"(Einige Bemerkung zu Jakobs Prüfung der Mendelssohnschen *Morgenstunden*)에 대해서는 1786년에 발간된 《아침 시간》 서론에 직접 칸트의 입장을 밝혔다.

4. "람베르트와의 편지교환 요약문"(ein Kurzgefaßtes Avertissement über Lamberts Briefwechsel): 이것은 칸트가 1782년 초 「쾨니히스베르크 신문」에 게재하였다(칸트가 베르눌리에게 보낸 1782년 2월 22일 편지).

그 외에도 칸트는 그의 친구에 대한 호의로 몇 가지 소논문을 발표하였는데, 일부는 세 번째 야콥의 경우처럼 다른 사람의 글에 대한 주석이다. 보로브스키의 경우도 같은 것으로 칸트는 1790년 보로브스키의 *Cagliostro*에 관하여 다음과 같은 글을 발표하였다.

5. "열광과 그 대응 방법에 대하여"(über Schwärmerei und die Mittel dagegen)뿐만 아니라 크라우스의 경우처럼 칸트의 논문에 관한 다른 사람의 주석도 발표되었다.

6. 1788년에 발표된 예나 대학교 교수 "울리히의 자유학에 대하여"(über des Jenaer Professors Ulrich Eleutheriologie)가 있다.

그리고 드디어 칸트의 학설에 대한 논문도 발표되었는데, 슐츠의 논문이 그것이다.

7. "칸트의 공간에 대한 캐스트너 비판에 대한 비평"(Eine Beurteilung von Kästners Kritik der Kantischen Raumlehre, 1790)이 있다.

여기서 우리는 칸트의 저술 활동에 대해서 고찰하기보다는 그의 강의(Vorlesungen)와 대학에서 수행한 그의 보직 그리고 그의 개인생활에 대해서 살펴보는 것이 순서인 것 같다.

2. 강의/수강생/대학의 보직

a) 강의(Vorlesungen)

1780년대에 있어서 칸트의 강의는 1770년대와 거의 같은 과목과 시간으로 짜여져 있다. 단지 자연 신학(Natürliche Theologie) 과목이 추가되었을 뿐이다. 이 과목의 추가는 무엇보다도 윤리 문제에 대한 칸트의 관심에 그 원인이 있다. 그리고 많은 신학생들의 흥미도 이 과목의 추가와 무관하지 않았다. 하만에 의하면 1783/84년 겨울학기에 개설된 이 과목은 "놀랄 만큼 많은 수강생"이 모였다고 한다. 1783년 이 과목을 수강한 바 있기 때문에 그 이후 많은 부분에서 확실한 근거를 제공해 줄 수 있는 야흐만에 의하면, 다른 어떤 학기는 "너무 적은 수강생이 이 과목을 신청하였기 때문에, 칸트는 이 과목을 폐강시키려고 하였다. 그러나 수강신청한 대부분의 학생이 신학부 학생이라는 사실을 알고 난 칸트는 적은 강의료를 받고도 폐강시키지 않았다." 왜냐하면 "칸트는 분명하고 확실한 언어로 강의한 바로 이 과목에 의해서 이성적인 종교주의의 밝은 빛이 그의 조국 전체에 퍼져 나가게 될 것이라는 희망으로 가득 차 있었기" 때문이다. 많은 사도들이 "이성의 왕국에서부터 복음"을 (전하기 위해서) 자신의 길을 떠났다. 그렇기 때문에 칸트는 의도적으로 이미 그때 자신에게 주어진 상황을 피하지 않았다. 즉 자신의 가르침을 통하여 무신론의 입장을 널리 알리겠다는 생각을 이미 갖고 있었던 것 같다. 특히 1785년 여름학기에는 약 50명의 학생들이 이 과목을 수강하였는데, 칸트 추종자로 불리는 그들은 이미 신학과목을 청강하였거나 현재 하고 있는 사람들이었다. 그들은 서로 친분관계를 유지하였고, 공식적으로 주장하기를, "건강한 이성과 종교에 근거한 모든 사람이 함께 누릴 수 있는 행복 없이는 윤리학도 있을 수 없다"고 하였다. 이것에 반대한 쾨니히스베르크의 장로회는 강제로 이 문제에 관여하였다. 그럼에도 불구하고 1785년 8월 18일부터 10월 4일까지 베를린에서 하만은 그의 친구 헤르더와 린드너(G. E. Lindner)에게 그 사실을 알렸고, 하만 혼자로도 그 문제를 충분히 해결할 수 있었다. 비록 하만이 칸트를 전적으로 믿지 못했다고 할지라도, 칸트의 강의가 직접적인 잘못이 있다고는 판단하지 않았다. 칸트가 강의에서 "묵시록에 대해서 한참동안 입에 발린 좋은 표현을 하였기 때문에"(하만이 1786년 3월 15일 야코비에게 보낸 편지) 칸트의 진정한 "모습"에 관하여 운운한 적이 있다. 이 문제가 발생하고 6주 후에 동프로이센 쉴다(Schilda) 근방에 살고 있는 "도나우 사람"들이 주동이 된 도나우의 광신자들이 칸트의 강의에 불만을 품고 "모여"들었다.

칸트는 여기저기서 다른 사람들이 만들어내는 편람에 실을 자신의 글을 확인하는 작업에 대해서는 별로 관심을 갖지 않았다(E. Arnoldt: *Kritische Exkurse im Gebiete der Kantforschung*, 291~299면 참조). 그는 완전히 새롭게 서문을 쓰기도 하였고, 때에 따라서는 많은 부분을 삭제하거나 혹은 몇 개의 새로운 단어만 바꾸기도 하였다. 아주 드물긴 하지만, 다른 저자를 인용하면서 "저자가 말한 것은 잘못된 것이다"와 같은 문구도 자신의 글에 첨가하였다. 그의 추종자임과 동시에 동료였던 슐츠의 《순수 이성 비판에 대한 주석》을 편람으로 사용할 때, 칸트는 의도적으로 아무런 언급도 하지 않았다.

칸트는 아주 자유롭게 논문발표를 하였다. 가끔씩 그는 발표를 위해 고작 조그마한 종이 한 장 정도를 준비하곤 하였다. 물론 이 종이에는 그의 생각을 요약한 몇 개의 단어 혹은 몇 줄의 글이 적혀 있을 뿐이었다. 그는 그의 강의에 들어오는 수강생들과 함께 늘 철학을 연구한다고 생각하였기 때문에, 모든 부분에서 발생되는 개념들을 처음부터 완전히 해결될 때까지 점차적으로 정리해 나갔다. 칸트가 설명하는 것을 첫 몇 문장만 듣거나 일부분만 듣고 그가 하고자 하는 설명의 모두라고 생각한다면,

그 사람은 "단지 반 정도의 진리만 얻었을" 뿐이다. 칸트는 자신의 사고에 따라 강의 주제에서 너무 동떨어져 있다고 생각되는 순간, "친애하는 학생 여러분, 이제 요약할까요!" 하고는 원래의 주제로 빨리 돌아왔다. 모든 이성적인 선생님이 그러하듯 수업시간에 자신의 연구내용을 학생들 앞에서 읽기만 하는 강의(Vorlesung)에서 칸트는 그 수준을 항상 중간으로 유지하려고 노력하였다. "나는 천재들을 위해서 강의를 하지 않습니다. 천재들은 그 속성상 스스로 자제해야 할 궤도를 이탈할 가능성이 높기 때문입니다. 그리고 나는 무지한 사람들을 위한 강의도 하지 않습니다. 왜냐하면 그들은 노력한 만큼 보람을 얻지 못하기 때문입니다. 그러니 나는 중간 수준에 있는 사람과 장래에 얻을 자신들이 직업에 도움이 될 수 있는 사람들을 위해서 강의합니다"라고 유명한 법학 선생이던 틸바우(Thilbaut)에게 1793년경에 자주 이야기하였다고 전해지고 있다. 우리가 이미 칸트의 석사 시절에 보았던 것처럼 그의 세미나는 순수이론을 중심으로 형이상학과 논리학을 주로 다루었는데, 결코 초보자에게는 쉬운 것이 아니었다. 그러므로 그는 그의 젊은 동료 교수인 푀르쉬케(Pörschke)의 강의를 먼저 듣고 자신의 세미나를 들어줄 것을 당부하였다. 푀르쉬케는 1788년 여름학기에 처음으로 칸트의 《순수 이성 비판》을 강의하였다. 그 다음 겨울학기부터 계속해서 세미나로 개설하고자 신청하였던 것으로 미루어 볼 때, 이 강의는 대단한 인기를 얻었던 것으로 보인다. 윤리학 강의에서 우리의 사상가 칸트는 수강생을 단지 이해시키고자 노력하는 것이 아니라, 가슴으로 정서적으로 느낄 수 있게 하였다. "눈물을 흘릴 때까지 얼마나 자주 우리를 감동시켰으며, 얼마나 자주 우리의 가슴을 흔들어 뜨겁게 하였는지, 그리고 또 얼마나 자주 이기적인 행복주의에 억압되어 있는 우리의 정신과 감정을 순수 자유의지의 높은 자의식의 세계로 높였는지…" 그 감동이 얼마나 강했으면, 야흐만은 강의를 들은 지 20년이 지나도 생생하게 기억하고 있었다. 우리에게 강한 인상을 준 그 외의 강의와 세미나는 인류학에 관한 것과 자연지리학이다. 이 강의와 세미나는 단순히 학생들뿐 아니라 학자들 그리고 박식한 공무원 그리고 "사업가나 정치가"들 사이에서도 잊혀지지 않는 것이었다.

세미나와 강의 때 칸트는 모든 수강생을 한눈에 올려다볼 수 있는 강단 뒤 낮은 곳에 앉았다. 그는 항상 자신과 가까이 앉아 있는 사람을 주시하였다. 그러나 불규칙적으로 그는 잠시 강의를 멈추거나, 쉬기도 하였는데, 그 유명한 "떨어진 저고리 단추"뿐 아니라 예를 들어서 목과 가슴이 드러나 보이는 당시 유행한 "독창성" 있는 복장 혹은 이마와 목뒤로 흘러내린 머리카락이 원인이었다. 그의 목소리는 아주 낮았기 때문에, 그의 강의를 이해하기 위해서는 매우 조용히 경청해야 했다. 특히 강의실이 학기 초와 같이 "너무 많은 수강생으로 북적거릴 때는 의자를 추가로 더 많이 배치하거나, 강의실 마룻바닥에 앉아서 학생들은 강의를 들어야 했다."[1] 칸트는 여전히 성실성과 정확성의 표본으로 남아 있다. 야흐만이 칸트의 강의를 들은 9년 동안 칸트는 한 시간도 결강한 적이 없으며, 15분 이상 강의시간을 초과한 적도 없었다. 비슷한 내용을 크라우스도 주장하고 있는데, 그가 강의를 들은 5년 동안 칸트는 단 한 시간만 머리에 생긴 두통 때문에 결강하였다. 칸트는 이 시기에 자신의 강의와 세미나 시간에 한 가지 규칙을 정하였는데, 두 가지 전공과목을 일주일 중 월, 화, 목, 금 4일 동안은 아침 7시부터 9시까지 강의하였고, 일반인들이 좋아하는 수요일과 토요일은 아침 8시부터 10시까지, 보충수업은 토요일 아침 7시부터 8시까지 이루어졌다. 이렇게 일주일에 13시간 동안 두 가지 전공을 강의하였다. 그러나 1789년 여름학기부터는 전공 한 과목을 덜 강의하

---

1) 이 사실에 대해서 하만은 다음과 같이 말했다 : "나는 강의실 자리를 얻기 위해서 칸트가 강의를 시작하는 시간보다 무려 1시간이나 빠른 아침 6시에 미셀(Michel)과 함께 집을 나선다. 최소한 학기가 시작하고 한 달 정도는 자리를 얻기 위해서 완전히 북새통을 이룬다(하만이 야코비에게 보낸 1786년 5월 4일자 편지).

였기 때문에 일주일에 9시간만 강의하였다.

b) 수강생과의 관계

이 시기 칸트의 강의를 들은 수강생의 숫자는 지난 10년과 큰 차이가 없었는데, 주요 과목이자 모든 사람들에게 "공개"되어 있었던 과목인 논리학과 형이상학을 수강한 학생은 처음 80명에서 100명 정도였지만, 80년대 말경에는 약 70명에서 50명 정도로 수강생이 감소하였다. 반면에 모든 사람에게 공개되지 않고 개인적으로 강의한 물리학과 자연법 같은 과목은 20명에서 30명 정도 수강하였고, 이와 비슷한 수강생이 시험준비 과정반과 보충수업에도 등록되어 있었다. 보충수업의 경우 더 많은 학생이 등록하기도 했는데, 많은 경우 40명 정도였고, 특히 (1784년 여름학기)에는 50명 정도였다. 인류학과 자연지리학의 경우에도 36명에서 55명 정도가 수강하였다.

학생들은 칸트를 "마치 신처럼" 대우하였고, 칸트 역시 학생들에게 많은 관심을 갖고 있었다. 단순히 그들의 수업뿐 아니라 그들의 건강까지도 함께 걱정하였다. 칸트는 항상 그들에게 대학에서만 즐길 수 있는 자유에 대해서 강조하였지만, 그 자유가 방종으로 빠져서는 안 된다는 것도 함께 주지시켜 주었다. 칸트는 항상 학생들을 나무에 비유하였는데, 나무는 들판에서 가장 자유롭게 자랄 수 있으며, 가장 좋은 열매를 맺을 수 있다고 강조하였다. 그는 친구들에게 항상 솔직하고 빈틈없이 행동하였으며, 그들에게도 같은 행동을 요구하였다. 한번은 부모가 상업에 종사하였던 학생 몇몇이 그들 신분에 어울리지 않게 화려한 옷을 입고 다니는 것을 보고 칸트는 그들을 곱게 바라보지 않은 적이 있었다. 그러나 특별한 날 학생들이 화려한 정장을 갖추어 입는 것에는 관심을 보였다. 예를 들자면 1786년 새로운 왕의 대관식 날―아마도 이때는 칸트가 쾨니히스베르크 대학교의 총장에 이미 취임한 후일 것이다.—그는 마치 "부관"으로 보일 정도로 학생과 똑같은 제복으로 차려입었다. 대학에서 주관하는 음악회 나 무도회에 참석할 때도 의도적으로 피한다거나 하지 않고 상황에 맞는 옷을 입고 나타났다. 칸트는 그의 능력이 미치는 한 가난한 사람들에게 장학금을 구해 주거나, 기숙사를 무료로 제공하였으며, 가정교사 자리를 구해 주었다. 그 밖에도 그들에게는 수업료를 면제해 주기도 했다. 특히 칸트는 입학정원에 대해서는 철저하게 지킨 반면, 동료 크라우스는 이런 것에 대해서는 아주 관대하였다. 그 외에도 칸트는 학생들이 "돈을 낭비하 거나 상식에 어긋난 짓을 하거나 선생님을 무시하거나 속이는 일에 대해 서는 엄하게 대했는데, 그것은 곧 학생이 다른 사람을 속이는 것을 배우 는 것이라고 생각하였기 때문이다. … 그런 까닭에 이 세상에 있는 어느 누구도 자신의 능력을 포기해서는 안 된다"라고 칸트는 주장하였다(Voigt 의 책 457면). 칸트가 남긴 수강생의 명단에는 자신의 강의를 들은 학생 명단이 모두 있었는데, 그는 직접 수강료의 납부여부를 표시하였다. 'ddt' 의 표시는 'detit'의 의미로 이미 수강료를 납부한 사람이며, "크리스마스 때쯤 해서 계산하기로 했다"거나 "RI, 즉 미납자(restiert)" 등의 표시로 수 강료 납부여부를 낱낱이 기록하여 두었다.

이 시기 칸트는 두 가지 측면에서 어려움을 겪었다. 한편으로는 매 학 기 증가하는 수강생이었고, 다른 한편으로는 자신의 노쇠화 현상과 늘어 나는 연구 외의 다른 잡무였다. 이런 사실을 야흐만 형제, 즉 의학자 요 한-벤야민 야흐만과 처음에는 법학을 전공하였지만 나중에 신학을 전공 하였으며, 후일 칸트의 전기작가였던 라인홀트-베른하르트 야흐만 형제 가 전하고 있다. 이 두 사람은[2] 칸트가 죽을 때까지 그와의 관계를 유지 하고 있었다. 당시 대학교에 입학하기 위해서 치러지던 대학입학 자격시

---

2) 이 두 사람 중 누가 다년간 칸트의 조수 역할을 했는지는 확실하지 않다(K. Vorländer, *Die ältersten Kantbiographien*, Berlin 1918).

험(Abiturientenprüfung)은 그렇게 어렵지 않았기 때문에, 대학생 중 일부는 아주 어린 소년들도 있었다. 우리는 이런 사실을 보로브스키의 경우에서 살펴보았다. 하만의 아들도 비슷한 경우였다. 그가 1785년 여름학기에 처음으로 칸트의 수업에 참여한 것이 만 15세 6개월 때였다. 그보다 나중에 입학한 칸트의 동료 로이쉬의 아들도 어리기는 마찬가지였다. 학생들 중에는 너무 바쁜 학자의 자식들도 있었는데, 외지에 있는 부모들은 자식들에게 지나친 기대를 할 때가 가끔씩 있었다. 예를 들자면 아마도 칸트의 수강생이었던 것으로 추정되며 지금은 미타우에 목사로 있는 예거(Jäger)는 그의 아들이 "일요일기만은 유능한 농학 교수로부터" 지도받기를 원했다. 그런에도 분구하고 칸트는 "매우 존경할 만한 후견인과 친구"인 그에게 무리한 요구를 하면서 "그들의 뜻대로 일이 잘 되지 않으면, 연락을 주십시오"라고 했다(편지교환 I. Nr. 311). 한번은 칸트가 그의 아주 경솔했던 제자 쇼른(Shorn)을 꾸짖었는데, "가정주부인 어머니"가 보내주신 탈러로 가게를 잘 꾸려 가지 않고, 늘 무도회와 같은 곳에 다니며, 낭비하였기 때문이다. 그는 그곳에서 친구로부터 금화(Dukaten)를 빌려서는 만취할 때까지 마시고, 나머지는 도박으로 낭비하였다. 돈이 모자란 그는 시계를 저당 잡혀, 그 돈으로 "마차"를 빌려 몇 시간 동안 시내를 배회하며 돌아다녔다. 마부는 없었지만 그는 은화(Gulden) 4닢의 빚을 져야만 했다(같은 책 Nr. 206).

그 밖의 제자 중에서 특히 칸트와 친한 관계를 유지했던 사람은 헤르츠, 요엘, 레온과 많은 유대인 학생을 들 수 있다. 하만에 의하면 칸트가 아낀 제자 중 하나인 엘카나(Elkana)는 "오히려 불행한 젊은이의 공명심을 잘 교육시키는" 스승의 근면성을 자신의 적대자라고 "제 정신이 아닐 때," 가끔씩 이야기했다고 한다. 또 다른 제자 오이헬(Euchel)은 이미 저자로서 이름이 어느 정도 알려졌는데, 쾨니히스베르크 대학교의 동양언어를 가르칠 교수가 공석일 동안 히브리어를 강의하겠다고 칸트를 찾아왔다. 당시 총장이었던 칸트는 자신의 직위에는 "기독교적인 선서"를 요구하는 규칙이 있기 때문에, 그의 청을 거절한다고 하였다. 오이헬은 칸트의 총장취임식에서 환영사를 하고 환영시를 낭독한 19명의 서명자 중에 그 이름이 남아 있다. 그리고 하만은 철학자 칸트의 수제자로서 테오도르(D. S. Theodor)를 꼽았고, 칸트와 편지교환을 하였던 프리들랜더(M. Friedländer)와 골드슈미트(Goldschmidt) 박사도 같은 부류에 속한다고 하였다.

칸트의 열렬한 수강생으로 구성된 한 단체는 1784년 3월 3일 영예롭게도 칸트에게 금메달을 헌정하였다. 이 메달은 1년 반 전 쾨니히스베르크의 콜린(Collin)이(칸트는 그를 그의 친구 모터비에게서 소개받아 매주 일요일 초대받은 점심식사에서 만났다.) 진흙에 각인시켜 놓은 것을 비밀리에 베를린에 있는 메달기술공 아브람존(Abramson)이 완성한 것이다. 그들은 그들이 존경하는 선생님에게 아름답고도 오랫동안 기억될 수 있는 방법을 생각한 결과, 이 메달을 통해 존경을 표하고 싶었던 것이다. 칸트의 열렬한 수강생 중 한 명인 젊은 카이제르링 백작은 "항상 가장 가까운 곳에 보관하겠습니다"라고 칸트가 메달 수여 소감을 말했다고 전한다.[3] 아직도 남아 있는 이 메달의 한 면에는 칸트의 반신상과 그 아래 Emmanuel Kant라는 서명이 함께 새겨져 있다. 다른 면에는 피사의 사탑과 함께 추가 달려 있고, 그를 지키는 스핑크스 그리고 멘델스존의 다음과 같은 글이 새겨져 있다: "Perscrutatis fundamentis stabilitur veritas" 즉 기초의 정확한 연구를 통해야만 진리를 확정할 수 있다. 그러나 이 메달에는 오자가 있는데, 이것은—이미 콜린의 작업에서 잘못된 것으로—칸트의 출생연도가 1724년이 아니라 1723년으로 새겨져 있는 것이다. 칸트는 메달을 받은 것에 대해서 이미 그의 동료 슐츠에게 쓴 것처럼—"그

---

3) 1805년 「베를린 월간지」 398면 이하에서 F.(아마도 프리들랜더일 것이다)도 같은 내용의 글을 쓰고 있다.

와 같은 찬란하고 훌륭한 갈채와 감사의 표시에 흥분과 격양된 마음을 감추지 못했다"고 하였다. 칸트는 "법관"과도 같은 그의 수강생들에게 "그들이 애정 표시"를 이와 같이 값진 것으로 하고자 하였던 것을 보다 일찍 알았다면, 못하게 했을 것이라고 충고하였다. 그러나 그들은 그의 겸손한 성품을 잘 알고 있었기 때문에, 끝까지 비밀로 하였고 그를 놀라게 하였던 것이다. 그에게 메달을 헌정한 사람들 중 많은 사람들이 이스라엘 사람들이었기 때문에, 이 메달은 베를린의 유대인 메달 제조업자가 완성하였다. 그곳의 한 유대인 철학자의 격언과 함께 이 메달에 해당되는 적당한 상징을 생각했는데, 그것이 점점 퍼져서 "베를린의 유대인 협회"에서 칸트에게 준 메달을 주조했다는 좋지 않은 소문으로 바뀌고 말았다. 좀처럼 볼 수 없는 일이기는 하지만 칸트는 그가 죽기 얼마 전 금화 10 닢을 그의 마지막까지 절친한 친구였던 바지안스키에게 보냈다.

c) 학장과 총장으로서의 칸트

학장이나 학부장과 같은 보직이 대학교 자체에서 볼 때는 사사로운 것이지만, (칸트가 그의《학부 사이의 투쟁》54면에서 밝힌 것처럼) 학장이나 학부의 "책임자"에 부담을 느끼는 사람도 있다. 칸트는 1776년 여름학기에 처음으로 학장의 보직을 받은 이후 매우 자주 임명되었는데, 1791년까지 무려 5번이나 임명되었다. 1794/95년 겨울학기에 크라우스가, 1798년 여름학기에는 망엘스도르프(Mangelsdorff)가 칸트를 대신해서 잠시 학장직을 수행하였다. 그러다 1801/02년 겨울학기에 칸트가 퇴직을 결심함으로써 마침내 보직에서부터 "완전히 해방"될 수 있었다. 당시 철학부의 학장은 우리가 이미 칸트의 입학등록과정에서 그 상황을 살펴본 것처럼, 아주 부담이 큰 보직이었다. 입학을 원하는 모든 예비후보자들은 대학교로부터 입학허가를 받아야 했다. (슈베르트, 70면)에 의하면 당시 쾨니히

쾨니히스베르크 대학교에는 매 학기 평균 100명 정도의 학생이 새롭게 입학했다. 보다 중요한 일로 바쁜 칸트에게 있어서 이와 같은 학생 수는 결코 유쾌하지 않았고, 오히려 무거운 짐으로 작용하였다. 칸트의 평판은 결코 좋지 않았는데, 특히 그는 아주 깐깐한 시험관으로 이름 나 있었다. 왜냐하면 칸트는 "머리 속에 잠재되어 있는 재능과 능력"을 마구 엉켜 있는 후보자들의 지식보다 더 중요시 여겼기 때문일 것이다. 그래서 그는 늘 다음과 같은 유머스러운 얘기를 하곤 하였다: 나이도 지긋하여 이미 좋은 평판을 받고 있는 총장은 크루시우스의 논리학에 길들어 있는 대입수험생이 빠른 시간 안에 칸트에게 친숙한 논리학을 배우기를 원하기만 하여도 그들은 그에 의해서 합격으로 처리될 것이다. 한번은 그가 두 젊은 이의 서류만 보고 탈락시킨 적이 있다. 그들을 탈락시킨 이유는 그들의 서류에 추천서가 첨부되지 않았기 때문이다. 그들을 추천한 반노브스키 (Wannowski)는 칸트에게 다시 한 번 선처를 부탁하였고, 그의 부탁을 충분히 인정하였기 때문에 칸트는 그들에게 다시 한 번 시험을 칠 수 있는 기회를 부여하였고, 그들을 합격시켰다(1786년 3월 31일 반노브스키가 칸트에게 보낸 편지).

드디어 1786년 여름학기 62살의 노학자 칸트는 처음으로 대학교의 최고 영예인 총장직에 취임하였다. 그러나 형식적인 면만으로 볼 때, 어려움이 없었던 것은 아니다. 왜냐하면 철학자 칸트는 형식적인 경의를 표하는 것에 대해서 너무나 익숙하지 않았기 때문이다. 이 사실은 공식적으로는 한마디의 헛된 말도 하지 않는 칸트의 젊은 친구 크라우스가 정당성과 필연성을 갖고 그의 "순환이론"에 대한 날카로운 실행을 통해서 처음으로 밝혀낸 것이다. 새로운 총장의 취임식은 그의 62번째 생일 다음날 거행되었다. 이 날은 마치 16년전 정교수로 임명되던 날과 비슷하게, 그를 진정으로 사랑하는 학생들로부터 시 한편이 헌정되었다. 이 시는 4행 10연으로 구성되어 있는데, 이 시에서는 칸트를 "아버지로, 지도자로, 친구 그리고 선생님으로" 존경하고 있으며, 뿐만 아니라 "여전히 고결하며 항상 변함없는 박애주의자"라고 극찬하였다.

> "그의 심성은 영예에 따라 어떠한 것도 탐하지 않으며,
> 비천한 자부심을 좇아 어떤 본능적인 감정도 갖지 않으며,
> 그는 자신의 윤리와 함께 항상 성스러우며
> 모든 변화는 윤리와 함께 묶여 있다.
> Dessen Herz nach Ehre nimmer geizte,
> Nie den Trieb zu niederm Stolz empfand,
> Der mit seiner Tugendlehre heilig
> Einen Wandel ihr gemäß verband."

취임식 날 아침 환영객이 그의 앞에 나타났을 때, 칸트는 그 기쁨을 참을 수 없어서 그들의 대변자(야흐만)와의 짧은 인사도 제대로 하지 못하는 것이 여러 차례 확인되었으며, "그는 완전히 침착성을 잃은 것처럼 보였다." 이런 경사로운 대학교 총장의 취임식에서도 조그마한 사건이 있었다. 선임 총장의 이임사가 있은 후, 칸트가 막 취임사를 하려는 순간 아마도 정신 착란을 일으킨 것으로 보이는 의학도가 갑자기 군중을 헤치고 앞으로 나와서는, 취임사를 하려는 칸트 옆에 버티고 섰다. 그리고는 먼저 그가 준비한 공고문과 또 다른 한편의 논문을 큰 소리로 읽고는 "그를 찬성하지 않는 사람들은 이곳을 곧바로 떠나십시오!"라고 큰 소리로 외쳤다.

칸트의 첫번째 총장 시기에 프리드리히 대왕이 타계하였다. 그래서 칸트는 1786년 9월 3일 대학평의원회에 국상에 대한 훈령을 전달하고, 그 후계자에 대한 충성을 맹세하는 선서를 준비하게 하였다. 옛 격언처럼, '왕이 죽었다. 왕 만세!' (Le roi est mort, vive le roi!) 그리고 9월 19일 새

로운 왕에게 프로이센의 공식자를 비롯한 모든 사람들은 충성을 맹세하였다. 특히 새로운 왕은 총장과 평의회의 질문에 대해서, "돈을 낭비하면서까지 하는 성의 표시"는 "어떤 경우라도 사절"하겠다고 함으로써, 이미 새로운 왕에 대한 경축 행사를 준비중이던 학생회에는 심히 유감스러운 일이었다. 총장 칸트는 하루 전 오전 10시에 교수평의원 대표 몇 명과 함께 대학의 이름으로 프리드리히 빌헬름 II세의 취임을 축하하기 위해서 왕의 궁성을 찾았다. 여기서 그는 칸트의 "환영 인사말에 대해서 철학자 칸트에게도 그리고 자신에게도 영광스러운 일"이라고 대답하였다. 뿐만 아니라 왕을 모시고 있으며 중책을 맞고 있는 장관 폰 헤르츠베르크(von Hertzberg)도 유명한 학자 칸트에게 큰 관심과 경의를 표했다. 공식적인 왕의 대관식 날 초대받지 못한 "학생단체"에서 동원된 600여 명의 학생들이 칸트의 손에 자신들의 입장 여부를 맡겨 놓고 성 광장에 모여 있었다. 그 사이 "모든 서민들은 무지막지한 성의 경비병들에 의해서 저지당해야만" 했다. 9월 21일 다시 한 번 왕의 대관을 위한 교회의식이 거행되었다. 이 행사에서 칸트는 살그머니 피할 수 있었다. 왜냐하면 이 날 "아침 7시 정각에" 왕궁에서 보낸 세 장의 초대장을 전 총장이었던 홀츠하우어(Holtzhauer)에게 보내면서, 한두 명의 평의원 회원과 함께 가능한 빨리 왕의 대관을 위한 교회의식에 꼭 참석하여 달라는 "절박한" 부탁을 하였기 때문이다. 칸트는 교회의식이 무척 부담스러웠기 때문에 직접 참석하지 않았다. 칸트는 잘 알려진 것과 같이 공식적으로는 교회의 어떤 미사나 예배에도 참석하지 않았다. 칸트는 교회의식에 한 번 참석한 적이 있지만 그것마저 피하고 싶었던 경험이 한 번쯤 있었던 것으로 보인다. 즉 총장취임식이 끝나고 새로운 총장, 모든 정교수 그리고 학부 교수들 순으로 돔(Dom) 안으로 들어가 교회의식을 치러야만 했다. 만약 칸트 자신이 총장이 아니었다면, 그때 역시 그는 돔의 문턱을 결코 넘지 않았을 것이다(Reusch, *Kant und seine Tischgenossen*, 5면).

9월 25일, 총장으로서 칸트는 이미 자신의 의무를 수행해야만 했다. 왕의 생일 잔치가 대학교 강당에서 있었는데, 어찌되었건 칸트가 환영사를 해야 했으며, 감사의 말을 끝으로 행사가 마무리되어야만 했다. 같은 행사가 2년 후인 1788년 그의 두 번째 총장 임기가 끝날 무렵 거행되었다. 다행스럽게도 이 두 경우 모두 환영사는 시학교수이자 "능변가"인 망엘스도르프가 하기로 되어 있었다. 그 역시 행사의 마지막 부분에서 "거대한 대상에 대하여"라는 시를 낭송하여 칸트의 짐을 나누어 가졌다. 이렇게 우리의 철학자 칸트에게는 공식석상의 환영사가 굉장한 부담으로 작용하였던 것으로 보인다. 우연히 입수되어 라이케가 공개한[4] 그의 환영사 초고에서 이런 사실을 찾아볼 수 있는데, 많은 부분이 줄로 그이져 있으며, 삭제되어 있고, 새로 교정한 흔적이 남아 있다. 우리 독자들은 이곳에서 칸트의 글쓰는 방법에 대해서 알 수 있다. (지방 정부의 각료들이 왔을 때 행한) 그의 인사말 초고를 여기에 옮겨 살펴보겠다: "우리의 가장 고귀한 왕이 이 세상에 내려준 오늘은 우리 대학교의 날이며, 그의 충직한 신하들의 날이며, 전 유럽을 위한 날입니다. 정의와 인간성에 근거지어져 있고, 권력에 의해 안정이 보장된 자유를 사랑하는 동안." ―여기서 우리는 철학자 칸트의 이상주의적인 사상을 엿볼 수 있다.―"당연히 오늘은 경사로운 날입니다. 오늘 최고의 의무기관인 우리 대학교를 대신하는 발표자는 존경으로 떨고 있으며, 대학교의 자애로운 군주에게 감사하는 마음으로 가득합니다. 친애하는 국왕 폐하께서는 이 날의 축하 말씀을 기억하시어 즐거운 마음으로 함께 하여 주십시오. 오늘 이 경사스러움이 영원히 빛나길 빕니다." 이렇게 그는 모든 연설을 가능한 한 짧게 하였다.

---

4) 「구프로이센 월간지」 XVIII 297. 칸트가 공식석상에서 행한 모든 연설이 293~301면 그리고 308면에 실려 있다. 라틴어로 씌어진 칸트의 총장취임사도 같은 책 301~307면에 처음으로 인쇄되었다.

칸트의 두 번째 총장 임기 동안에 행해진 두 번의 연설(1788년 9월 25일 환영사 포함)에서도 보여주듯이 연설의 마지막 부분도 앞에서 서술한 내용과 큰 차이가 없는 것으로 초고에서 추측해 볼 수 있다. 이러한 것은 "복지문제"에 대한 풍자에서 찾아볼 수 있는데, 황제 폐하께서는 "일전에 몰락에 몰락을 거듭하는 우리의 규칙에 제동을 걸어 주셨습니다." 아마도 이 문장이 의미하는 것은 1787년 10월 22일 새로운 왕이 대학 교수의 복지 향상을 위해서 2000탈러를 추가 지원한 것에 대한 감사의 뜻으로 보인다. 마지막으로 우리가 살펴보아야 할 것은 라틴어로 행해진 그의 연설(철학이 취급하는 육체적인 것의 약, De Medicina corporis quae Philosophorum est)에 대한 초고이다. 그러므로 육체에 관한 철학적 문제에 대한 기본적인 방향은 나중에 발표될 "정서 등의 힘으로부터"에 이미 제시되어 있다. 그리고 이것은 칸트의 총장직 수행과 퇴임에 대한 행동 강령에 해당되는 것으로 1786년 10월 1일 혹은 1788년 10월 4일 행해진 것으로 보인다.

중요한 것은 칸트 스스로는 총장의 직책을 수행하는 것이 무거운 짐이라고 생각한 것이다. 이러한 사실을 우리는 거듭되는 그의 편지 속에서 찾아볼 수 있다. 1786년 5월 26일 칸트는 야콥에게 자신의 짜증스러운 불만을 다음과 같이 토로하였다: "지난 반년 동안 나에게 떨어진 대학교의 계속되는 잡무"는―이런 볼멘 소리를 한두 번 한 것이 아니었다.―순수 이성 비판의 재판을 위해 칸트가 연구해야 할 시간을 거의 모두 빼앗아 갔다는 것이다. 그리고 1788년 3월 7일 칸트는 다가올 여름 동안 전혀 "습관이 되지 않은 연구"를 해야 할 것에 대해서 한탄하였다. 즉 3년 동안 연속해서 두 번이나 총장으로 지낸다는 것이 그에게는 "아주 괴로운" 일이었다. 그러나 칸트가 총장으로 있는 동안만은 성실성과 정당성 그리고 위엄을 갖추고 최선을 다하여 그 직책을 수행하였다. 이렇게 총장으로서 칸트는 학장 때처럼 프로이센의 강한 군인세력의 간섭에 대항하여 대학과 학생들의 권익을 보호하였다. 1786년 베렌호이저(Berrenhäuser) 대령이 쾨니히스베르크 대학교 입학시험을 친 학생 구토브스키(Gutowski)에게 대학수업을 위해서 필요한 지휘자의 허가서 발급을 거절한 것에 대해 5월 16일 총장으로서 칸트는 아주 긴 편지로 항의하였다. 이 편지에서 칸트는 이제 막 대학의 학업에 대한 가벼운 열풍이 불고 있는 현 시점에서 군 당국이 이와 같은 정당하지 못한 방법으로 방해를 해서는 안 된다고 주장하였다. 같은 맥락으로 (학장으로서) 칸트는 대학의 발전을 위해서 1791년 7월 26일 한 장의 편지를 육군소장 폰 길레른(von Gillern)에게 보냈다. 그는 대학입학시험에 합격한 뤼크(Lyck) 출신의 두 학생에게("그 중 한 명은 농부의 아들이고, 다른 학생은 구두수선공의 아들이었다.") 입학을 허가한 것이 아니라, 오히려 그들을 군에 입대시켜 버렸기 때문이다. 그들을 군대에 입대시킨 이유는 1784년 7월 21일 왕의 칙령에 다음과 같은 규칙이 제정되어 있었기 때문이다: "작은 도시에 있는 농부와 서민의 아들은 그들의 부모가 하고 있는 가업을 배워서 이어갈 의무가 있다." 이 칙령에 반대해서 칸트는 대학에 대한 지나친 간섭이나 억압이 될 수 있는 법이나 엄한 입학조건과 같은 법규는 마땅히 폐지되어야 한다고 주장하였다. 현재 일어나고 있는 이런 사건들은 교육을 위해 많은 노력과 돈을 투자하고 있는 "김나지움이나 부모에게 가장 무서운 공포로" 번진다고 칸트는 보았다. 대학교에서는 이렇게 이미 신참 졸병이 되었을지도 모르는 젊은이를 군대에서 돌려보낼 수 있게 군 당국에 명령을 하달해 달라고 교육부에 간청하였다. 그러나 안타깝게도 이 경우 어떤 답이 오고 갔는지 우리는 알지 못한다.

마지막으로 이 시기에 있었던 칸트의 몇 가지 명예로운 것에 대해서 살펴보겠다. 1786년 12월 7일 베를린 학술원에서는 칸트를 백작 헤르츠베르크 장관의 추천으로 프리드리히 빌헬름 II세로부터 재가를 받아 학술원회원으로 임명하였다.─오랜 시간이 지난 후 칸트의 논쟁자 에베르하르트와 헤르더도 함께 회원으로 임명되었다.—이 임명장을 베를린 학술원의 비서(포르마이[Formey])가 프랑스어로 작성하여 칸트에게 보냈다. 칸트는 그의 전기에서 밝히고 있는 것처럼 이와 같은 임명장에는 아무런 의미도 두지 않았고, 오늘날과 마찬가지로 별로 유명하지 않은 학자들이 하지 않는 것처럼—그의 저서의[5] 이력 사항에도 이 사실을 표시하지 않았고, 단지 교수라는 직책과 "Immanuel Kant"라는 이름만으로 그는 항상 만족하였다.

1786년 칸트는 이미 철학부의 연장자가 되어 매년 약 100탈러가 인상된 수입이 보장되었다. 1789년 초 칸트에게는 특별수당의 형식으로 초과수당이 지급되었다. 이것은 칸트 스스로 비스터를 통해서 알린 것처럼 쾨니히스베르크 대학교 발의로 이루어진 것이 아니라, 베를린에 있는 "건전한 사고를 가진" 많은 실업고등교육기관 동료들의 권유로 이루어졌다.— 그러나 칸트에게는 1789년 3월 3일 왕의 칙령에 의해서 1789년 1월 1일부터 분기별로 지급되는 연간 220탈러의 특별수당이 "완전한 행복의 신호"로 보였다. 그 결과 그의 연간 수입은 평균적으로 약 720탈러로 뛰어올랐다. 우리가 여기서 평균을 얘기하는 것은 동원할 수 있는 모든 수입원에 대해서 말하고 있기 때문이다.[6] 비스터가 쓰고 있는 것처럼 베를린에 있어서 이러한 "공정성의 물결"은 "오랫동안 침묵하던 무관심이 마침내 다시 좋은 방향으로 돌아간" 것이며, 그것에 대해서 "생각할 수 있는 모든 사람들은 특별히 기쁨을 감추지 못했다." 1789년 3월 27일 날짜로 적혀 있는 어떤 글에서 칸트는 "분에 넘치는 은혜"에 대해서 감사하였다.

---

5) 반면에 우리는 학생들을 위한 사진첩에서 가끔씩 이 사실이 첨부되어 있는 것을 볼 수 있다. 아마도 학생들이 원한 것 같다(편지교환 III. 441면).

6) 이렇게 다양하게 씌어진 수입내역서는 자세하게 도표화한 것을 합한 것으로 대학에서부터 고등교육기관으로 보내진 서류 중 1786~1801년 사이의 것이다(A. 바르다.「구프로이센 월간지」XXXVIII 413면 이하).

이 글은 겉으로 보기에 경건한 시간의 형식을 유지하는 것처럼 보인다. 그러나 실재적으로는 진정한 칸트 식의 방법을 엿볼 수 있는데, 그는 어떠한 것도 의식하지 못한 것이 아니라. "그의 잘못된 의무에 대해서 알아차리고 있었다."

3. 개인적인 친구관계/칸트가 살던 집/독신 생활/일상 생활

a) 개인적인 친구관계

칸트의 친구 교제는 무엇보다 가장 평범한 방법으로 이루어졌다. 이 시기에 있어서 그는 풍부한 유머에 강한 풍자까지 더하여 보기에도 즐겁고 유쾌한 교우관계를 형성하였다고 그의 전기를 기술한 야흐만이 노령의 친구들과의 교제에 대해서 설명하고 있다. 그리고 노년의 칸트는 우리가 이미 크라우스를 통해 잘 알고 있는 그린을 매일같이 방문하였다. 그러나 생의 마지막 몇 년 동안 발가락에 온 통풍(痛風) 때문에 밖으로 나갈 수 없었다. "그린은 안락의자에 앉은 채 잠들어 있었고, 그 곁에 칸트는 무엇인가 생각에 잠긴 모습으로 역시 잠들어 있었다. 그 다음 어김없이 은행장 루프만이 나타났고, 동시에 모터비가 마지막으로 약속한 시간에 방안으로 들어왔다. 두 사람을 깨운 다음 그들은 오후 7시까지 흥미로운 대화를 이어갔다. 이들의 모임은 정확하게 7시에 끝났는데, '아직 7시가 되지 않았나 봐, 칸트 교수가 아직 지나가지 않았잖아!' 하고 길 가까이 사는 사람들의 말을 나는 종종 들을 수 있었다." 이들 네 친구는 일요일에는 다 함께 차가운 빵 조각으로 저녁 식사를 나누었는데, 스코틀랜드의 사업가 해이와 그 외 몇 명의 친구도 함께 하였다. 남들이 보기에도 우아한 이들의 모임은 안타깝게도 1786년 그린이 타계하면서 끝나고 말았다. 철학자 칸트는 1791년 1월 3일 헬바크(Hellwag)에게 보낸 편지에서 그린을 "가장 좋은 친구"라고 하였다. 이 가슴 아픈 사건은 칸트에게 오 랫동안 기억에 남을 큰 상처였다. 그의 생활방식은 그린의 죽음으로 완전 히 바뀔 것이라고 하였다. 이후 그는 더 이상 저녁 모임에 참석하지 않았 다고 하였다. "더더욱 저녁식사는 완전히 취소되었다." 그렇지만 이 저녁 식사는 그의 건강상태가 나빠진 말년에 다시 계속되었다. 그러나 그린이 죽은 후에도 오래 전부터 계속된 매주 일요일의 점심식사 시간만은 그린 의 동서 모터비 집에서 계속되었다. 후일 모터비 역시 치명적인 병에 걸 려 갑작스럽게 쓰러졌을 때, 칸트는 진심으로 그를 걱정하였다. 야흐만은 하루 두 번씩 그의 병에 대한 상황을 칸트에게 보고해야만 했다. 그러나 그의 임종 앞에서 칸트는 아주 차분하게 그의 죽음을 애도하였다. 하지만 칸트는 "나의 모든 친구들이 나보다 먼저 무덤으로 가는 것을 내가 봐야 만 하는가!" 하고 격한 감정을 달래지 못했다. 1794년 루프만이 죽었을 때에도 칸트는 깊은 상처를 받아야 했으며, 1787년 카이제르링 백작과 1791년 8월 24일 백작 부인의 죽음 때도 마찬가지였다.

우리가 다음으로 얘기할 수 있는 그의 친구는 그와 김나지움을 같이 다녔으며, 우리가 여러 번 이미 얘기한 바 있는 실용주의 철학자 크라우 스(Christian Jacob Kraus) 교수이다. 칸트는 그를 케플러에 비교할 만큼 아주 높이 평가하였을 뿐만 아니라 그가 총명한 머리의 소유자이며 지금 까지 보아 온 사람들 중에서 가장 위대한 천재라고 하였다. 칸트는 그와 함께 자주 산보를 하였으며, 그들이 가장 즐겨 찾던 장소는 항상 동네에 서 떨어져 있는 고요가 깃든 교외였다. 그곳에서 그들은 어느 누구에게도 방해를 받지 않고 그들만의 학문적인 토론을 할 수 있었기 때문이다. 그 들의 신체조건은 거의 비슷하게 닮았는데, 둘 다 야윈 편이었다. 크라우 스의 걸음걸이는 그의 말과 마찬가지로 무척 빠르고 활기찼다. 그러나 그 가 칸트와 함께 걸을 때는, 그들은 항상 느린 걸음으로 천천히 걸었다. 80 년대 칸트는 크라우스를 항상 자신 곁으로 가까이 끌어들였다. 1787년 칸트가 자신의 집을 마련하였을 때, 칸트와 함께 자주 식사를 한 유일한 사람이 크라우스였다. 그리고 크라우스는 그의 친구들과 아우어스발트 (Auerswald)에서 좋은 시간을 보낼 유일한 휴가를 자신의 "훌륭한 아버지 칸트"를 혼자 집에 둘 수 없어서 여러 차례 취소하였다. 뿐만 아니라 그들은 얼마 동안 공동 "가계"를 꾸리기도 하였다. 칸트가 1790년대 초 그를 찾은 많은 손님들과 함께 어울려 식사하는 것이 어느 정도 익숙해 졌을 때, 크라우스는 다시 칸트의 집에서 이사해 나갔다. 그럼에도 불구하고 칸트의 집 안팎에서 큰 만찬이나 파티가 있을 때는 항상 그들은 함께 자리를 한다거나, 늘 가까이에서 담소를 나누었으며, 작은 모임에도 자주 함께 하였다. 모임에 함께 한 사람들의 말을 빌리자면, "칸트와 크라우스 사이에 박식한 토론이라도 시작되면, 다른 사람들은 보다 더 좋은 토론은 생각할 수" 없을 정도로 깊이 있는 대화를 나누었다고 한다.[7] 크라우스 다음으로 가까운 관계를 유지했던 사람은 수학교수이자 궁중설교 사였던 슐츠(Johann Schultz, 1739~1805)였다. 그는 1784년 《순수 이성 비판 주석서》를 출판하였으며, 계속해서 1789년 내지 1792년 재판을 발간하였다. 그리고 칸트는 그를 1790년대에 있어서 자신의 가장 믿을 만한 신봉자라고 하였다. 그 외에도 칸트는 개인적으로 가까운 사이가 아닐지라도 그의 직장동료들에 대해서는 항상 친절하게 대하였다. 예를 들자면 1782년 할레에서 쾨니히스베르크로 이사한 망엘스도르프에게 그의 가제 도구가 뤼벡에서 도착할 때까지 임시로 사용할 "침대, 책상, 커피 기구 등 기타 여러 도구", 그리고 "강의실에 필요한 책상, 의자 그리고 긴 의자들"까지도 구해 주었다. 그리고 그의 부인이 처음 올 때도 칸트는 자신의 하인을 시켜 마중하게 하였다. 지금까지 얘기한 네 사람(크라우스, 슐츠, 로이쉬, 망엘스도르프) 외에도 당시 철학부에는 두 사람의 정교수가 더

---

7) 크라우스에 대한 보다 더 확실한 자료, 칸트와의 특별한 관계는 포이그트의 전기 《크라우스 교수의 생애》에서 보다 자세히 찾아볼 수 있다.

있었다. 그 중 고대 그리스 철학을 담당했던 발트가 있었는데, 그는 1804
년 4월 23일 대학에서 있었던 칸트의 추도식에서 회고사를 낭독하였다.
그는 또한 칸트의 말년에 자주 칸트의 식탁에 초대되기도 하였으며,
(1804년) 칸트의 식탁에 초대된 사람들을 주제로 《식탁의 대화》
(*Tischreden*)란 짧은 글을 발표하기도 하였다.

그 외 우리가 얘기할 수 있는 쾨니히스베르크의 친구는 풍부한 상상력
의 소유자로서 유명했던 저자임과 동시에 시장이었던 폰 히펠(Th. G. von
Hippel, 1741~1796)이 있다. 히펠은 1750년대 칸트의 제자였지만, 칸트는
그를 신뢰하지 않았다. 그래서 그들은 그들의 만찬에 초대한다거나, 우연
한 기회에 서로 초대하는 것에 대해서는 특히 제한된 관계를 유지하였다.
히펠은 1778~1779년 사이에 익명으로 《직계의 이력》(*Lebenslaufe nach
aufsteigender Linie*)이란 두 권의 책을 출판하였는데, 제1권은 많은 부분이
철학적인 사고로 채워져 있다. 히펠 자신은 무엇보다도 옛 스승의 철학에
대해서 흥미를 가졌으며, 1770년대 그가 수강한 내용을 담아둔 책과 같은
수강신청서(Kolegnachschrift)에는 칸트와 더불어 토론을 할 목적으로 신
청한 논리학, 윤리학, 자연법 그리고 특히 인류학이 눈에 띈다. 그 이유는
"유머라는 요리에 심사숙고라는 감미료를 더하여 보다 상큼한 맛을 낸
다음 "그의 가장 재미있는 글 속에 섞어" 넣기 위해서였다고 한다. 위에
서 인용된 글은 히펠 스스로가 《직계의 이력》의 편집자 내지 공동 저자
라고 공인한 후, 우리의 철학자 칸트가 1796년 12월 히펠이 죽은 후 두
곳의 문학잡지에 게재한 것으로 추정되는 《히펠의 저작에 대한 성명》
(*Erklärung wegen der von Hippel'schen Autorschaft*)의 내용이다. 그러나 이
러한 일들로 그들의 우정에 금이 간 것은 결코 아니었다. 1793년 12월 5
일 히펠은 오히려 그가 눈병을 얻어 단치히에서 머무는 동안 보낸 편지
에 "가장 존경하고 진심으로 가장 사랑하는 나의 스승이자 친구"라고 표
현하고 있다. 그리고 그는 "결코 잊을 수 없는" 사람이라고 칸트가 보낸

《단순한 이성의 한계 안에서의 종교》의 헌정본에 감사의 글을 쓰고 있으며, 12월 2일자로 동봉된 내용은 다음과 같다: "당신의 그 풍부한 교제에 대해서 제가 얼마나 그리워하고 있는지 당신은 모르실 것입니다. 저에게는 당신의 교우 관계가 쾨니히스베르크보다 더 큰 의미를 갖고 있다는 것을 당신은 잘 알고 계실 것입니다. 그리고 진심으로 제가 당신을 존경하고 있다는 것을 당신 스스로가 확인한 사실이기 때문에 저는 더 이상 말씀드릴 필요가 없다고 생각합니다. 저의 연구실에서 매일같이 이웃하고 있는 당신의 집을 바라볼 수 있다는 것만으로도 저는 즐겁습니다. 당신 같은 이웃을 통해서 제가 누릴 수 있는 행복을 최대한 만끽하기 위해서 당신 곁에 항상 남아 있을 것입니다." 실제로 이렇게 그는 7의 스승에 대해서 진정으로 존경을 표하였다.

b) 칸트가 살던 집

여기서 우리는 1783년 말 히펠이 그의 존경하는 스승이자 친구인 칸트에게 마련해 준 집에 관한 이야기를 하고자 한다. 매매계약서는 1784년 3월 12일 작성되었지만, 칸트는 7월 7일 총 5500굴덴을 지급함으로써 소유권을 완전히 이전받았다. 이 집은 쾨니히스베르크 성 가까운 곳에 자리하고 있었고, 길거리 이름은 프린제신(Prinzessinstraße)이었다. 비록 시내 한복판에 위치하고 있었지만, 주위는 아주 조용하였다. 거리 자체가 번화한 곳에서 떨어져 약간 외진 곳에 있기도 하였지만, 마차들이 자주 다니는 거리는 아니었기 때문이다.[8] 우리가 수백 년 이상 된 성을 상상하노라면, 성 뒤쪽에는 파수대와 감옥이 있고, 올빼미가 밤새 우는 것을 생각해 볼 수 있을 것이다. 이러한 성과 마찬가지로 칸트의 집 뒤에도 공원과 묘지

8) W. Kuhrke, *Kants Wohnhaus*(Berlin, 1917)와 편지교환 IV. 128면과 133면.

가 있었다. 칸트의 집에도 조그마한 뒤뜰이 있었는데, 거리를 지나다니던 어린아이들이 담장 너머로 돌을 던지는 것을 경찰이 아무런 제재도 가하지 않은 이후, 칸트는 뒤뜰에 나가지 않았다고 한다. 그럼에도 불구하고 칸트는 친하게 지내는 친지들에게는 꽃과 과일을 선물하였고, 장미가 피는 철에는 식사에 초대되는 손님을 위해서 항상 새로운 장미꽃을 꺾어 식탁 위에 놓았다고 한다. 그러나 그의 집 근처에 있었다는 감옥 때문에 그는 항상 화가 났다고 한다. 그의 집 주위가 조용해질 저녁 무렵이면, 어김없이 감옥에서 죄수들이 부르는 합창이 들려 왔다고 한다. 특히 서재의 문이 그쪽 방향으로 나 있었기 때문에, 여름에는 서재의 문을 열어 놓기가 힘들었다고 한다. 칸트는 이사 온 첫해 여름 "감옥에서 독실한 기독교 교인인 체하면서 울부짖는 벼락 같은 예배소리"에 대해서 시장에게 강력한 항의의 편지를 보냈다. 이 편지의 내용은 다음과 같다: 만약 "그들 스스로가 목청껏 크게 소리치지 않고도 닫혀진 창문 가에서 무엇인가 들을 수만 있다면," 그들은 자신의 "영혼 구제를 위해서" 결코 "위험을 향해 달려가지" 않아도 될 것이다. 누군가로부터 "구원"을 받기 위한 증거로는 그들이 정말 독실한 신자라는 것만으로 충분하다. 그리고 "단지 그들은 좋은 우리 도시에 사는 믿음이 두터운 시민들이 잠에서 깨어날 수 있을 정도의 낮은 목소리로" 노래를 부르는 것으로 충분하다(칸트가 히펠에게 보낸 편지. 1784년 7월 9일). 이러한 칸트의 불쾌감에 대한 청원은 좋은 결과를 낳았다. 즉 감옥에 있는 죄수들에게 칸트의 요구가 전달되었고, 그 이후 그들은 창문을 모두 닫고 합창을 하기로 약속하였다.

칸트가 살았던 약간 허름한 2층짜리 집에는 모두 8개의 방이 있었다. 아래층 한쪽 측면에는 칸트의 강의실이 위치하고 있었고, 다른 측면에는 칸트의 늙은 가정부가 거처하는 방과 거실이 있었다. 가정부가 살고 있던 바로 위층에 칸트가 사용하던 식당과 침실이 있었다. 물론 칸트의 이 침실에도 서가가 놓여 있었다. 그리고 손님을 접대하기 위한 응접실과 서쪽 방향에 서재가 자리하고 있었다. 그리고 칸트의 집에 속하지는 않았지만 전망 좋은 이웃집 정원도 그곳에서 내려다보였다. 이 집의 다락방에는 칸트의 늙은 사환이 살고 있었다. 이 사환은 노후에 칸트와 늘 식사도 함께 하며 지냈다. 칸트의 집을 방문한 칸트의 동료 핫세(Joh. Gootfried Hasse)는 다음과 같이 그가 받은 인상을 생생하게 서술하고 있다: "이 집에 들어서는 순간 무엇보다도 먼저 적막감에 놀란다. 그리고 부엌뿐 아니라 집 어디에서고 음식 냄새가 전혀 나지 않았고, 그의 가정부가 사랑하는 개가 있는지 없는지 모르겠고, 고양이 울음소리도 전혀 들리지 않았다. (이 개와 고양이 때문에 칸트가 가정부에게 장황한 잔소리를 하였다고 칸트는 친구들에게 이야기하였다.) 심지어 다른 어떤 사람은 이 집은 마치 딩 비어 있는 것처럼 생각된다고도 하였다. 계단 위로 올라서면, 식탁을 정리하느라고 바쁜 사환이 눈에 띈다. 그것을 지나 걸어가면 아주 단순하면서 아무런 치장도 하지 않아서 부분부분 그을린 전실(前室)을 지나 큰 방으로 들어가게 된다. 이 전실은 방으로 들어가기 전, 옷이나 기타 장신구 등 치장을 위해 필요한 도구를 두고 있는데, 아무런 장식도 되어 있지 않았다. 소파 하나와 비단 천으로 된 두 서너 개의 의자, 몇 개의 자기 그릇을 넣어 놓은 유리문이 달린 장식장 그리고 사무용 책상 하나가 놓여 있었다. 그 책상 위에는 은화 몇 닢과 동전 몇 개가 놓여 있었고, 그 옆에는 열량계도 함께 있었다. 이상이 그 방에 있던 가구의 전부이며, 벽의 일부는 흰색으로 칠해져 있었다. 그리고 그 방에 달려 있는 너무나 단순하고 보잘것없는 문을 밀치고 들어서는 순간 초라하지만 정말 상수시(Sans-Sousi)[9]로 들어가는 것과 같은 기분을 느낄 수 있다. 아니 오히려 초라하지만 아담한 상수시라고 표현하는 것이 더 좋다. 그곳에 들어서는 순간 '잘 오셨습니다' 하는 경쾌한 소리가 들려옴을 느낄 수 있다. (처음 내가

---

9) 베를린 포츠담에 있는 프리드리히 대왕의 별궁의 이름으로 근심이 없는 왕궁이란 뜻을 갖고 있다―옮긴이 주.

여기에 들어서는 순간, 얼마나 가슴이 뛰었는지 표현할 수조차 없다.) 방 전체는 단순함 그 자체였지만, 세계와 도시에서 들려오는 모든 소음으로부터 피해 조용히 은거해 있는 것 같았다. 두 개의 낡은 책상, 단순한 소파 하나 그리고 두 서너 개의 의자가 있었는데, 칸트는 그 의자 중 하나에 앉아 연구에 몰두하였다. 방 한 가운데 빈 공간이 있었고, 그곳에 서랍장이 하나 놓여 있었다. 칸트가 자주 얘기하고 조언을 구했던 기압계와 온도계도 그곳에 있었다. 여기에 우리의 사상가는 앉아 있었다. 그는 세 개의 다리가 달린 반원으로 된 나무의자에 앉아 있었다. 의자에 앉아 그는 문 쪽으로 고개를 빼고 있었는데, 배고픔을 참으면서 오래 전부터 그의 식탁에 초대된 사람을 기다리고 있었기 때문"이었다. 두 개의 낡은 책상 위에는 원고 뭉치와 책들이 가지런히 놓여 있었다. 그 방의 한 벽만 유일하게 장식되어 있었는데, 그것은 루소의 초상화였다. 네 벽은 먼지와 매일 아침 피우는 칸트의 파이프 연기로 그을려 회색 빛으로 변해 있었다. 거울은 단지 응접실과 식당에만 걸려 있었다. 그의 침실은 전혀 난방을 하지 않았는데, 말년에 그의 건강이 악화되었을 때만 난방을 하였다. 이 침실에는 창문이 하나밖에 없었는데, 아주 특이한 사실은 그 창문을 통해서 집안에 있는 나쁜 벌레들을 몰아낼 수 있다고 칸트는 생각하였다 (바지안스키의 책, 33면 이하). 창의 덧문에 특수한 기구를 설치하여 밤낮 구별 없이 창문을 닫아 놓았지만, 방안을 환기시킬 때에는 하루에 한 번 정도 창문을 열었다. 이때 칸트의 집 뒤편에서 그의 뒷모습을 볼 수 있었던 것이다.

　칸트는 자신의 침실에 남들이 들어오는 것을 무척 싫어하였다. 이 침실에는 큰 도서관만큼은 아니지만, 칸트의 표현에 의하면, 몇 권의 "책들"이 놓여 있었다. 칸트 사망 때 그의 침실에 있던 책은 약 400~500권 정도였으며, 그 중에는 팜플렛과 같은 제본되지 않은 소책자도 많이 있었다. 소책자의 대부분은 수학과 자연과학에 관한 내용들이었는데, 모두 오래 전에 씌어진 것이었다. 그 중 몇 권은 철학적인 목차를 담아 새로 편집한 것도 있지만, 대부분은 이미 그 책들의 저자에게 보내졌었다. 그러므로 대부분이 이미 칸트의 입장에서 해석되고 정리되어 있었다. 그러나 그 중에는 비판시기 이전에 씌어진 모든 저서와 실천 이성 비판에 대한 비평서는 없었다. 석사학위 소유자 겐지헨(Gensichen)에게 칸트는 책을 유산으로 남긴 것처럼, 특히 우리가 추측해 볼 수 있는 것은, 칸트는 말년에 많은 양의 책을 선물하였고, 또 일부는 빌려주고 돌려 받지 못하였던 것으로 보인다. 이러한 추측이 가능한 것은 그가 소장했던 책 중에서 한두 권의 낱권이 빠진 전집이 남아 있기 때문이다. 그의 친구들을 통해서 특히 그의 책을 출판한 사람들에 의해 그가 원한 모든 책은 — 그는 다독가였다. — 확실히 충분하게 공급되었다. 예를 들자면 그의 오래 전 제자였던 니콜로피우스는 자신의 서점에서 나오는 서적목록을 칸트에게 항상 보내 주었다. 그 목록을 보고 칸트는 자신이 필요한 모든 책을 빈틈없이 메모하였고, 그 메모에 따라 한 권씩 서점에서 배달되도록 하였다. 왜냐하면 칸트는 "자신의 은둔생활 때 매일같이, 특히 저녁시간에 느낄 수 있는 다른 어떤 기쁨보다도 지식의 양식인 새로운 책을 충분하게 준비해 두는 것이" 필요하다고 생각했기 때문이다(칸트가 라 가르데에게 1794년 보낸 편지. 편지교환 II. 512면). 서점을 경영하는 사람은 칸트에게 책을 보내줌으로써 칸트가 그곳에서 자신의 책을 "출판하도록" 하는 목적도 함께 갖고 있었다. 그럼에도 불구하고 칸트는 쾨니히스베르크에서 구하지 못한 책을 자신의 친구들이나 아는 사람에게 부탁하여 구입하였고, 때에 따라서는 주문도 하였다. 라이프치히에 있던 크라우스가 주로 이 일을 담당하였다. 매우 깊은 통찰력으로 이미 철학문제에 관한 한 최대의 깊이까지 파고들어갔던 칸트는 현상적인 사고뿐 아니라 그 외 모든 가능한 영역의 방대한 지식에 관심을 두었고, — 재능이 있는지는 모르지만 — 칸트는 박학다식자로 변모하고자 하는 것으로 보였다.

c) 독신 생활

63세까지 칸트는 호텔을 전전하면서 끼니를 이어 나갔다. 1787년 처음으로 칸트는 자신의 집에서 편안하게 식사하고 싶은 생각을 가졌다. 그원인은 아마도 우리가 앞에서 이미 논의한 그의 옛 친구의 죽음 때문인것 같다. 칸트는 먼저 늙은 사환을 채용하였다. 곧이어 여자 요리사도 두었다. 1793년 칸트의 동료였던 신학과 슐츠 교수의 부인이 칸트 집에 머무를 수 있었던 것도 이렇게 해서 가능하게 되었다. 그 부인은 칸트의 요리사가 아주 이해심 있고 성실하며 온순하다고 하였다. 그녀는 슐츠의 집뿐 아니라 칸트와 친하게 지내는 몇몇의 다른 집까지도 모두 깨끗하게정리하여 줄 만큼 근면하였다. 그녀는 "요리에 관계되는 모든 것은" 스스로 준비하고 안전하게 보관하며, 그리고 막강한 힘을 휘두르는 칸트의 사환 손 안에서 벗어나 명령을 받기를 원치 않는다는 독특한 방법의 계약서를 쓰고 칸트 집에 들어왔다. 그녀 외에 칸트의 집에는 물을 긷는 것과같은 힘든 일을 하는 데 필요한 가정부가 한 명 더 있었는데(슐츠가 칸트에게 1793년 12월 22일 보낸 편지), 아마도 사환의 부인이었던 것으로추측된다. 훗날 그녀는 그의 딸과 함께 "방 청소를 도왔다"(링크, 150면).

칸트는 여자와 동거하기 위해서 살림을 차린 적은 한번도 없었다. 칸트 이전의 많은 근대철학자들(데카르트, 홉스, 라이프니츠, 로크, 흄 등)에게 부인은 없었지만, 그들은 잠시 동안 동거는 하였다. 오히려 어떤 사람들은 칸트가 중년에 두세 번 정도 결혼에 대해서 생각하였다고 설명한다.이러한 생각의 첫번째 사건은 쾨니히스베르크의 친척집에 온 "젊고 아름다우며 부드러운" 미망인을 본 순간 일어났다. 두 번째 생각은 베스트팔렌(Westfalen)에서 온 소녀로부터 느꼈다. 그녀는 동프로이센의 유복한명문가의 부인을 모시고 함께 왔었다. 칸트는 결정을 못하고 우물쭈물하였는데, 그는 무엇보다 먼저 수입과 지출에 관해서 가장 정확하게 계산해야만 한다고 생각하였기 때문이다. 그 사이 그가 결혼을 염두에 두었던 첫번째 여자는 프로이센의 오버란데(Oberlande)에서 온 남자와 결혼해 버렸고, 두 번째 여인은 또 다른 곳으로 여행을 떠나 버렸다. 이 두 번의 사건은 발트와 보로브스키가 이미 우리에게 설명한 것이며, 세 번째 사건도 있었는데, 이것은 크라우스가 1772년 어떤 친구로부터 들은 이야기이다. 당시 칸트는 쾨니히스베르크 출신의 어떤 여인과 결혼하고자 하였다. 보브리크(Bobrik)[10]에 의하면 이 여인은 우리에게 잘 알려진 루이제 레벡카 프리츠(Luise Rebekka Fritz, 1746년생)이다. 그녀는 나중에 "고등세무관" 발라트(Ballat)와 결혼하였으며, 1826년 세상을 떠났다. 그녀는 "자주 그리고 시간이 있을 때마다 늘 아주 자랑스럽게, 예전에 칸트가 그녀를 사랑했다"고 설명하였다. 만약 이 여자가 크라우스가 얘기한 그 여자와 같은 사람이라면, 그녀는 이러한 사실에 대해서 특별한 의미를 둘 필요는 없다. 왜냐하면 "칸트가 한번은 이 사실에 대해서, 광채란 보다 가까운 곳에서 보게 되면 빨리 사라진다는 표현을 하였기 때문이다. 즉 칸트는 자신이 만족할 만한 정신적인 것을 그녀로부터 찾지 못했다"고 하였다. 그녀가 젊었을 때는 어느 정도 예뻤던 것으로 알려져 있다. 칸트가 약하게 타고난 자신의 체질에 대해서 먼저 생각하고 오히려 결혼을 도외시하였기 때문에, 그는 젊은 친구들에게 결혼의 반대적인 입장에서 충고하였다. 최소한 노년에 칸트는—젊었을 때는 어떠했는지 확실하게 알 수 없지만—무엇보다도 부유한 집안에서 느낄 수 있는 것처럼 오랫동안 아름다움과 우아함을 유지하면서 집안을 잘 꾸려나가는 부인과 자식을 잘 양육할 수 있는 어머니를 원했다. 칸트가 69세 되던 해 아주 권위 있는 나자렛 병원의 베커 목사가 다시 한 번 그를 찾아왔다. 베커 목사는 가끔씩 가난한 사람에 대한 칸트의 선행을 요구하였다. 그러나 이번 방문 목적은 칸

---

10) Bobrik, *I. Kants Ansichten über das weibliche Geschlecht*, 「구프로이센 월간지」 (1877) XIV, 593면 이하

트의 결혼에 관한 얘기를 하기 위해서였다. 그는 칸트를 위해서 편집되고 인쇄된 가철본 《라파엘과 토비아스, 혹은 하느님 안에서 만족스러운 부부 관계에 대한 두 친구의 대화》(*Raphael und Tobias, oder Gespräch zweier Freunde über den Gott wohlgefälligen Ehestand*)를 갖고 왔다. 우리의 철학자 칸트는 이미 쏟은 노력과 인쇄비를 넉넉히 드리고, 노인네의 책을 받을 만큼 충분히 선량한 성품을 갖고 있었다. 그들이 식탁에서 나눈 얘기는 전에 없이 유쾌하였다. 단 한 가지 베커가 집요한 방법으로 결혼에 관한 얘기를 칸트에게 할 때마다 그는 더 이상 참지 못했다. 그때마다 칸트는 분명한 거절의 뜻과 함께 더 이상 결혼에 관한 얘기는 하지 말아 줄 것을 부탁하였다. "물론 그는 농담으로 제안한 것으로 보이지만," 당연히 그 회합은 언짢게 끝나고 말았다.

반면 칸트는 처음부터 끝까지 쇼펜하우어처럼 여성에 대한 강한 혐오감을 갖고 있었던 것은 결코 아니었다. 우리가 앞에서 살펴 본 것과 같이 카이제르링 부인에 대한 존경심이나 야코비 부인과도 "아주 편안한" 친구 관계를 유지하였으며, 그리고 폰 크노블로흐 양에게 보낸 사랑이 넘치는 편지도 우리는 잘 알고 있기 때문이다. 그의 약간은 고풍스러운 행동거지는 노년까지도 변함이 없었다. 칸트가 70이 되었을 때, 한번은 그의 친구 모터비 집에 초대되었다. 모터비 큰아들 부부와 함께 자리를 하게 되었는데, 칸트는 아름다운 모터비의 며느리와 나란히 앉아 즐거운 담소를 나누었다. 칸트는 그때까지도 아주 건강한 자신의 눈에 대해서 자랑하였다. 칸트의 말년에는 건강이 아주 나빴는데, 한번은 건강 때문에 길거리에서 넘어진 적이 있었다. 마침 지나가던 칸트를 알지 못하는 두 여자가 그를 도와 일으켜 주었다. 바지안스키가 표현한 것처럼, 칸트는 그들에게 그가 할 수 있는 최대의 "정성을 다하여" 감사하였다. "그의 점잖음에 대한 기본법칙은 여전히 도도하였다. 당시 그는 손에 장미를 들고 있었는데, 그 여인들은 매우 기뻐하면서 정중히 그 장미를 받았고, 기념으로 오랫동안 간직하였다."

칸트는 여성해방에 대한 문제, 즉 당시 히펠이 익명으로 출판한 《여성의 시민적 지위 향상에 관하여》(*Über die bürgerliche Verbesserung der Weiber*, 1792) 등과 같은 것에 대해서는 적극적으로 알려고 하지 않았다. "여성적인 본질에 관해서 그는 그의 순수 이성 비판 혹은 프랑스 대혁명을 기억하게 할 뿐이었다. 그러나 그 밖의 남성들의 모임에서는 그와 함께 대화를 계속하기를 원한다면, 즉시 화제를 바꾸어 정열적으로 모든 대화에 즐겨 참여하였다"(보로브스키). 칸트가 여성의 직업에 대한 얘기를 할 때는 가정주부 이상으로는 생각하지 않았다. 그러므로 부인들과 특히 칸트가 즐겨 나누는 대화의 영역은 칸트가 많이 이해하고 있는 요리에 관한 것이었다. 칸트가 그의 동생 요한 하인리히 칸트 목사의 부인, 즉 그의 제수씨에게 선물한 유일한 것은 《가정주부》(*die Hausmutter*)라는 책이었다. 이 책에서는 훌륭한 부인이란 "어떤 여자 교수에게 가정살림을 배우기를" 원하여 7년 혹은 9년 이상이라도 배워서 자신만의 요리에 관한 "백과사전"을 만들고 그것에 감사할 수 있는 사람이라고 논하였다. 그러나 칸트는 이 점에 있어서는 항상 예외를 인정하였는데, 왜냐하면 많은 교육을 받았고 철학에도 조예가 깊은 카이제르링 부인이 요리에 관한 얘기는 처음부터 지루해 하였기 때문이다.

d) 일상 생활(Tageslauf)

여기서 우리가 얘기할 것은 수년 동안 빈틈없는 생활로 깨어질 수 없이 굳어진 칸트의 일상 생활에 관한 것이다. 여름이든 겨울이든 상관없이 칸트는 매일 아침 5시에 잠자리에서 일어났다. (노년의 습관에 따르면 그는 항상 7시간씩 잠을 잤다.) 칸트의 사환은 정확하게 5시 15분전에 그를 깨웠고, 그는 칸트가 완전히 잠에서 깨어 침대에서 내려올 때까지 그의 침대 옆을 떠날 수 없었다. 비록 칸트가 좀더 이불 속에서 조용한 시간을 갖기를 그에게 부탁하여도, 그는 결코 그것을 인정하지 않았다. (같은 얘기가 유명한 프리드리히 대왕에게도 알려졌다.) 때때로 칸트가 점심식사에 초대되어 축사를 하기 위해 일찍 일어나야 될 때는, 그의 사환은 지난 30년 동안 한번도 늦게 일어난 적이 없을 뿐 아니라 단지 30분 정도도 늦은 적이 없다는 것을 칸트에게 상기시켰다. 그러면 칸트는 정확히 5시에 잠옷도 벗지 않고 잠자리에서 쓰고 자던 모자 위에 작은 삼각형으로 된 모자를 눌러 쓰고 그의 서재로 달려갔다. 그리고 그는 그곳에서 미리 준비된 아주 진한 두 잔의 홍차를 마시고, 한 대의 담배를 피워 물고(그는 항상 한 대만 피웠다.) 그 시간을 즐겼다. 칸트는 커피도 무척 좋아하였지만, 건강에 나쁘다는 이유로 멀리하였고, 맥주도 건강상의 이유로 마시지 않았다. 7시까지 그는 강의준비를 하였다. 우리가 알고 있는 것처럼 1789년부터 칸트는 그의 집안에 있는 강의실에서 7시에서 9시까지 혹은 8시에서 10시까지 강의를 하였다. 그리고 그는 잠옷을 입고, 잠자리 모자를 쓰고 슬리퍼를 신은 채, 그의 서재에서 저술 활동을 12시 혹은 12시 45분까지 계속하였다. 이후 칸트는(노년에는 습관이 되어 버렸지만) 초대한 사람이 있거나 모임에 참석하기 위하여 외출복으로 갈아입고, 초대된 친구들을 기다리기 위해서 서재로 나갔다. 친구를 초대하지 않았거나, 자신이 초대받지 못한 날은 가능한 한 빨리 식당으로 건너갔다. 보통 칸트는 점심식사를 4시까지 즐겼고, 많은 사람이 모임에 초대되었을 때는 6시까지도 계속 점심시간을 즐겼다. 칸트는 낮잠을 자지는 않았지만 약속된 초대에서 졸지 않기 위해서 잠시 눈을 붙이곤 하였다. 점심식사 후 그는 곧 산책을 하였고, 특히 날씨가 좋은 날은 시간을 조금 연장하여 산책을 더 오랫동안 하였다. 그의 산책 목적지는—지금도 남아 있는—아름다운 경관을 자랑하는 프리드리히스부르크(Friedrichsburg) 성채였다. 그 성으로 가는 아름다운 길은 "철학자의 길"(der philosophische Gang) 혹은 "철학자의 돌담길"(Philosophendamm)이라 불려졌는데, 이것은 70년대 칸트 스스로가 순수 이성 비판을 구상하고 출판하던 시기에 지은 이름이었다. 청년기에 칸트는 칸트의 친구 혹은 동료 교수(특히 크라우스) 그리고 가깝게 지내던 그의 제자에게 이 길을 함께 동행해 줄 것을 부탁하곤 하였지만, 노년에는 혼자 걷는 것을 훨씬 좋아하였다. 첫번째 이유는 혼자서 사고하면서 걷는 것이 훨씬 좋았고, 두 번째 이유는 건강 때문이었다. 남과 얘기하면서 걸을 때는 입으로 호흡을 해야 되지만, 건강에는 혼자 걸으면서 코로 호흡하는 것이 더 좋다고 생각하였다. 그는 아주 느린 걸음으로 걸었으며, 머리는 한 쪽으로 비스듬히 기울이고 항상 땅바닥을 향하고 걸었다. 그의 가발 주머니는 항상 삐뚤어진 채 그의 한쪽 어깨에 놓여 있었다(포이그트, 130면 이하). 걷는 도중에 중요한 생각이 떠오르면 갖고 다니던 메모지에 옮겨 적기 위해서 앉을 곳을 찾았다. 오랜 시간이 지난 후 그 길에는 많은 거지들이 돌아다녔기 때문에 칸트는 보다 짧은 다른 산책로(홀스타인 돌담길)를 개척하였다. 산책을 하고 돌아오는 길에 칸트는 집안에서 필요한 것들을 구입하기도 하였다. 말년에(1789년부터) 칸트는 어수선한 정치적인 시기에 "강렬한 갈망을" 갖고 심지어 오전부터 정치적인 신문을 살펴보았다(핫세). 혹은 그는 여행용 서적, 자연과학 그리고 위생학 서적을 읽거나 주문하였다. 그리고도 남는 시간에 그는 아는 사람을 방문하기도 하였다. 해가 지는 저녁 시간에 칸트는 자신이 읽은 책의 내용을 다시 생각하거나, 자신의 수업에 대해서 숙고하거나 저술 활동에 대한 계획을 수립하였다. 이때 칸트는 난로 피울 준비를 하면서 창문 너머로 찬양이 울려 퍼지는 교회의 첨탑을 조용히 응시하며 서 있었다. 옆집 정원에 심어 둔 포플러나무가 너무 자라서 모든 것을 덮어 그가 더 이상 이런 광경을 응시할 수 없을 때까지. 이 시간이면 그는 항상 그러한 광경을 바라보는 것에 익숙해져 있었다. 고맙게도 다정한 칸트의 이웃집 사람이 포플러의 윗부분을 잘라 주었기 때문에, 칸트는 계속 일몰 시간의 정취를 만끽할 수 있었다. 잠자리에 들기 전 칸트는 특별한 경우, 즉 다음날 해야 될 일에 대해서 생각을 더 해야 할 경우가 있을 때, 방의 여기 저기를 걸어다니면서 생각에 잠겼다. 그러면서 생각나는 모든 것을 메모해 두었다. 그리고 저녁 10시(말년에는 9시 정각에) 정확하게, 혹은 그보다 더 빨리 침실로 들어갔다.

4. 높아만 가는 명성

a) 신봉자와 반대자

왜 칸트의 비판서 주저인 순수 이성 비판이 처음 출판되었을 때, 좋은 반응을 얻지 못했는지 우리는 이미 잘 알고 있기 때문에, 여기서 더 이상 언급할 필요는 없을 것이다. 1783년 프롤레고메나가 출판되었을 때 처음으로 어느 정도 반응을 보였다. 그러나 가장 중요한 것은 새로운 철학의 보급을 위해 활발한 작업이 이루어졌는데, 1785년 예나 대학교 쉬츠 교수가 창간하여 빠른 속도로 성장한 「예나 일반 문학신문」에 그의 생각을 정리하여 발표한 것이다. 예나 인구보다 많은 독자를 가진 이 신문의 명성에 걸맞게 비판서의 반응이 퍼져 나갔다. 중요한 것은 신문이란 매체를 통해서 형성된 또 다른 하나의 학교와 같은 독자에 의해 씌어진 《칸트 철학에 대한 편지들》을 바나바 교단(Barnabitermönch) 출신인 라인홀트 교수가 그의 장인인 빌란트가 경영하는 「토이체르 메르쿠르」에 1786년부터 1787년까지 계속 게재하게 하였다.

높아만 가는 칸트의 명성을 뚜렷하게 보여주는 것은 1780년대 중반부터 갑작스럽게 증가된 편지교환이다. 1749년부터 1780년 사이, 즉 31년 동안 칸트가 주고받은 편지는 헌정사와 지원서를 제외하고 단지 140통에 불과하였다. 그러나 1781년부터 1785년까지 5년 동안에 주고받은 편지는

모두 92통이었으며, 반면 1786년부터 1790년까지 5년 동안에는 무려 224
통이 넘었다. 그리고 1790년대 전반에 칸트가 주고받은 편지는 1780년대
후반과 비슷한 226통이었고, 1790년대 후반부터 1800년까지 편지 수는
약간 줄어들어 192통을 기록하였다. 그러나 그의 말년에는 편지교환이
거의 이루어지지 않았는데, 1801년부터 1803년까지 단지 16통의 편지가
있을 뿐이었다. 1780년대 초와 이렇게 큰 차이를 보인 것은, 1780년대만
해도 아주 먼 곳에 사는 칸트와 전혀 모르는 사람까지도 편지를 보내왔
으며, 단지 학문이나 책에 관계되는 내용뿐 아니라 알고 싶은 내용에 대
한 문의도 있었으며, 심지어 사랑에 관한 내용도 있었기 때문이다. 칸트
도 이제 다른 유명한 사람들이 느끼고 즐기는 환희를 체험하게 되었다
여기서 우리는 이 문제를 더 이상 얘기하지 않기로 하겠다. 우리와 칸트
자신을 위해서 가장 중요한 것은 그의 철학이 유명해지면 질수록 그는
항상 새로운 인간 관계를 형성해야만 했다는 것이다. 그때마다 그에게 완
전히 매료된 신봉자가 생겨났지만, 반면에 그의 반대자도 생겨났다. 칸트
의 편지교환에 나타난 이러한 관계에 대해서 살펴보기로 하겠다.[11]

　칸트의 동프로이센 고향에서 칸트의 이웃 사람으로 누구를 정해야 할
지 우리는 너무나 잘 알고 있다. 약간은 부끄러워하는 것이 프로이센 사
람의 특징이었지만, 칸트는 그런 것을 알지 못했다. 그러나 그들에게 있
어서 가장 중요한 것은 독일의 심장부인 예나에서부터 멀리 떨어진 곳에
서 새로운 학설의 중심지가 형성되었다는 것이다. 처음으로 위에서 얘기
한 쉬츠가 1784년 7월 10일 불 같은 열정을 담은 편지를 보내 왔다. 이렇
게 처음 두 사람은 사랑이 넘치는 편지를 주고받았다. 쉬츠는 다음과 같
이 순수 이성 비판을 설명하고 있다: 칸트의 비판서와 함께 철학의 새로
운 시기가 시작되었다. 이 저서는 혁명을 일으킬 것이며, 일으킬 수밖에

---

11) 로젠크란츠(Rosenkranz)와 슈베르트(Schubert)의 전집 XII권에 있는 로젠크란츠의
　　《칸트 철학의 역사》(Geschichte der Kant'schen Philosophie).

없음은 처음부터 확실한 것이다. 그리고 그는 칸트를 그의 소크라테스라고 불렀으며, 그의 "첫번째 은인"이라고 하였다. 뿐만 아니라 쉬츠도 처음에는 칸트의 저서에 대해서 매우 공정하고 생산적인 내용을 모든 정성을 기울여 냉정하게 비평하였다. 그리고 쉬츠는 자신이 창간한 「예나 일반 문학신문」에 칸트가 1785년 초 헤르더의 논평을 게재해 줄 것을 부탁한 것에 대해서 아주 기뻐하였다. 그리고 칸트의 겸손에 대해서도 기뻐하였다. 당시 저서에 대한 인세는 무척 높은 편으로 8절지 한 장에 10두카테(Dukaten = 60마르크)였는데, 칸트가 이 인세를 포기하기를 원했기 때문이다. 또 하나 쉬츠를 감동시킨 사건이 예나에서 일어났다. 슈미트가 칸트 학설의 주석을 붙인 입문서와 사전을 저술하였고, 법학자 후펠란트(Hufeland)가 "모든 윤리가 가장 먼저 굳건하게 자리해야 된다"고 하면서 칸트의 《도덕 형이상학의 기초》의 중요성을 강조하며 칸트 학설에 대한 강의를 하였기 때문이다. 1786년 초 예나 대학교에서 두 명의 학생이 결투를 하였는데, 그 이유는 한 학생이 다른 학생에게 칸트의 순수 이성 비판을 이해하려면 30년 이상 연구해야 된다고 말했기 때문이다. 보다 더 칸트에 매료되어 신봉자가 된 사람은 라인홀트인데 그는 1787년부터 칸트의 신봉자가 되었다. 그전 그는 무려 2년 반 동안 헤르더와 비판철학자 칸트에 대한 격론을 벌였다. 라인홀트는 오랜 기간 동안 너무나 유명했던 1787년 10월 12일자 편지에서 헤르더를 '근본적인 치료'가 필요한 사람이라고 묘사하였고, 지금부터 "세상에 용납되지 않는 그런 말이" 아닌 "두 번째로 임마누엘"에게 "길을 열어 주고" 싶다고 하였다. 1788년 1월 19일자 두 번째 편지에서 그는 칸트에게 빌란트가 표한 존경의 뜻을 함께 담았다. 그는 실천 이성 비판에 대한 경탄 또한 빼놓지 않고 쓰고 있는데, 자신의 "약한 호롱불"에 비하면 실천 이성 비판이야말로 태양과 같이 빛나는 것이라고 하였다. 저자로부터 보내진 헌정본은 앞으로 태어날 자신의 아들에게조차도 "물려 줄 수 없는 보물"이라고 하였다. 그는 칸트가 모든 시기를 통틀어 가장 위대한 사람이라고 공언하였다. 그는 "몸과 마음이 하나가 되어" 칸트를 도울 것이라고 하였고, "순수하고 지울 수 없는 사랑으로" 그의 "삶에 가장 달콤한 기쁨을" 준 그에게 늘 감사한다고 하였다. "칸트의 열병에 걸려 있던" 쉬츠와 라인홀트 같은 사람이 있는가 하면, 같은 예나 대학교에는 그들의 동료 울리히(Ulrich)가 있었다. 울리히는 쾨니히스베르크 대학교의 기준으로 본다면 "부지런한 독자도 제자"도 아니었다(울리히가 1785년 4월 21일 칸트에게 보낸 편지). 그러나 그는 무엇보다도 라인홀트의 성과에 대해서 많은 질투를 느껴, 비꼬는 듯한 반대자로 바뀌었다. 칸트의 새로운 철학이 자신의 강의 내용과 상충되는 부분이 많기 때문에 비판철학을 다음과 같이 결론지었다: "킨드, 나는 너의 독침이 되리라. 칸트주의자, 나는 너희들의 흑사병이 되리라. 헤라클레스는 약속한 모든 것을 분명히 지켰다"(라인홀트가 칸트에게 보낸 편지, 편지교환 I. 500면).

당시 "인문학의 세계는 잘 알려지지 않았는데도" 불구하고 마르부르크에도 칸트의 추종자가 있었다. 그곳에는 매우 고독한 추종자 베링(Joh. Bering) 교수가 있었다. 그는 자신이 존경하는 철학자의 강의를 한 학기라도 들을 수 없는 것을 무척이나 유감으로 생각하고 있었다. "아마도 하늘을 날아오시면 보다 짧은 길일 것이고, 배를 타면 적은 비용으로 가능하지만 위험이 따를 것입니다. 아무렇게나 오셔도 140마일의 여행이란 아주 간단한 문제라고 생각합니다"(1786년 5월 10일). 135년이 지난 오늘날에도 "비싸고 위험한" 것이 완전히 사라진 것은 아니지만, 안타깝게도 당시에는 증기선을 발견한 체펠리네(Zeppeline)도 파르제발(Parseval)도 없었으며, 비행기는 더욱 생각하지 못했다. 1786년 9월 초 마르부르크 대학교 철학부는 정부로부터 칸트의 학설이 순수한 회의론인지 아닌지에 대한 분석을 의뢰받았다. 이것은 옛 사상에 젖어 있는 추종자들의 고집에 의해서 이루어졌다. 그래서 베링은 칸트의 저술에 대한 모든 강의를 금지

해야만 했다. 이렇게 지금은 신칸트학파의 본거지인 마르부르크에서 100
년 전에는 칸트의 철학이 공식적으로는 완전히 금지되었었다.[12] "그것이
정말입니까? 정말로 당신의 명예가 그렇게 실추되었단 말입니까?" 하고
순진한 쉬츠가 격분하여 편지를 보내 왔다. 그러나 용감한 베링은 "앞날
이 촉망되는 젊은 제자 세 명과 함께 좌담회라는 명목으로" 금지된 칸트
의 순수 이성 비판을 읽었다. 마침내 1787년 말경 칸트철학에 대한 금지
사항이 해제되었다. 1789년 3월 1일 마르부르크로부터 칸트는 괴테의 "진
리와 시"로 잘 알려진 흥미 있는 편지를 받았다. 2년 전 그곳의 국가학
교수로 임명된 용기 있는 융-슈틸링(Jung-Stilling)이 보낸 것이었다. 그는
칸트의 두 비판서를 통해서 결정론과 숙명론의 풀리지 않던 의문이 완전
히 해결되었고, 열광적인 찬양이 종교적으로 위험한 것이라는 사실이 아
주 깊은 사고를 가진 사상가에 의해서 밝혀졌다고 하였다. 그리고 그는
칸트를 "신의 손 안에 있는 큰, 아주 큰 도구"로 보았다. 국가학의 가장
근본적인 규칙에 관한 그의 물음에 대해서 칸트의 흥미 있는 답은 최소
한의 단편적인 윤곽만 남아 있을 뿐이다(편지교환 II. 10면).

할레에서도 칸트의 추종자가 있었는데, 독립심이 아주 약한 학생 야콥
(L. H. Jacob)이었다. 그는 멘델스존의 《아침 시간》(Morgenstunden)에 대한
자신의 비판을 자신의 책 서문에 싣고 있다. 당시 야콥은 석사학위 소유
자로 할레에서 볼프주의자 에베르하르트(Eberhard)와 어려운 투쟁을 하
고 있었다. 1788년 초 그는 라인홀트와 함께, 당시 간행되던 「예나 일반
문학신문」과 나란히 철학전문잡지를 만들 계획을 세웠다. 물론 칸트는 함
께 일할 몇 사람을 더 생각하였는데, 슐츠와 베링뿐 아니라 슐롯서

---

12) 1786년 11월 초 칸트는 "그의 철학이 밀수품으로 취급되고 있는" 마르부르크에서
세 통의 편지를 반대자로부터 받는다. 칸트가 그것을 읽을 가치가 없다고 크라우스가
판단하였기 때문에 "모든 것에 관심 많은 노인"에게 가는 것이 차단되었다고 하만이
야코비에게 전하였다.

(Schlosser)와 야콥을 추천하였으나 끝내 실현되지는 않았다. 나중에 야콥은 할레에서 또 다른 젊은 후원자를 만나게 되었는데 베크(J. S. Beck)라는 석사학위 소유자였다. 베크와 칸트는 사랑에 넘치는 편지교환을 하였는데, 특히 1790년대 초반까지 이루어졌다. 칸트에 대한 젊은 세대의 신뢰가 날이 갈수록 절대적이었는데, 옛 것을 청산할 수 있는 "사고의 자유로움과 대담성"을 충분히 갖고 있었기 때문이었다(1786년 5월 26일 칸트가 야콥에게 보낸 편지).

1789년 8월 1일 베크는 라이프치히의 철학자에 대해서 발표하였다. 그 중에서 가장 유명한 사람은 칸트의 반대자 플라트너(Platner)였는데, 그는 허영과 "비판"에 잠긴 사람이었고, 선량한 캐자르(K. A. Cäsar)는 척수한 칸트의 체계를 확실하게 하려고 노력한 사람(이것에 대해서는 1787년 칸트에게 보낸 편지에도 나타나 있다)으로 묘사되어 있다. 그리고 순수 이성 비판을 라틴어로 번역한 보른(Born)은 과격한 성격의 소유자로 좋은 강의를 하지 못했기 때문에 수강생이 거의 없었던 철학자였다. 이 "과격한" 보른은 라이프치히 대학교가 "이제는 얕은 수다나 떠는 곳의 전유물이 되어 버렸다"고 당시 대학의 상황에 대해서 매우 화가 나서 칸트에게 편지를 보냈다. 1789년 말, 아주 유능한 젊은 석사 하이덴라이히가 칸트 학파에 합류하게 된다. 괴팅겐 대학교의 칸트학파 철학전공자이자 동시에 많은 저술 활동을 하던 페더(Feder)와 마이너(Meiner)가 칸트의 반대자로 나타난 반면, 철학전공자는 아니지만 재능 있는 리히텐베르크(Lichtenberg), 블루멘바흐(Blumenbach) 그리고 캐스트너(Käster)뿐 아니라 잘 알려지지 않은 철학사학자 불레(Buhle)도 칸트에게 친절한 호의를 표시하였다. 칸트의 동생도 쿠어란트에서 1782년 편지를 보내 왔는데, 그곳에서도 칸트의 "깨끗해진" 이성 비판이 "모든 사상가의 화제로 되어 있다"고 하였다.

남쪽 독일 지방에서는 칸트의 학설이 아주 큰 장애에 부딪쳐 있었다.

튀빙겐의 플라트(Flatt)와 쉴러의 스승이었으며 칼스루헤의 고위 성직자였던 아벨(Abel)이 칸트의 반대자로 있었기 때문이다. 그리고 슈타틀러(Stattler)가 반 칸트 학풍을 형성하고 있었다. 또한 가톨릭 세력이 강한 뮌헨을 꼽지 않을 수 없다. 그리고 리히터(A. Richter)가 1788년 10월 22일 칸트에게 보낸 편지에서 나타나고 있듯이 빈에서도 칸트에 대한 비판이 만만치 않았다: "크게 주목할 일이 벌어지고 있습니다. 그러나 결코 당신에게 행운이 돌아가지는 않고 있습니다." 이렇게 칸트의 반대자는 대부분 과거의 형식주의에 젖어 있는 사람들이기 때문에 결코 칸트를 비판할 능력도 없는 사람들이었다. 그 중 몇 명만이 "생각 있는 자에게 어떤 일이 생길까 봐" 몇 마디 변명할 뿐이었다. 그러나 단지 대학에서 공부를 한 "아주" 소수의 몇 사람만이 진실로 받아들였다. 드디어 대학의 정신이 깨어나면서 상황은 달라지기 시작하였다. 뷔르츠부르크의 로이스(Maternus Reuß) 신부는 오랫동안 노력한 끝에 라인홀트로부터 《칸트철학에 대한 연구》(*Briefe über die kantische Philosophie*) 주석과 함께 그것을 그의 수강생에게 사용해도 좋다는 허락을 얻어내었다. 무엇보다도 가톨릭주의에 대해서 불쾌한 감정을 씻어낼 수 있는 좋은 기회였다. 같은 입장에서 뷔르츠부르크에 있는 두 사람의 교수도 칸트의 이론을 가르쳤다. 다른 가톨릭 세력이 강한 도시, 즉 에어푸르트, 밤베르크, 잘츠부르크 등에서도 1790년대 초부터 칸트의 강의를 시작하였다. 마지막으로 주교가 있는 교구에서도 칸트에 대한 연구가 시작되었다. 1793년 가을, 전혀 모르는 사람으로부터 칸트는 이 사실에 대한 내용을 연락받았다. 이것은 보로브스키에게 보낸 것인데, 보로브스키가 칸트 전기를 서술하면서 서두에 공개한 내용이다. 로이스 교수는 칸트와 토론하기 위해서 1792년 가을, 그의 친구 슈탕(C. Stang)과 함께 직접 "160마일이나 떨어진" 쾨니히스베르크에 찾아왔다. 그리고 주교 폰 에르탈(F. L. von Erthal)의 절대적인 지원이 있었음을 증명하는 위임장도 갖고 왔었다. 그들이 그들의 입장에서 직접적으로 공개되어 있는 본질에 대해서 보편적인 해결책을 찾은 것에 기뻐하는 것처럼, 그들의 모든 기대에 대해서 칸트는 친절하게 대해 주었다. 다음해 칸트는 자신의 저서 《신존재 증명 가능성의 유일한 증명 근거》를 그의 가톨릭 동료인 두 사람에게 보내면서 다음과 같은 내용도 함께 보냈다. 안타깝게도 그 내용이 부분적으로만 남아 있는데, 칸트는 그의 "도덕적" 종교론의 통일성을 "경험적인" 종교론과 더불어 찾는다고 하였다. 그러므로 계시종교를 신뢰할 수 있다는 믿음만으로는 그 근본을 지킬 수 없다고 하였다. 프리드리히 빌헬름 II세가 1792년 7월 뷔르츠부르크로 행차하였는데, 많은 학생들이 제복을 입고 그를 맞이하였다. 철학부 학생대표들은 "어깨 띠"를 두르고 있었는데, 라틴어로 다음과 같은 글귀가 적혀 있었다: Regiomontum in Borussia et Wirceburgum in Franconia per philosophiam unita(프로이센의 쾨니히스부르크와 프랑켄의 뷔르츠부르크 철학이 하나가 됨.) 안타깝게도 로이스는 1798년에 세상을 떠나고 말았다.

로이스 외에 눈에 띄는 사람은 서부 독일 지방 뉘른베르크에 사는 젊은 의학도 에르하르트(J. B. Erhard)를 꼽을 수 있다. 그는 처음에는 볼프와 멘델스존의 입장이었지만 1785/86년 비판서로 그 방향을 바꾸었다. 보다 강한 영향을 그에게 미친 것은 윤리에 관한 칸트의 저서였다. 1786년 5월 12일 칸트에게 보낸 편지에 의하면 《도덕 형이상학의 기초》를 읽으면서 신체의 모든 부분에서 "환희의 심정이 용솟음쳐 흘러 넘쳤다"고 하였다. 그는 그의 자서전에서 실천 이성 비판을 통해서 "자신의 내적인 인간성이 완전히 새롭게 태어났다"고 고백하면서 칸트에게 감사의 뜻을 전했다. 그리고 실천 이성 비판은 항상 눈물이 날 만큼 그를 최대의 환희에 도달하게 하였으며, 염세주의의 의기소침한 분위기를 쇄신시켰다고 고백하였다. 1790/91년 겨울학기 그는 예나에서 라인홀트, 쉴러와 더불어 믿을 만한 교제를 시작하였다. 다음 여름 그는 괴팅겐을 거쳐 코펜하겐으로 여

행하였다. 그곳에서 좋은 친구들과 의기투합하여 며칠을 보낸 후 쾨니히
스베르크에 도착하였다. 쾨니히스베르크에서 그는 그가 평소 그렇게 존
경하던 칸트와 "행복한 나날"을 보냈다. 그는 칸트에게 많은 환희와 감사
의 뜻을 표현했지만, 저서에 대한 주석이나 의문은 그렇게 많이 말하지
않았다. 칸트 또한 편지 내용이 직접 그에게 전달되지는 않았지만, 1792
년 12월 21일 에르하르트에게 "나를 방문한 그 사람은 우리 지방 이야기
와 나의 일상적인 생활에 대해서 이야기해 주기를 원했다"고 말하면서
안타까움을 나타내었다.

지금까지 우리는 1781년부터 1790년 사이에 일어난 일들에 대해서 살
펴보았다. 이 장을 마무리하면서 얘기되어야 할 가장 적절한 사건을 뽑아
보면 아마도 야흐만(Johann Benjamin Jachmann)의 편지일 것이다. 그는
칸트의 전기를 쓴 사람 중에서는 원로였다. 그는 "진정으로 영원한 스승
이자 동시에 친구"라는 제목으로 1790년 10월 14일 국가적인 경축일을
맞은 파리에서 첫 연설을 시작한 이후, 스트라스부르크, 마인츠, 프랑크푸
르트, 마르부르크, 괴팅겐, 하노버, 부라운슈바이크를 거쳐 할레에 이르기
까지 여행을 계속하였다. 우리는 인쇄된 많은 분량의 발표문만으로도 독
자에게 충분히 그 증거를 제시할 수 있다. 그리고 우리는 그가 칸트의 폭
넓은 편지교환에 대해서 최대한으로 일목요연하게 나타내려고 노력하였
던 것에 대해서도 언급해야만 한다. 뿐만 아니라 그는 그 서신의 일부에
대해서 추천서를 받기 위해서 많은 사람들을 직접 방문하기도 하였다. 예
를 들어서 마인츠의 포르스터(Georg Forster)를 방문하고, 곧바로 마르부
르크의 베링을 방문하고자 노력하였지만 결코 이루지는 못했다. 왜냐하
면 베링은 프로이센 국민의회에서 살다시피 하였기 때문이다. 그리고 그
는 블루멘바흐와 리히텐베르크를 방문하였는데 후자는 특히 "북쪽의 선
구자"란 편지에 대해서 대단한 자부심을 갖고 있었다. 다음으로 그가 방
문한 사람은 괴팅겐의 캐스트너와 페더이며 하노버의 라인베르크와 할레

의 야콥, 베크 그리고 지금은 맥주 집을 경영하는 바르트(Bahrdt) 박사를 차례로 방문하였다.

b) 헤르더의《인류 역사의 철학에 대한 이념》논평에 대하여

우리의 철학자 칸트는 1780년대 자신에게 있어서 가장 귀한 시간을 투자하여 무엇보다 중요한 철학적 체계를 구축하였다. 그 스스로도 이 체계를 "논박하지" 않고 "받아들이려는 입장"이라고 슐츠에게 토로하였다 (1787년 3월 23일). 그러므로 그는 자신의 말에 신중을 기하지 않을 수 없었다. 특히 누군가가 무엇에 대해서 말해 줄 것을 절박하게 요구하거나 자신의 이론이 다른 사람에 의해서 공격을 받을 때일수록 더더욱 신중하게 말을 할 수밖에 없었다. 얼마나 칸트가 말을 아끼고 신중하게 하였는지 우리는 다음 세 가지 논문을 통해서 살펴볼 수 있는데, 이 논문들은 시간철학(Zeitphilosophie)에 대한 "적극적인" 물음에 가장 적절한 것이라고 오늘날 우리는 이야기할 수 있다. 그 세 가지는 다음과 같다:

1. "헤르더의《인류 역사의 철학에 대한 이념》에 대한 두 가지 논평" (1785년 1월 11일)
2. "사고의 체계"(Sich im Denken Orientieren)에 대한 멘델스존과 야코비의 논쟁과 관련된 결정적인 주장
3. "에베르하르트에 대한 논박서"(Die Streitschrift gegen Eberhard)

이 세 가지 중에서 세 번째 논문은 최소한 일반적인 의미를 갖고 있다. 그러나 일반적인 의미를 찾기 위해서는 먼저 두 번째 논문에 대해서 짧게나마 논의되어야 한다. 이 두 논문의 형성과정과 내용에 대해서는 이 논문의 과제와[13] 관계하여 우리의 서문에서 얘기하였다. 가장 흥미 있는

---

13)《철학대전》46권.

논문은 첫번째 것이다.

헤르더는 미래의 선생님으로부터 경고를 받았는데, 감정에 몰입하여 작업하지 않았으며, 사고의 평온함을 가슴으로 구하지 못했다는 것이다. 헤르더는 다른 쾨니히스베르크 학자 중 한 사람이 밟은 비슷한 길을 걷고 있다고 칸트는 보았다. 그는 1782년 처음으로 접한 순수 이성 비판을 근본적으로 연구하지 않고 하만의 "마법사"적인 판단에 더 많은 관심을 갖고 있었던 것이 확실하다. 헤르더를 아주 흥분시킨 《순수 이성의 정화에 대한 메타비판》은 안타깝게도 출판되지는 않았다. 하만도 헤르더가 칸트의 비판에서만 무엇을 구하려고 노력한 것으로 보았다. 모든 경험으로부터 추상적인 이성이 직접 받아들여지고, 감성적 직관이 만들어지는 것으로 보았다. 즉 공허한 형식주의와 단순하게 늘어난 쓸데없는 말들이 마지막으로 압도되는 것으로 보았다. 그 사이 존경하는 옛 스승에 대한 공적인 행동을 삼가게 되었다.

우리가 앞에서 본 것처럼 쉬츠의 간절한 요구에 따라, 칸트가 헤르더의 《인류 역사의 철학에 대한 이념》 논평 1부를 1785년 1월 「예나 일반 문학신문」에 싣기로 약속하였다. 칸트는 미래의 제자가 쓴 글에 대해서 전반적으로 아주 공정하게 서술하고 있다. 먼저 그의 "넓은 시야"와 유추를 통한 날카로운 통찰력에 대하여 칭찬하였고, 그의 대담한 상상력, 거대한 사고 영역, 신학도로서는 보기 드문 솔직함에 대해서도 찬사를 아끼지 않았다. 그리고 개별적인 부분에 대해서도 "대부분 고상하고 진실된 성찰로 아주 잘 설명하고" 있다고 비판하였다. 그러나 칸트는 역사철학에서 요구되는 "개념규정의 논리적인 정확성"을 놓치고 있다고 하였다. 그리고 그에게 다음에 씌어질 부분에서는 암시와 추측을 보다 삼가 줄 것을 충고하였다. 그리고 "형이상학이나 감각을 통해서" 성취되는 것은 상상력보다도 "규정된 개념, 관찰된 법칙 그리고 신중한 결론"을 통해서 얻도록 충고하였다. 마찬가지로 칸트는 두 번째 장의 논평에서 노련한 구성, 독창적인 판단력 그리고 많은 시적인 아름다움을 칭찬하였다. 그러나 이러한 여러 가지 시적인 정신이 철학분야에 널리 퍼져 있고, 특히 대담무쌍한 비유, 시적인 창조자 그리고 신화적인 풍자 등이 난립하여 사고의 핵심을 덮고 있는 것에 대해서 지양해 줄 것을 당부하였다. 감상적인 헤르더가 칸트의 이 주석에 대해서 큰 고통을 느낀 것은 당연한 것이었다. 그리고 그의 소논문 "신"(Gott)에 대해서 칸트의 공허한 언어철학이라고 표현한 것이나, 모든 경험으로부터 억측으로 얻어낸 결론이라고 한 것 또는 그의 모든 신존재 증명에 대한 논쟁이라고 한 것은 결코 놀랄 일은 아니었다. 당시까지만 해도 칸트 추종자가 아니었던 헤르더의 글에 대한 쉴러의 판단은 아주 특징적이다: "스피노자부터 다룬 처음 부분은 무척 마음에 들었다. 그러나 나머지 내용은 분명하지 않았다. 자네가 알고 있는 것처럼 헤르더는 칸트를 원망하였다"(1787년 7월 24일 쉴러가 쾨르너에게 보낸 편지). 그러나 이러한 헤르더의 원망이 공식적으로 나타난 것은 어느 정도 시간이 지난 후였다.

외적인 측면보다 내적인 측면에서 헤르더와 칸트의 차이점은 야코비와 멘델스존적인 문제와 관계되어 있다. 후자의 두 사람은 1785년 가을부터 약 2년 동안 독일의 교육계뿐 아니라 전공의 영역을 넘어 여기저기 부지런히 뛰어다녔다. 왜냐하면 그들은 격론을 공론화하고자 했기 때문이다. 이들은 양쪽에 든든한 후원자를 갖고 있었는데, 한 쪽에는 이 문제를 해명해 줄 수 있는 부지런한 변호인이자 동시에 그들의 후원자이면서 프리드리히 대제 시절 장관을 지낸 폰 체들리츠가 있었다. 그들이 해명하고자 하였던 것은 그들의 정신적인 지주와도 같으며 비스터에 의해서 여러 차례 「베를린 월간지」에 게재되어 그들이 강한 인상을 받은 문제였기 때문이다. 다른 쪽으로는 칸트의 강한 영향 아래 이루어진 감각철학(Gefühlsphilosophie)과 믿음철학(Glaubenphilosophie)의 대표자이면서 칸트의 특별한 "친구"이자 동시에 같은 고향 사람인 하만을 비롯하여 감각철

학과 믿음철학의 또 다른 대표자인 헤르더와 뒤셀도르프의 야코비
(Friedrich Heinrich Jacobi)가 있었다. 그러나 하만은 특히 헤르더와 칸트
를 "둔한 사람과 부서진 그릇, 즉 흙과 철"로 비교하였다(1781년 7월 1
일). 안타깝게도 이 격론은 하만이 뮌스터에서 죽음으로써 한 발 뒤로 밀
려났다. 결국 두 부류의 모든 철학자들이 멘델스존의 철학도 아니며 야코
비주의자도 아닌 비판철학자로 그 입장을 바꾸고 말았다. 우리는《철학대
전》(46b권, XXVIII면 이하)에 있는 것을 다루고자 했는데, 즉 철학적인
중재에 의한 결과를 논하고자 한 것이 아니라, 이러한 격론이 일반적인
시간현상임을 암시하고자 했다.

c) 프로이센에 있어서 정신문화의 변화 시작

1783년 10월 15일 이미 플레싱(Plessing)이 칸트에게 다음과 같은 편지
를 보냈다: 어떤 방향에서 어려움이 밀려오고 있는지 비록 "모든 사람들
은 알지" 못하지만, 열광적인 강한 힘이 이미 빠른 걸음으로 다가오고 있
습니다. 그리고 이듬해 3월 15일자 편지에는 칸트에게 철학자로서 납득
할 만한 상황 설명을 부탁하기도 하였다. 그러나 칸트는 밀려오고 있는
어떤 강한 힘은 대수롭지 않은 것이라고 오히려 예수회 소속 회원인 그
에게 충고하였다. "모든 가능한 형태와 연고를 통해서" 그들은 지금 그들
의 모든 지식을 동원하여 가톨릭과 개신교 그리고 왕자들과 제후들의 경
계를 허물려고 노력하고 있었다. 베를린 지역에서 가장 중요한 것은 강신
술사(降神術使)와 연금술사에 대한 사람들의 생각이었다. 그리고 "포츠담
의 가장 영향력 있는 사람"도 이 영역에 포함시키고 있었다. 그는 곧
1781년 황금 "십자(十字)단"에 가입한 왕위계승자를 의미하였다. 마치 비
밀결사대와 같은 교류가 독일 전역뿐 아니라 주변의 가까운 나라로 번져
나갔다. 결국 이러한 교류는 황금 "십자단"에도 영향을 주었다. 보다 사

기성이 농후한 "무신론자 집단"과 "마법사"에 대한 제거 작업도 이루어
졌다. 프리드리히 대제가 20년만 더 오래 살 수 있었다면 얼마나 좋았을
까! 그러나 칸트는 이러한 사실에 대해서 "이성과 인간성"이란 말로 대신
하였다. 이것은 칸트 스스로 1786년부터 여러 번 언급한 저술에 기인하고
있는데, "우리의 모세"처럼 모든 면에서 적극적인 마르쿠스 헤르츠와 (헤
르츠가 1786년 2월 27일 칸트에게 보낸 편지처럼) "비이성적인 야코비주
의자"의 "초라한 무리"들에 대항하는 너무나 날카로운 그림(Grimm)과
같은 사람들이 없다면 그렇게까지 깊숙이 이 문제를 파고들지는 못했을
것이다. 칸트는 오히려 비스터에 의해서 각성하고 있는데, (1786년 3월 6
일 비스터는 칸트에게) 다음과 같은 글을 보내고 있다: "현대철학자의
글 속에서는 자연스럽게" 당시의 "열광적인 강한 힘의 사실들이 나쁜 것
으로 나타나 있습니다. 데모가 있었으며, (믿음에 대한 가장 낮은 방식
인) 전통을 장려하였으며 이성 증명의 지위가 향상되었습니다." 그러나
칸트는 (야코비, 헤르더와 같은) 정신적인 자질과 보다 넓은 안목을 가진
사람들을 책망하기보다는 그들에게 주의의 말을 하고 있다. 즉 그들은
"유일한 보물이며 아직은 모든 평범한 소시민의 짐으로 남아 있는" 사고
의 자유에 대한 그들의 분별없는 공격 때문에 스스로 위험에 빠지지 않
기를 당부하였다. 왜냐하면 이와 같은 열광적인 강한 힘과 "세상을 밝히
는 것"은 (마찬가지로 계몽의 질서도 나타나고 있었다.) 결과적으로 사고
나 의지에 있어서 어떤 미신이나 마법으로 가득 찬 행동을 이끌어 낼 수
있기 때문이었다. 그 결과 칸트는 어쩌면 정부의 개입이 초래될 수도 있
을지 모른다고 판단하고 그것에 대해 염려하였던 것이다.

이런 현상들은 프리드리히 대제가 타계한 첫 몇 해 동안에는 나타나지
않았다. 칸트가 쾨니히스베르크 대학교 총장으로 취임한 것은 그가 새로
운 군주에게 충성을 맹세한 것이며, 군주에게 "은혜를" 입은 것으로 우리
는 볼 수 있다. 그리고 나중에는 개인적인 승급이 특별한 승인을 통하여

이루어졌다. 야콥이 1787년 여름 할레에서 베를린으로 왔을 때, 체들리츠
는 그의 "매우 활기 있는" 말에 고무되었다. 즉 칸트의 철학이 할레에서
는 아주 널리 퍼져 있으며, 헤르츠베르크 장관은 칸트에 관해서 "거대한
열정"이라고 표현하였다는 것이다. 1787년 12월 5일 베를린에 살고 있는
오랜 친구 베렌(Beren)은 "여기서는 자유로운 사고와 자유로운 억압이
함께 공존하고 있습니다"라고 하였다. 1788년 가을 젊은 키제베터
(Kiesewetter)가 국가장학금을 받고 칸트 철학을 근본적으로 연구하고 나
중에 그것을 가르칠 것을 희망하면서 쾨니히스베르크 대학교로 유학왔
다. 그러나 이미 이러한 전환은 이루어지고 있었다. 1788년 7월 3일 그리
스 정교 신학자 뵐너(Joh. Christoph Wöllner)는 프리드리히 II세의 "특별
한 신뢰"를 얻어 체들리츠에 의해 법무부장관과 오늘날 정신문화원장
(Chef des geistlichen Departments)에 해당되는 직위에 겸직 임명되었다.
그는 프리드리히 대제에 의해서 "사기성이 농후하고 간교한 성직자"로
성격이 규정된 인물이었다. 6일 후에 그 악명 높은 종교 칙령이 공포되었
다. 루터교와 칼뱅교적인 신앙고백을 가르치는 교사들까지도 성서의 근
본 진리를 파괴하고자 시도하였고, 종교적 교시를 잘못된 것으로 설명하
는 등 뻔뻔스러운 방법으로 수없이 많은 오류를 확대시켰다. 더욱이 예부
터 프로이센은 관용에 익숙해져 있고 양심의 자유가 남아 있었던 곳이다.
그러나 개인의 고유한 의견을 "간직"하고 "주의 깊게 살피는" 동안, "다
른 편으로는 그들의 믿음이 흔들리고 있었다." "오늘날 소위 말하는 계몽
주의자들의 자유분방함"과 "뻔뻔함 속에서 퇴락하는 뻔뻔함"을 시종일관
경계지어야 할 필요에 따라 1788년 12월 19일 종교적 교시가 모든 프로
이센 지방에 공포되어 시행되었는데, 프로이센을 제외한 다른 나라는 이
미 이 교시에 따라 엄격하게 통제되고 있었다. 왕이 바란 것은 "이 검열
로 종교의 일반적인 근본법칙에 관한 국가와 국민들의 질서를 다른 방향
으로 돌리는 것이었다."

그러나 처음에는 종교적 교시가 어떤 규제도 하지 못하였다. 오히려 자유주의 신학자 슈팔딩(Spalding)과 텔러(Teller)는, 베렌이 베를린에서 칸트에게 쓴 것처럼, 예전보다 더 자유롭게 설교하였다. 심지어 어떤 사람은 신앙에 관한 루터의 자유로운 사고에 대한 저술들을 편찬하기를 원했다. 특히 그 중에서도 "종교에 관한 것이 마치 자기의 것이라고 생각하는 호족, 주교 그리고 영주들은 모두 허수아비다"라는 문장에 관심을 갖고 있었다. 베렌 스스로도 이 같은 입장에서 그와 상대가 되어 타계한 왕의 저술을 편찬하려고 하였다. 그 역시 그 전의 다른 철학자와 마찬가지로 이 모든 것을 비스터의 「베를린 월간지」에 게재하고자 하였다.

그 사이 칸트의 "수업과 호의 그리고 아버지와 같은 보살핌"으로 쾨니히스베르크 대학교의 철학자들 중에서 칸트를 "제2의 아버지"라 부르던 키제베터가 1789년 가을에 베를린으로 돌아갔다. 그러나 그는 그곳에서 친절하게도 끊임없이 칸트에게 새로운 지식에 대한 정보를 알려 주었다. 체들리츠는 1789년 12월 완전히 평범한 시민으로 다시 돌아갔다. 그리고 헤르츠베르크는 키제베터를 방문하여 칸트에 대한 칭찬을 아끼지 않았다. 별 의미가 없긴 하지만 특별한 은총으로 젊은 사람에게 부탁하여 거의 얻지 못할 것을 얻은 뵐너도 당시 칸트의 "대단한 조심성"에 대해서 이야기하였다. 그리고 자신의 상황 결정에 도움을 준 칸트에게 감사하고 있었다. 그러나 뵐너는 당시 비판철학자 중에서 누가 그의 적대자였는지 모르고 있었다. 왜냐하면 당시 그리스 정교 신학자들은 칸트의 체계 자체에서, 그들은 "결국 우리의 이성적인 구속에서부터 눈먼 믿음으로 되돌아가야만 한다"는[14] 입장을 이끌어내려고 노력하고 있었기 때문이다 (칸트에게 보낸 마이어의 1788년 9월 5일자 편지에서). 12월 1일 키제베터는

---

14) 이것은 완전히 다른 어떤 것을 의미한다. 그러나 사실 이것은 여러 가지 의미를 갖고 있는데, 1787년 출판된 순수 이성 비판 2판의 서문에는 다음과 같이 나타나 있다: "나는 믿음의 자리를 얻기 위해서 지식을 이끌어내어야 한다."

논리학과 막 출판된 실천 이성 비판을 강의(Vorlesung)하였다. 이때 수강한 학생은 20명에서 25명으로 나타나 있다. 그러나 더 많은 수강생이 키제베터의 사설 강의에 참여하였다. 그 중에는 젊은 공주의 궁내 비서관 격인 아우구스테(Auguste), 빌레펠트의 남작 부인이 있었다. 그리고 "아주 젊고 아름다운 부인"이 있었는데, 그녀는 그녀의 주인으로부터 비록 철학을 통해서 "우리의 궁성이 보다 빛날 것은 아니지만" 아프리오리(a priori)와 아포스테리오리(a posteriori)의 비밀 및 분석판단과 종합판단의 결합에 대해서 알아오라는 긴급한 임무를 띠고 그곳에 가서 강의를 듣고 있었다. 뵐너는 "가장 화려한 말들로" 키제베터에게 호의를 베풀었다. 그러나 어떤 사람은 오히려 키제베터에게 수강생 중에 뵐너의 첩자가 숨어들어 살피고 있으니 주의하라고 충고하였다. 사실 그의 첫 강의에 전혀 알려지지 않은 젊은이가 수강하고 있었는데, 그는 강의 중에 한 모든 것을 하나도 놓치지 않고 필기하고 있었다. 이 젊은이는 "부지런하지만 늘 불안한 모습"을 하고 있었다. 더구나 그는 다음 학기부터는 나타나지도 않았다. 키제베터는 여러 사람의 경고를 주의 깊게 받아들인 후부터는 칸트의 형식적 도덕법칙과 기독교적인 요소가 일치한다고 주장하였다. 이런 일치성에 대해서 그는 왕에게 헌정한 논문에서도 주장하고 있다. 이에 대해서 그는 칸트에게 그렇게밖에 할 수 없었던 사정을 다음과 같은 글로 표현하고 있다: "나는 꾸미지도 않고 꾸미려고도 하지 않을 것이다. 나는 내가 할 수 있는 가장 좋은 일을 할 뿐이다"(1790년 3월 3일).

그 사이 키제베터는 백작 슐렌베르크(Schulenberg) 장관의 17살 된 아들과 교제가 이루어져, 그의 집에서 살게 되었다. 그리고 두 왕자와 한 명의 공주에게 물리지리학과 산술학 같은 위험성이 별로 없는 과목을 가르쳤다. 이렇게 그는 무대 뒤에서 펼쳐지는 칸트의 여러 가지를 경험하였고, 그것에 대해서 칸트에게 알려주었다. 그는 왕의 중혼(重婚)에 관해서도 언급하였는데, 특히 오스트리아와 러시아에 대해서 1790년 초 용감하게 대처하였다. 왕의 폐신(嬖臣) 정치로 인해서 왕실의 보물과 같은 것이 얼마나 고갈되고 있는가 하는 문제만큼이나, 우리의 입장에서 흥미로운 것은 종교적인 문제를 상부 행정기관에서는 어떻게 생각하고 있는가 하는 소식이다. 키제베터는 비판철학의 여러 가지 영역에 대한 강의, 예를 들자면 인류학과 순수 이성 비판과 같은 강의를 하면서 궁녀들을 대상으로 하는 수업을 계획하고 있었다(1790년 11월 9일 칸트에게 보낸 편지). "왕이 예수 그리스도에 대해서 이야기하고 몇 시간씩 앉아 우는 것을 봅니다"라고 그는 말하였다. 그 동안 여왕은 가끔씩 "책상과 의자 주위를 돌며 춤을 추었고, 혼령이 보인다"고 하였다(편지교환 II. 253면과 156면). 실질적으로 지방정부에서는 서로 다른 두 방향으로 싸움을 계속하고 있는 것이 외관상으로 나타나고 있었다. 하나는 그리스 정교의 새로운 교리 문답서였다. 이것은 아주 날카로운 칙령에 의해서 모든 학교에서 공동으로 사용하도록 제정되었다. 칸트도 그의 출판업자로부터 키제베터의 헌정본을 받았는데, 기이하게도 그의 가까운 친구들에게 차례차례로 돌려 보게 하였다. 이 교리서에 대해서 오랫동안 격렬한 토론이 이루어졌는데(편지교환 II. 135면), 여전히 자유로웠던 최고 장로회에 그 항의가 빗발쳤다. 다른 한편으로는 구 교리 문답서는(1790년 4월 20일 키제베터가 칸트에게 알려온 것에 의하면) 완전히 수정이 끝난 상태였다.

이런 일들이 벌어지고 있는 동안 1790년 3월 우리의 철학자 칸트는 그의 옛 제자 보로브스키에게 "이제는 열광적인 강한 힘이 완전히 우위를 차지하였지만, 그 수단이나 방법은 반대한다"라고 하였다. 칸트는 주요 방법에 대해서 추천하였는데, 여러 분야에 대해서 수박 겉핥기식의 연구에서 벗어나 비록 몇 개의 분야지만 근원적인 연구를 하도록 당부하였다. 즉 관찰과 실험을 통한 진정한 자연연구와 같은 것을 당부하였다. 미신과 같은 것의 횡포에 대해 경멸조로 침묵하거나 도덕성을 짓밟는 경우에는 당연히 경찰이 찾아가야 된다고 하였다. 그러나 당시 칸트는 사람들이 결

코 침묵하지 않았다는 것을 눈치채지 못했다. 그리고 그의 종교와 도덕성
에 대한 견해가 국가권력을 위한 수단으로 이용될 것이라는 것도 알지
못했다.

6 노년기(1790~1804)

1. 노쇠기/마지막 강의(Vorlesungen)/정년퇴임

왜 우리는 1790년을 칸트의 마지막 시기로 정하고 새롭게 시작하는가? 먼저 이 해, 1790년에 그의 대작 3 비판서가 완전히 출판되므로 그의 철학적 생애는 대단원의 막이 내렸다고 할 수 있기 때문이다. 그 다음으로 이 해에 그가 늘 얘기한 것처럼 그의 노쇠기가 되었기 때문이다. 이미 1785년 9월 13일 쉬츠에게 보낸 편지에 다음과 같이 그의 늙음에 대해서 말하고 있다: "나는 이미 너무나 늙어서 여러 가지 종류의 사고를 옛날처럼 빨리 재정리할 수 없습니다. 그리고 내가 사고의 추리를 완전한 체계 속에서 놓치고자 하지 않으려면, 모든 것을 함께 묶어서 생각해야만 합니다." 그러나 이것은 여러 가지로 나누어진 그의 사상과 비판적 철학에 의해서 완성된 그의 사상으로써 칸트가 다른 사람의 공격을 어느 정도 방어할 수 있느냐 하는 데 보다 더 큰 의미로 작용한다. 1789년 말 그의 노쇠 현상은 더욱더 두드러지게 나타나고 있다. 1791년 9월 21일 그는 라인홀트에게 다음과 같이 쓰고 있다: "약 2년 전부터 특별히 눈에 띄는 원인도 없이, 그리고 특별히 아픈 곳도 없이 갑작스럽게 나의 몸이 반란을 일으키고 있소. 매일 먹는 음식이지만 갑자기 식욕이 떨어지고, 육체적인 힘과 감각이 아무런 것에도 견디어 내지 못하고, 내 자신의 원고 교정작업과 같은 정신적인 일에도 큰 변화가 일어나고 있는 것 같소. 오전에 2~3시간 정도만 정신을 집중할 수 있고, 그 시간이 지나면 졸음에 시달려 아무것도 할 수가 없소(이는 물론 밤잠을 아주 잘 자고 나서도 상황은 마찬가지라오). 그러면 나는 더 이상 나의 작업이 나빠지지 않게 하기 위해서 그리고 보다 맑은 정신을 가다듬기 위해서 어쩔 수 없이 휴식을 취할 수밖에 없소. 내 생각에 이러한 것들은 어떤 사람에게는 보다 조금 빨리 그리고 또 어떤 사람에게는 보다 늦게 나타나는 노화현상에 불과한 것 같소." 그는 "몇 해 전부터" 보다 편안한 취침을 위해서 늘 저녁시간에는 복잡한 작업을 피하고, 기분 전환을 위해서 아주 가벼운 정신적 작업만을 하였고, 1789년 12월 초에는 이러한 생활이 이미 습관화되어버렸다. 그 결과 (1789년 12월 1일 라인홀트에게 보낸 편지에 의하면) 오전시간 내내 충분히 연구할 수 있게 되었다. 언제 일어날지도 모르는 그의 건강에 대한 "반란"을 항상 염두에 두고, 그에게는 그의 연구를 위해 보다 강한 정신력이 필요하였다.

1790년에도 칸트는 여전히 전과 마찬가지로 강의(Vorlesungen)에 주력하였다. 여름학기에 그는 4시간의 논리학 강의와 4시간의 물리지리학, 그리고 1시간 동안은 1년간 계속되는 석사학위 시험을 위한 지도 중 전반부를 담당하였다. 겨울학기 주말에는 형이상학[1]과 석사학위 시험을 위한 지도 후반부가 이루어졌고, 그리고 인류학을 강의하였다. 이 강의는 지난날의 습관화된 시간과 조금도 다를 바가 없이 이루어졌다. 즉 공적인 강의는 아침 7시부터 8시까지 그리고 사적인 강의는 8시부터 10시까지 일주일에 4일 동안 이루어졌다. 이 기간에 이루어진 그의 강의에 정식으로

---

1) 1793/94년 겨울학기만은 도덕 형이상학 혹은 일반적인 실천철학과 윤리학 대신에 이론 형이상학을 강의하였다.

수강신청을 한 학생 수만 50명에서 80명이었다. 물론 그의 노쇠 현상은
이제 아주 뚜렷이 나타났다. 1786년부터 1789년까지 칸트의 강의를 들은
바 있는 링크는 다음과 같이 그의 건강에 대해서 설명하고 있다: "지난
1780년대 그의 강의는 점점 생동성을 잃어 갔다. 이는 마치 우리로 하여
금 그가 졸고 있는 것으로 착각하게 하곤 하였다. 보다 그런 생각을 굳히
게 된 것은, 그가 그의 몸을 한 번씩 마치 풀린 긴장을 모으기라도 하듯
이 움츠리는 것을 알아차리고 난 뒤부터이다." 또한 칸트의 강의를 청강
한 피히테는 1791년 7월 4일자 일기에서, 기대한 만큼 칸트의 강의가 만
족스럽지 못했으며, "그의 강의를 듣고 있으면 졸음이 온다"고 적고 있
다. 그로부터 3년이 지나서도 비슷한 내용을 우리는 젊은 시절의 로이쉬
로부터 찾아볼 수 있다: "그의 목소리는 아주 약했고, 그의 강의 내용은
불분명했다." 이렇게 해서 이제 겨우 15세 정도밖에 안 된 로이쉬 눈에는
칸트의 정신이 단지 한 번 "반짝이는 불빛"으로만 받아들여졌다. 그 반면
에 그의 지리학 강의는 "완전히 이해할 수 있었고, 그 재치가 최고조에
이르렀으며 재미있고 유쾌하였다"고 기술하고 있다. 보다 정확한 판단은
22살의 푸르그슈탈(Purgstall) 백작이 서술하고 있다. 그는 킬에서 온 백작
으로 라인홀트의 문하에서 1795년 4월 몇 주간 쾨니히스베르크에서 머물
다가 다시 돌아와서 "그는 강하기가 마치 시나이 산의 모세와 같았다"라
고 말하고 있다. 그리고 계속해서 그는 칸트의 규칙적인 생활에 대해서는
이미 우리에게 잘 알려진 것과 같이 서술하였다. 강의의 형식이 결여된
부분은 아주 훌륭한 자료들을 보충하여 보다 쉽게 설명하였다. 그리고 계
속해서 "우리가 만약에 그의 목소리를 이해하기만 한다면, 그의 사고를
따라가는 데 결코 어렵지 않다. 마지막으로 그는 시간과 공간에 대한 설
명을 하였는데, (나는 아직 그보다도 더 잘 이해하고 있는 사람을 보지
못했다)"라고 설명하고 있다. 그 외에도 객원교수였던 푀르쉬케와 겐지
헨, 그리고 나중에 칸트의 논리학을 편집한 석사학위 소유자 예셰

(Jäsche) 같은 사람들은 우리의 철학자 칸트가 젊은 신진 학도들에게 자신의 방향을 전수하기 위해 보다 정확한 사적인 강의를 찾고 있다고 가끔씩 비판했다. 예를 들자면 푀르쉬케는 1795년 여름학기에 4시간짜리—수요일과 토요일 아침 6시에서 8시까지 강의—순수 이성 비판 강의를 취소하였고, 신학자 슐츠는 1795/96년 겨울학기를 위해서 칸트의 종교철학 전반에 대한 강의를 통보하였는데 9월 8일 뵐너의 훈령에 의해서 "결코 될 수 없다"고 거절당했다.

1796년 여름학기에 칸트는 마지막 강의(Vorlesung)를 개설하였지만 석사학위 시험을 위한 지도는 더 이상 개설하지 않았다. 물리지리학 강의는 7월 13일에, 논리학은 23일에 종강하였다. 그러므로 임마누엘 칸트는 1796년 7월 23일에 마지막으로 강단에 섰다. 그는 물론 1796/97년 겨울학기에 다시 한 번 형이상학과 1797년 여름학기에 논리학과 물리지리학 강의 계획서를 제출하였다. 그러나 그 제출서에는 다음과 같은 단서를 명기하였다: "modo per valetudinem seniumque liceat(만일 나의 건강과 나이가 허락한다면)" 그러나 베를린에 있는 고등교육담당자의 서류에는 칸트가 직접 쓴 자신의 지난 세 학기에 대한—1796/97 겨울학기, 1797년 여름학기 그리고 1797/98년 겨울학기—평가가 남아 있다: "나는 나의 노쇠현상과 거동의 부자유스러움으로 나의 강의를 계속할 수 없다." 혹은 "나는 나의 기력 부진으로 더 이상 책을 읽을 수 없다." 혹은 "나는 나의 나이와 지병으로 인해서 더 이상 강의할 수 없다." 그래서 이어지는 두 학기는 그를 대신해서 망엘스도르프와 로이쉬가 계속 강의하였다. 그 이후로 강의 시간표에서 더 이상 칸트의 이름을 찾아볼 수 없었다.[2]

---

2) 「구프로이센 월간지」 38권 84면 이하에 따르면, 이후에 바르다는 주어진 기록을 중심으로 칸트 연구에 보다 많은 의문을 제기하고 있다. 언제부터 칸트는 더 이상 읽을 수 없었는가? 그 당시에 이미 보로브스키, 야흐만, 발트, 핫세, 링크, 로이쉬 등에 의해서 얘기된 칸트의 모든 전기들이 사실들을 서술하고 있음에도 불구하고, 슈베르트는 그들

우리가 본 것처럼 1791년 마지막으로 칸트는 학장직을 수행하였다. 1796년 그에게 주어지기로 순서가 정해져 있던 총장직은 자연히 그에 의해서 그전에 이미 거절되고 말았다: "나는 노쇠현상에 의한 기력 부족으로 그 직분을 수행할 수 있는 능력이 없음을 알립니다." 그와 동시에 그의 이름이 걸려 있는 모든 "직권상의 보직"에 대해서도 사직하였다(1796년 2월 26일 총장 엘스너[Elsner]에게 사표를 제출하였다). 대학 생활의 마지막을 장식하는 정년퇴임 피로연도 학생회에 의해서 자발적으로 아주 성대하게 이루어졌다. 즉 1797년 6월 14일 모든 학생들이 정년퇴임식에 참석하였고 많은 악대가 칸트의 집에서부터 시작된 행렬 앞에 서서 웅장한 연주로 모든 사람을 인도해 주고 있었다. 특히 그 행렬에 참여한 모든 사람들은 칸트를 찬양한 여섯 줄의 시를 소리 높여 외쳤다. 이 시는 "세상에서 가장 고귀한 정신"(der Erde allergrößten Geist)이라는 제목으로 플라톤과 뉴턴에 버금가는 찬사를 적은 시였다. 그 내용을 보면 다음과 같다:

> 일만 팔천 날 이상이나 지속되었던
> 선생님으로서의 영예가 당신에게서부터 멀어진다.
> 그러나 아직도 젊은이와 같은 당신의 정신은
> 최고 진리의 성전에서 번쩍이고,
> 가장 어두운 것도 불빛 투명함으로 밝힌다.
> 비록 그의 노쇠한 육신은 비틀거리지만,
> Mehr denn achtzehntausend Tage schon

의 서술을 신뢰할 수 없다고 보고 있다. 아르놀트와 바르다는 칸트가 "강의에서 완전히 은퇴한 것이 아니다"라고 주장할 뿐 아니라, 1796년 7월 이후에도 한 번 아니면 여러 번 "강단에 올라"선 적이 있다고 주장하고 있다. 이는 물론 의심스러운 부분이 많다.

Sind als Lehrer ruhmvoll dir entflohn,

Und noch blickt dein Geist mit Jugendfülle

In das Heiligtum der höchsten Wahrheit,

Hellt das Dunkelste mit lichter Klarheit,

Trotz dem Schwanken seiner schwachen Hülle.

　렌도르프(Lehndorff)의 한 백작이 읽은 축사가 어떤 신문에 게재되었는데, 이 글은 모든 사람에게 "마음의 감동"을 주었으며, "더 이상 어떻게 잘 표현할 수 없었다"고 극찬받은 바 있다.

　우리의 철학자는 그의 모든 강의를 전부 중단하였고, 학장 직위와 총장서열에서 스스로 물러남으로써, 1797/98년 겨울학기에 학교행정에 반대의 의사가 없음을 분명히 보여주었고, 자신이 지금까지 의무적으로 해야 했던 모든 것에 대해서도 자신의 의향이 없음을 분명히 하였다. 칸트는 매주 수요일에 열리는 교수평의원회에도 자신이 원해서 참석한 경우는 한번도 없었으며, 1795년 이후에는 그나마 전혀 참석하지 않았기 때문에, 당시 대학교육담당 국장 홀츠하우어는 총장평의원 회원이면서 칸트와 적대자인 법학과 메츠거(Metzger) 교수에게 칸트와 같은 처지에 놓여 있던 레카르트(Reccard) 교수 등 두 사람을 정회원이 아닌 "부회원"으로 그 지위를 격하시켜 줄 것을 청원하였다. 그것에 대해서 1794년 12월 3일 칸트는 홀츠하우어의 제의에 대해서 "그의 청원은 정당하지 못하고, 그의 계획은 모순적이고, 그의 요구는 모욕적이다"라고 호전적인 어법으로 강하게 부정하였다. 그와 레카르트는 평의회 회의석상에서 그들의 명예에 관한 일이기 때문에, 결코 그들의 잘못을 시인하지도 해명하지도 않았다. 이와 같은 칸트의 강한 태도는 "한편으로는 그가 완전히 대학에서 떠난 뒤, 즉 정년퇴임을 하고 나서도 그 직책은 그의 기쁨이요, 다른 편으로는 한번 올라간 직책은 결코 강등되어서는 안 되며, 항상 그 지위를 갖고 있어야 된다는 것을 뜻한다." 당시 동프로이센 주정부에서는 곧바로 칸트에게 홀츠하우어의 제의에 대해서 유권해석을 하였다: 이 제의는 대학에서 오랜 기간 동안 존경을 받았고, 오랜 기간 동안 대학에서 필요로 했던 두 분, 레카르트와 칸트 교수에게 다른 "의미"가 있어서 한 것은 아니다. "그리고 우리는 그들이 그들의 힘이 닿는 데까지 연구에 매진할 것이고, 그들은 대학 정책을 위해서도 힘을 아끼지 않을 것이며, 동시에 그들이 스스로 청원하지 않았다는 것을 굳게 믿고 있다"(1798년 7월 31일).

1801년 11월 14일에서야 처음으로 칸트는 자기보다 훨씬 젊은 친구 크라우스(Kraus)에게 자신의 뒤를 잇게 했고, 그의 동료였던 핫세에게 평의원 자리를 넘겨주었다. 즉 12월 12일 평의원 사직서를 총장, 수상 그리고 국회에 제출하였다. 물론 이 사직서는 그가 직접 관여하지 않고 있던 모든 직책에 대한 사의의 표명이었다. 이 사직서는 그에 의해서 직접 씌어진 것이 아니라, 지금까지 알려진 바에 의하면 서명만 된 것이다. 이상이 칸트의 마지막 공직에 관한 설명이다.

2. 1790년대에 있어서 칸트 철학의 영향

a) 독일에서의 영향

1790년대 칸트 철학의 승전보는 계속해서 널리 퍼져 나가고 있었다. 1790년대 중반에 이미 그의 철학은 피히테에 의해서뿐 아니라 패기 넘치는 신진 철학자였던 라인홀트나 베크에 의해서 제자리를 잡아가고 있었다.

예나에서도 칸트에 대한 열의가 1790년대 초반부터 일기 시작하였다. 1790/91년 겨울학기와 1795년 여름학기에 칸트에 대한 라인홀트의 강의를 수강한 학생 수는 107명과 158명으로 칸트 자신의 강의에 수강한 학생 수보다 더 많았다(1793년 1월 21일 라인홀트가 칸트에게 보낸 편지).
라인홀트에 의하면 이곳(예나)에서는 무엇보다—외적인 열의뿐 아니라
여러 해 동안 다른 학문을 연마한 자들까지도—특히 쉴러를 능가하였고,
쉴러의 친구였던 훔볼트(Wilhelm von Humboldt)와 1794년 이후에는 괴테
까지도 칸트의 철학에 영향을 받았다고 한다. 우리는 이러한 것들을 이미
다른 곳에서[3] 상세히 서술하였기 때문에, 이곳에서는 단지 서로 상관 있
는 인물에 관해서만 묘사하고자 한다.

먼저 1789년 6월 라인홀트에 의하면 쉴러는 칸트의 비판철학에 대해서
자신의 "가장 따뜻하고도 마음에서 우러나오는" 찬사를 보냈다. 그것에
대해 그해 가을 쾨니히스베르크로부터 답례가 전해졌다. 둘 사이의 보다
가까운 관계는 1793년 10월 처음으로 칸트가 쉴러에게 그의 위풍과 품격
을 보다 주의 깊게 나타냄으로써 이루어졌다. 즉 칸트가 그의 《단순한 이
성의 한계 안에서의 종교》 2판 중 "경건주의"에 대한 주석에서, 쉴러의
반대 의견에 대해 아주 명백한 방법으로 증명함으로써, 우리의 시인은 너
무나 큰 행복감에 빠져 그들의 관계가 이루어진 것이다. 이것이 계기가
되어 1794년 6월 13일 쉴러는 "베풀어주신 호의에 감사"하는 말과 호렌
(Horen)에서의 공동 작업을 부탁하는 초청장을 칸트에게 발송했다. "당신
이 저의 조그마한 문제점에까지 가치를 인정하시어 호의를 베풀어주신
데 대해 먼저 감사드리며, 당신은 저의 의문점을 올바로 잡아 주시는 관
대함을 보여 주셨습니다." 그러나 칸트가 이 편지에 대한 답장을 보내지
않았기 때문에, 쉴러는 9개월 후 다시 그에게 호렌에서의 공동작업에 대
한 의사를 묻는 짧은 편지를 보냈다. 1795년 3월 1일 편지에 대해서 칸트
는 같은 달 28일 답장을 보냈다: 그렇게 "박식하고 재능 있는" 쉴러와
같은 사람과의 "교분" 관계를 맺으면서 "만나 서로 교화될 수" 있기를

3) Vorländer, *Kant-Schiller-Goethe*(Leipzig. 1907).

늘 기대하였다고 하고, 칸트는 그의 미적인 편지가 꼭 그의 기대에 부응할 것이라고 말했다. 그리고 그의 초대에 관해서는 연기해 줄 것을 함께 부탁하였다. "박식한" 쉴러의 학문적인 편지교환에 의한 "교화"가 한 번만으로 이루어진 것은 아니었다. 칸트는 시인 쉴러에 대해서 알고 있는 것이 거의 없었다. 그는 마치 프리드리히 대제처럼 그의 시적 취향에 따르면, 할러(Haller), 포페, 빌란트와 풍자시인으로서는 리스코프(Liskow)와 캐스트너 등이 그로부터 사랑을 받은 시인이었다. 마찬가지로 그는 괴테와도 같은 처지였다. 만약 그가 하만으로부터 보다 일찍 괴테의 이름을 알았다면, "결코 아는 체하지 않았을 것이다"라고 그가 죽기 몇 해 전에 에케르만(Eckermann)이 진술하고 있다. 그리고 클롭슈토크(Klopstock)는 칸트의 적대자로 남아 있다.

또 다른 시인 코제가르텐(Kosegarten)은 완전히 칸트에게 매료되어서 그의 시를 헌정하였을(편지교환 III. 369~371) 뿐만 아니라 찬사의 편지를 (편지교환 II. 146~148) 보냈다. 또한 장 폴(Jean Paul)은 쾨니히스베르크 철학자의 윤리학에 매료되었다. 그는 그와 교분이 가까운 친구(포겔 [Vogel] 신부)에게 1788년 7월 13일 다음과 같이 편지를 썼다: "제발 부탁하오니, 칸트의 책 두 권을 꼭 좀 구입해서 보내 주십시오. 한 권은 《도덕 형이상학의 기초》이며, 그리고 다른 한 권은 순수 이성 비판입니다. 칸트는 이 세상의 빛이 아니고, 이 세상을 완전히 밝히는 태양 그 자체입니다."

1794년 부활절에 예나에서 칸트의 추종자인 피히테가 찾아왔다. 그는 1791년 7월 1일 칸트가 더 이상 보다 깊은 여러 갈래의 미로 속으로 빠지기 전에, 그의 모든 신념과 학설을 한 번 더 정리하려는 노력에 대한 감사의 뜻과, 보다 깊이 그를 알고 친숙해지려는 목적으로 그를 찾아 쾨니히스베르크로 왔던 것이다. 뿐만 아니라 피히테는 자신이 단순한 칸트 숭배자가 아님을 증명하려 했다. 그리고 그는 5주 동안 은거 생활을 하면서 《모든 묵시록 비판의 시도》(*Versuch einer Kritik aller Offenbarung*)를 써 "우리의 철학자"에게 헌정하였고, 헌정본을 보내 주었다. 또한 구두뿐 아니라 서면으로도 "굶주리는 젊은 청년"을 위해 아주 자상하게 천거하였다. 즉 그는 보로브스키를 통해 알게 된 출판업자 하르퉁(Hartung)의 처남에게 우리의 위대한 철학자로부터 추천을 받은 이 글을 출판사에 보냈던 것이다. 이 글은 편집자가 할레 대학교 신학과의 사전 검열로 생기는 어려움이 있기 전인 1792년 부활절에 출판하였다. 그러나 실수에 의해서인지[혹은 계획(?)에 의해서인지] 발행자의 이름이 빠져 있었다. 특히 우리는 그때 칸트의 종교철학에 대해서 많은 기대를 갖고 기다리고 있었기 때문에, 이 글의 제목과 출판장소 때문에 이 책이 칸트의 저술로 오해받아, 그때까지 전혀 알려지지 않았던 무명의 편집자가 하루 아침에 유명해지고 말았다. 칸트는 실재 상황 모두를 「예나 일반 문학신문」에 밝힘으로써─곧바로 피히테는 라인홀트와 공동연구를 위해서 1793년 12월 말 예나 대학교에서 공석 중인 철학교수로 초빙되어 킬(Kiel)로 옮길 것을 요구받았다. 처음에 그는 그의 위대한 철학자이자 은인인 칸트에게 완전히 매료되어 존경하였다. 1793년 9월 20일까지만 하더라도 그는 칸트를 믿고 있었다: "당신의 사상은 항상 나의 정신이 될 것입니다." 그러나 다른 방향에서 실행하려는 그의 철학적인 발전 때문에 그는 칸트와의 관계를 계속유지할 수 없었다. 처음의 편지교환에 의하면 칸트의 산발적이고 부정적인 판단이 피히테의 귀에 자주 들려왔다. 1797년 12월 칸트 편지를 통해서 그에게 아무런 의미 없는 궤변 같은 논리 대신에 그의 우수한 재능을 일반적인 사색으로 교화시킬 것을 충고하였다. 이 편지에 대해서 피히테는 곧바로 칸트는 "스콜라 철학"과 작별해야 된다는 생각을 하고 있지 않다고 반박하면서, 스콜라 철학이 많은 흥미와 간편함을 몰아 내고 있지만, 그것이 그의 힘을 강하게 해주고 높여 준다고 칸트는 생각하고 있다며 비난했다. 그들의 최종 결별은 칸트가 1799년 「예나 일반 문학신문」에 피히테의 《지식학 총론》(*Grundlage der gesammte Wissenschaftslehre*)은 "완전히 불안전한" 체계라고 공공연하게 발표하면서 이루어졌다. 그리고 이 저서의 편집자는 불성실하고 교활한 "친구"라고 표현하였다. 이것에 대해서 피히테는 같은 잡지에 셸링에게 보내는 공개 편지 형식을 취해 아주 적절한 편지의 대답을 실었다. 물론 그는 사적인 편지를 통해서 칸트의 마지막 철학에 대해서 피히테의 의미로써 파악하지 않고, "완전히 불합리한" 것으로 파악하고, 같은 내용의 편지를 라인홀트에게 보내 쾨니히스베르크의 방식은 "멍청한 짓"이라고 설명했다.

　베를린에서는 우리가 이미 앞장에서 얘기한 것처럼 키제베터가 칸트의 학설을 위해서 활동하고 있었다. 헤르츠와 우리의 비판 철학자의 옛 제자들이 주축을 이루어 유대인을 중심으로 만들어진 칸트 신봉자의 모임은 1753년생인 당대의 똑똑하기로 소문난 마이몽(Salomo Maimon)이 1780년대 말부터 이끌어 나가고 있었다. 마이몽은 "그의 생애의 몇 년은 리타운의 숲속에서 진리인식의 모든 도움으로부터 완전히 발가벗기어졌고," 호의적이고 생각을 같이하는 베를린 동료들의 도움으로 학문에 대한 갈증을 해소할 수 있었다고(칸트에게 보낸 1789년 4월 7일자 편지에서) 얘기하고 있다. 칸트로서는 그에게 보내진 원고의 가치를 부분적으로 인정할 수밖에 없었고, 그에게 "사실상 일반적인 재능이 심오한 학문을 알게 하는 것은 아니다"라고 하였다. 이 편지에 대해서 그는 매우 만족하였다. 우리의 철학자는 헤르츠(1789년 5월 26일. 편지교환 II 48~55)에게 그의 반대 견해에 대해서 더 긴 내용의 편지를 상세하게 적어 보냈다. 칸트의 의견에 반대하는 자들 중 어느 누구도 "그를 그리고 중심문제를 완전히 이해하지 못했고," 그리고 "마이몽처럼 그렇게 깊이 연구하고 그렇게 날카로운 통찰력을 가진 사람은 많지 않았습니다"라고 적고 있다. 마이몽은 몇 년 동안 계속해서 새로운 저술들을 그에게 보내 왔다. 그러나 칸트로서는 그것에 대해서 더 이상 답할 수가 없었는데, 심지어 1/3 정도

를 답하지 못했다고 그와 친하게 지냈던 바르톨디(Bartoldy)가 기억을 더
듬어 얘기하고 있다. 1793년 12월 2일자 마지막 편지에서, 그가 비록 "주
제에 넘는 부당한 일인 줄 알지만," 다시 한 번 그의 새로운 글에 대한
칸트의 판단을 청원하였다.

　1793년 3월 믿음직한 베링이 마르부르크에서 새로운 사실을 발표하였
다. 그는 마르부르크 대학교 신학과 침머만(Zimmermann) 교수를 칸트의
옛 제자에 같이 포함시켜야 된다고 주장하였다. 그리고 또 한 사람은 법
학을 전공한 적이 있는 로베르트(Robert)인데, 그는 베링 자신에 의해서
비판주의로 전향되었다는 것이다. 그리고 언어학자 크로이처(L. Creuzer)
는 베링에게 비판주의에 대해서 도움을 청하였으며, 출판업자인 크리거
(Krieger)는 베링의 새로운 소논문을 모아 출판할 수 있게 허락해 달라고
부탁하였다고 설명하였다. 마르부르크 근교인 덱스바흐(Dexbach)에 사는
융-슈틸링의 사위 중 한 사람인 슈바르츠(Schwarz) 목사는 크리거의 부
탁을 들어줄 것을 오래 전부터 호소하였으며, 자신의 도움이 필요할 때
아주 경건하게 도와주었으며, 특히 종교철학의 글들을 보낼 때, 편지도
함께 보내 주었다.

　괴팅겐에서는 칸트의 새로운 친구들이 생겼는데, 즉 신학자 슈토이들
린(Stöudlin)을 그 첫번째로 꼽을 수 있다. 칸트는 나중에(1798년) 출판된
《학부 사이의 투쟁》을 그에게 헌정하면서 존경을 표했다. 또한 미학부 보
우테르베크(Bouterwek)를 1793년 5월 7일자 편지에서 아주 "보기 드문
재능"의 소유자라 하였고, "개념을 규정함에 있어서 스콜라 철학과 같은
정확성과 풍부한 상상력으로 대중성 있게 하였다"고 칭찬하였다. 그 외에
시인 뷔르거(Bürger)는 칸트에 대한 강의를 해서 친숙하게 되었다.

　1790년대 초반 칸트는 할레의 베크에 대해서 큰 기대를 갖고 있었다.
그는 칸트의 철학 체계에 대한 기초를 다져 더욱 넓혀야 할 의무를 갖고
있었다. 그리고 그들의 활기 있는 편지교환으로 두 사람 사이의 우정이

서서히 움트기 시작했다. 나중에 칸트로부터 거절당한 판단력 비판의 긴 서문이 베크의 작업 가운데 하나이다. 이는 물론 우리가 오늘날 《철학 전반에 대해서》(*Über Philosophie überhaupt*)라는 제목으로 이야기하는 바로 그것이다. 그리고 베크의 논문 "비판철학으로부터 판단되어야 할 유일하게 가능한 관점"(Einziger möglicher Standpunk, aus dem die kritische Philosophie beurteilt werden muß, 1796)도―형식적으로는 그것에 대해서 완전하게 의식하지 않고―라인홀트의 논문 "표상능력의 새로운 이론"(Neue Theorie des Vorstellungsvermögens)처럼 칸트를 완전히 넘어서지 못한 것 같다. 반면 우리의 철학자 칸트는 할레의 또 다른 새로운 믿을 만한 신봉자 티프트룽크(Tieftrunk)를 알게 되는데, 그는 원래 신학과 철학의 중재를 위해 정부에서 파견된 사람이었는데, 곧바로 칸트의 비판주의에 완전히 매료되고 말았다. 그도 또한 칸트의 허락을 받고 칸트의 글을 모아 (1797~1799년 사이에 세 권의) 전집을 (할레에서) 편집했다. 이렇게 해서 그가 자주―잡지에서나, 칸트에게 보낸 편지에서―밝힌 바 있는 그의 바람이 이루어지게 되었다. 이 전집은 나중에 낱권으로 재판되었고, 칸트가 1793년 계획한 목적에 따라 다시 출판하려고 칸트 스스로 교정도 보았지만, 결국은 포기한 바로 그 책들이다.

이웃 도시 막데부르크(Magdeburg)에서는 개혁파 목사인 멜린(Mellin)이 칸트의 전집을 보다 쉽게 이해할 수 있게 6권짜리 칸트 백과사전을 만들어서 헌정하였는데, 이 책은 나중에 널리 알려졌다. 이 모든 것은 비판철학의 확산을 위한 철학적인 교류였다. 1791년에는 슈미트가 기센에서 활약하였고, 2년 뒤에는 다시 예나로 돌아와서 활동하였다. 스넬(Snell)은 칸트에게 호의를 보였고, 예나 대학교에서 라인홀트 아래서 철학을 연구한 피셰니히(Fischenich)는 본에서 "복음서"에 대한 새로운 연구를 발표하였는데, 칸트는 1793년 2월 11일 쉴러를 통해서 축하하였다. 에어랑엔에서는 신학자 암몬(Ammon, 나중에 괴팅겐으로 옮김)과 자일러

(Seiler)가 칸트를 신봉한디고 고백하였다. 칸트의 적대자인 튀빙겐의 플라트도 그를 공경한다고 고백하였다. 플라트가 칸트에게 적대감을 나타낸 것은 《흑인에 있어서 미적 이성 비판》(*Kritik der schönen Vernunft von einen Neger*)에 대한 비방문을 쓴 편집자에 대한 격분 때문이었다고 하였다.

"가톨릭이 강한 토이치 지방(Teutschland)"에서도 칸트의 충직한 로이스(Reuß)에 의해서 충분히 그의 사상이 전달되었고, 그 뒤(1796년 4월 1일) 비판철학이 보다 넓게 발전되어 나갔다. 뷔르츠부르크에서 그가 직접 전하기를 "법학과와 신학과의 거의 모든 교수는 그들의 학문 영역이 아닌 것과 최소한 학문의 근본주제에 따라 강의를 할 경우, 특히 종교강의나 가톨릭 교리 문답과 설교에 이르기까지 근본주제를 칸트에서 인용하고 있다고 하였다. 심지어 칸트의 철학을 듣기 위해서 많은 다른 곳의 사람들이 여기로 모여온다." 특히 그곳의 소녀들과 부녀자들도 열렬한 칸트 추종자들이었다. 여성단체의 모임에서도 칸트의 철학체계는 "항상 가장 관심 있는 얘깃거리"이다!(슈탕이 칸트에게 보낸 1796년 10월 2일자 편지) 확실하지는 않지만, 그러나 거의 확실한 보고서가 로이스에 의해서 작성되었다. 그 보고서에 의하면 밤베르크 대학교와 하이델베르크 대학교는 "바이에른이나 슈바벤 그리고 스위스의 가톨릭 도시에서보다 더 어두운 곳에 칸트가" 묻혀 있다고 설명하고 있다. 그러나 1년이 채 지나지 않아 이 두 대학교에서도—이 도시에서만 허가된—"라틴어 교재"를 통해서 보다 깊이 그의 사상이 뿌리 내리게 되었다고 로이스는 생각한다. 그러나 비판철학을 "적으로 설명하고 있는" 오스트리아에서는 상황이 아주 나쁘게 전개되고 있었다. 슈탕과 마찬가지로 빈 출신의 라이제(Reise)도 같은 내용을 알려왔다. 자유로운 사고 방식을 가진 요셉 2세와 같은 황제(Kaiser)가 아닌 편협하고도 고루한 사고를 가진 프란츠와 같은 황제는—"완전히 반대의사를 표명했다." 로이스뿐 아니라 비르켄슈토크

(Birkenstock)의 교장도 같은 내용을 전하고 있다: "황제가 방안을 빙빙 돌다가, '나는 아무래도 이런 위험한 체계에서부터 알 수 있는 것이 아무것도 없다'고 말했다." 한 헝가리 교수는 "높고도 완전한 종교성"의 음모 때문에 칸트의 입장을 반대하였고, "곧 사라지겠지만 아직은 다른 어떤 체계보다 앞서 있는 체계"이므로 "회의주의로의 전환이 이루어진다"고 얘기하고 있다. 칸트의 저서가 여러 곳에서 출판되었는데, 마지막으로 출판된 장소인 슈타이어마르크(Steiermark)에 있는 그라츠(Graz) 대학교의 철학과장도 같은 말을 하고 있다.

마지막으로 기이한 사건 하나를 얘기하고자 한다. 1793년에 멕클렌부르크(Mecklenburg)에서 우리의 철학자 칸트를 사칭한 한 사람이 방랑하고 있었다. 그는 자신이 우리의 철학자 아들이라고 자칭하였고, "특히 그곳의 문학 독자들에게 폭발적인 인기를 끌었다." 이 사실에 대해서 「예나 일반 문학신문」은 그 "유랑자"에게 강한 주의를 경고하였다. 칸트는 자신의 전기를 보로브스키의 「예나 일반 문학신문」(41권)에(같은 책 93면 각주) 보냈다.

b) 외국에서의 영향

칸트 철학은 독일의 국경을 넘어 빠르게 다른 나라로 퍼져 나갔다. 특히 러시아와 접경해 있고 독일인이 많이 살고 있던 발트해 지역에 가장 먼저 영향을 미쳤다. 요양지라든가 발트 해 연안에 있는 리프란트(Livland)로부터 많은 사람들이 쾨니히스베르크로 끊임없이 모여들었고, 특히 칸트는 그들에게 큰 애착을 갖고 대했다고 한다. 칸트의 동생에 의하면 미타우(Mitau)에서는 칸트의 옛 제자인 크루제(C. W. Cruse)가 그의 스승을 위해 이미 활동하고 있다고 했다. 러시아 군대의 장교인 웅거른슈테른베르크(Alexander Ungern-Sternberg) 남작은 순수 이성 비판이 "철학의 숲과 진흙 속에서"의 오랜 방황에서 자신을 구해 주었다고 고백하였고, 자신의 고국인 리프란트에서 칸트의 철학에 대해서 "즐거움을 갖고 성실하게" 공부하여 기꺼이 칸트를 "세계적인 인물"로 만들 것을 약속하였다. 그는 페테르스부르크의 학술원으로부터 칙서를—이것은 오늘날까지 쾨니히스베르크 대학교 중앙도서관에 보관되어 있다.—수여받았는데, 이 칙서는 학술원장이었던 후작부인 다쉬코프(Daschkow)와 유명한 수학자이자 철학자의 아들이자, 당시 학술원의 사무총장이었던 오일러(Euler)가 1794년 7월 28일 학술원의 외국 회원으로 칸트를 임명한 내용이 담긴 것이었다.

마찬가지로 이탈리아 토스카나 지방의 시에나(Siena)의 바르가스(Vargas) 백작은 1798년 4월 4일 이탈리아 학술원의 외국 회원 20명 가운데 한 명으로 칸트를 임명하였다.

덴마크 사람 바게센(Baggesen)은 칸트를 "제2의 메시아"라고 찬양하였다. 네덜란드에서는 1792년부터 반 헤메르트(Paulus van Hemert)가 비판주의를 연구하는 단체를 만들어 활동하였는데, 1798년에는 특별한 잡지인 「비판 매거진」(das kritische Magazin)을 발간하였고, 암스테르담에서는 "비판 단체"(Critische Gesellschaft)를 만들었으며, 칸트의 단행본들을 네덜란드어로 번역하기 시작하였다. (이것에 관해서는 1802년 글로버[Glover]가 칸트에게 보낸 보고서에 잘 나타나 있다.) 라이덴(Leiden)에서 비텐바흐(Wyttenbach) 교수가 칸트의 옛 학교 동료였던 룬켄의 전기를 보내 왔고, 우트레히트(Utrecht) 주 우텐호벤(Uttenhoven)에서 한 남작이 《우주의 제1철학》(premier Philosophe de l'Univers)에 대해서 그리고 《소멸하지 않는 하늘에 관한 학설》(immortelle Theorie du Ciel)의 편집자에 대해서 그리고 람베르트(Lambert)의 《우주형질론의 편지》(Kosmologischen Briefen)에 대한 번역서를 또한 각각 보내왔다. 그리고 반 보쉬(H. van Bosch)는 《비판윤리학》을 라틴어로 된 328구의 시로 읊었다(반 보쉬가

1799년 7월 6일 칸트에게 보낸 편지).

영국의 수도 런던에서는 1794년 3월 칸트와 크라우스의 진정한 제자인 니취(Nitzsch)가 비판철학에 대한 강의를 많이 들었다.—첫 강의 이후 굉장한 혼란이 있었는데—그는 이 혼란으로 여름학기 동안 계속 고민하였고, 겨울학기까지도 그 혼란은 계속되었다. 할레 대학교에서 야콥과 베크로부터 칸트의 이론을 배운 바 있는 리차드슨(Richardson)은 칸트의 여러 서적을 영어로 번역하였다. 더욱이 "경험론에 깊이 취해 있는" 그의 나라 사람들에게 비판적 이념론을 설명한다는 것이 결코 쉬운 일은 아니었다. 그리고 이 작업은 그에게도 결코 득이 되지 않았다고 얘기하고 있다(리차드슨이 1798년 6월 21일 칸트에게 보낸 편지).

프랑스에서는 프랑스 대혁명 이후 1795년까지 실질적으로 평화로운 철학 수업이 필요하지 않았고, 그 이후에도 철학 수업은 곧바로 이루어지지 않았다. 1795년 초 칸트에 대해 나돈 소문이 사실이라면, "프랑스 정부는 그들이 기초한 헌법의 필요 없는 부분은 삭제하고 보다 좋은 것이 있다면 알려 달라고 수도원장 시예(Sieyès)를 통해서 요청하였다"(요한 플뤼커[Johann Plücker]가 칸트에게 보낸 1796년 3월 15일자 편지). 그리고 그는 충분히 "입법자로서 안정과 평화의 발기인으로 프랑스로부터 초대를 받을 수 있을 뿐만 아니라 왕으로부터도 허락을 받아낼 수 있다"고 (로이스는 1796년 3월 29일자 칸트에게 보낸 편지에서 얘기하고 있다.) 그들은 단지 잘 알려진 바와 같이 자유를 위한 프랑스 대혁명에 대해서 칸트가 호의적일 것이라는 가능성을 배제하지 않았다. 물론 이러한 평판에는 특별한 동기가 있었다. 즉 프랑스 혁명 공안위원회의 한 위원이었던 테레민(G. Theremin)은 철학적인 면에서는 시예가 칸트보다 아무래도 한 수 아래이고, 프랑스에서의 칸트 연구는 프랑스 혁명에 보충되어야 하는 것으로 여겨졌기 때문에, 메멜에 사는 목사인 그의 형을 통해서 사실상 칸트와 시예 사이의 편지교환이 이루어지도록 주선하였다. (A. L. 테레민은 1796년 2월 6일 칸트에게 파리에 있는 그의 동생이 쓴 1796년 1월 2일자 편지를 함께 동봉하여 보냈다.) 물론 이러한 제의를 우리 철학자 칸트는 거절하였다고 야흐만은 전하고 있다. 왜냐하면 칸트는 "외국의 생소한 문제를 우리 나라의 것과 섞기를" 원치 않았기 때문이다. [물론 이 답은 테르민의 청원서의 답으로는 적절하지 않고, 단지 위에서 얘기된 소문에 불과한 것이다. 카를 포르랜더] 테레민은 의도적으로 칸트의 "저서"를 번역하였는데 순수 이성 비판이 아닌 당시 대중에게 잘 알려진《아름다움과 고귀함의 감정에 대한 연구 고찰》을 프랑스어로 번역하였다. 소논문 "영원한 평화를 위하여"(Zum ewigen Frieden)도 프랑스어로 번역되었다고 쾨니히스베르크에서 알고 있었는데, 이 책은 문체상 번역이 아주 까다로웠다는 뒷이야기가 파리에서 나돌았다.―그 외에도 이 논문은 베를린에 있는 덴마크 공사관에 근무하는 의사가 덴마크어로 그리고 젊은 스웨덴 학자 한 사람이 그의 모국어로 번역하였다(키제베터가 1797년 4월 11일 칸트에게 보낸 편지). 이러한 칸트의 저술 활동이 국제적으로 퍼지고 있다는 것이 1798년 「파리 모니터」(Parisier Moniteur)에서 기사화되자 더 많은 프랑스 학자들이 비판주의를 보다 깊이 알고자 하였다. 그뿐 아니라 파리 "국립연구소"에서도 1797/98년에 새로운 철학체계에 대한 보고서를 작성해 줄 것을 요구하였고, 열렬한 칸트주의자로 잘 알려진 빌헬름 폰 훔볼트가 1798년 이 연구소에서 자신의 연구보고에 대한 강의를 하였다. 칸트가 이 연구소의 회원으로 천거된 것은 그가 죽기 바로 얼마 전이었다. 찰스 드 빌레(Charles de Villers)는 칸트 철학을 독일과 프랑스 사이에 깊이 심는 데 노력한 사람으로서 그가 칸트의 이론을 보다 널리 알리기 위해 우리의 철학자를 알려고 한 것에 대해서, 칸트는 1801년(편지교환 IV. 523) 짧은 감사의 편지를 보냈다. 빌레의 친구 링크는 같은 일을 하면서(1799년) 당시 헤르더가 비판주의에 대해서 심한 논박을 가해 왔을 때, 칸트가 방어한 논문을 번역하였다. 거의 불확실한 일이지만 빌레에 의하면 이 일은 나폴레옹이 4시간 안에 문서화시키라고 명령했다는 것이다. 그래서 《칸트 철학》(*Philosophie de Kant, Aperçu rapide des bases et de la direction de cette philosophie*, 1801)[4]은 우리의 비판 철학자 칸트 의 귀에까지 들어갔다.

3. 프로이센의 변화에 따른 충동[5]과 이 시기의 저술

a) 준비 시기/1791~1794년 사이의 저술

칸트의 명성이 국내보다 국외에서 점점 더 높아 가는 동안, 그는 고령 에도 불구하고 여러 나라의 정부로부터 그의 학설과 저술 활동에 대해서 상당한 위협을 받고 있다고 느끼게 되었다. 1791년 봄 베를린에서는 이미 이런 소문이 "일반적"으로 널리 퍼져 있었고, 뵐너의 훈령을 실행하는 4 명의 회원 중 한 명인 볼테르스도르프(Woltersdorf) 교구장은 같은 해 5 월에 "직접시험위원회(Immediat-Examinations-Kommission)"를 설치하였다. 이 사실은 왕에게까지 알려졌으며, 칸트는 "이후로 저술 활동이 금지되었

---

4) 이 책은 출판사에서 정식으로 출판된 것이 아니라 (12면의 작은) 소책자로 바이마르 에 있는 괴테 도서관에서 내(Karl Vorländer)가 발견하였고, *Kantstudien* III권 4~9면 에 인쇄되어 있다. 같은 내용의 글이 바이힝어(Vaihinger)가 쓴 《칸트의 생애》에 같은 이름으로 1~4면까지 게재되어 있다.

5) 여기서 우리는 중요한 것만 서술하고자 한다. 보다 정확한 것은 프롬(E. Fromm)의 《칸트와 프로이센의 검열》(*I. Kant und die preußische Zensur*, Leipzig, 1894)과 쾨니 히스베르크에서 발행된 아르놀트의 《칸트의 생애와 저술 활동의 역사적인 소재에 대 한 소고》(*Berträge zu dem Materiel der Geschichte von Kants Leben und Schriftstellertätigkeit etc.*, Königsberg, 1898)에서 찾아볼 수 있다. 물론 같은 시기에 출판된 《단순한 이성의 한계 안에서의 종교》와 《학부 사이의 투쟁》에 대해서는 내 (Karl Vorländer)가 편집한 칸트 전집 《철학대전》 45권과 46권의 서문 및 보베르민 (Wobbermin)의 아카데미판 V권과 나의 아카데미판 VII권의 서문에도 잘 설명되어 있다. 이하에서는 단지 위의 참고자료 중 극히 일부분만을 얘기할 것이다.

다"고 알려졌다(키제베터가 1791년 6월 14일 칸트에게 보낸 편지). 이것
은 단지 외적인 소문에 불과하였고, 사실은 어느 누구도 감히 우리의 유
명한 노학자에게 접근하지 못했다. 그러므로 정당하게 그의 저술 활동은
계속되었다. 같은 해 9월 칸트는 비스터의 월간잡지에 소논문인 "변신론
(辯神論)에 있어서 모든 철학적인 시도의 실패에 대하여"(Über das
Mißlingen aller philosophischen Versuche in der Theodicee)를 실었다. 이 글
에서 그는 모든 이성적 동물들이 이론에 굴복하기 전에 이성적 동물에
대한 이론의 검토를 요구하였고, 또한 신앙에 관한 일 중에서 모든 위선
자들에 대한 자신의 혐오감에 대해서 숨김없이 표현했다. 특히 "결론의
주"에서는 양심의 압박에 대해서 보다 뚜렷하게 표현하고 있다. 즉 1790
년 12월 9일 뵐너와 헤르메스(Hermes)가 모든 신학석사 학위 시험지원자
들에게 면제한 "시험주제"의 실행에서 양심의 압박을 찾았다. 여기서 칸
트는 "만약 이와 같은 맹목적이고 외연적인 신앙고백이 생존 수단의 문
제라면, 점차적으로 공동 단체의 사고방식 자체에 확실한 실수가 있음을
쉽게 알아차릴 것이다"라고 하였다. 사실상 그가 《학부 사이의 투쟁》의
머리말에서 설명한 것처럼, 이와 같은 새롭고 경건주의적인 시험규정이
존재하는 한 "신학의 양심적인 후보자들은 종교 교단에서부터 군대에 이
르기까지 모두 추방되고 말 것이다."

종교적인 문제에 이어서 칸트는 정치적인 문제도 언급하였다. 같은 해
프랑스에서는 이미 잘 알려진 것과 같이 모든 상황이 최고조에 이르렀다.
즉 지롱드 당(Gironde)의 통치, 왕에 대한 재판과 처형 그리고 자코뱅 당
원의 테러 등이 행해지고 있었다. 이러한 일련의 사건에 대해서 당시 프
로이센의 통치자에게는 이 사건의 옹호자뿐 아니라 칸트와 같이 프랑스
혁명을 아주 긍정적으로 바라보고 있는 모든 독일 사람들까지도―물론
그들 모두는 자유로운 사고의 소유자들이다.―"자코뱅 당원들"이나, "혁
명가들"처럼 "아주 위험하고도 사악한 인간들"로 보였고, 그 결과 1792년

3월 5일 새로운 칙령이 내려지면서 검열은 보다 더 강화되었다. 즉 현재 뿐 아니라 앞으로도 국법과 내부행정에 대한 불경스러운 악평에 대해서 보다 엄하게 죄를 부가할 것이라는 칙령을 내렸다. 상당히 조심스럽고 온건적인 정부의 입장과 반대로 왕은 혼자 서둘렀고 자신의 주위에 있는 비계몽주의자로부터 격려를 받았다. 보다 강화된 방법들에 대해서 국가를 망친다는 개혁론자들과 "종교우롱자"들이 팽팽히 맞서 있었다. 볼테르스도르프는 이제 "칸트 철학의 유해성이 가장 명확하게 드러났다"라는 내용의 새로운 저술을 편찬할 의무가 생겼다(야콥이 칸트에게 보낸 1792년 1월 24일자 편지).

칸트는 1792년 2월 24일 이미 어떤 "사물에 대한 새로운 규칙의 발단을" 예감하였다. "즉 자유의 억제 그리고 신학과 간접적으로 관계되는 것까지도 생각에 제약이 있다"고 슈텔레에게 전했다(편지교환 II. 314). 칸트 스스로도 "위협적인 천체현상"에 이르기까지 나누어서 인식할 것인가, 아니면 "무엇이 있는 그대로" 인식할 것인가 한 번쯤 기다려 보았다. 같은 시기에 후자를 실현시키기 위해서 칸트는 그의 새로운 논문 "근원적인 악에 대해서"(Über das radikale Böse)를 베를린의 검열기관에 제출하면서 비스터의 도움을 청하였던 것으로 보인다. 그것이 실재적으로 필요했던 것은 아니었다. 왜냐하면 슈페너가 당시로 보아서는 "외국"이었던, 그러나 상대적으로 학문적으로 자유로운 예나에서 이 논문을 아주 조심해서 발간했기 때문이다. 그러나 칸트의 "이러한 행동은 소위 그의 생각을 대담하게 표현한 것으로서 그는 베를린의 엄한 검열을 당장에 피하기 위해서 그렇게 한 것은 아니었다." 사실 "철학"의 검열을 담당했던 힐머(Hillmer)가 이 논문의 인쇄를 허가했기 때문이다. 허가 이유로 그는 칸트의 저서를 읽을 수 있는 사람들이란 "사고나 분석 그리고 판단의 능력을 소지한 학자만이" 가능하기 때문이라고 하였다. 그러나 곧바로 "세상사의 통치를 위한 좋은 원칙과 나쁜 원칙의 투쟁"이 계속해서 출판되려 하자,

힐머는 그의 신학과 교수인 헤르메스에게 이 두 권의 논문을 통보하였고, 그 결과 이 두 편은 출판이 허가되지 않았다. 곧바로 비스터는 아무런 이유도 없이 헤르메스에게 불평을 토로하였을 뿐만 아니라 아무런 이유도 없이 왕에게 솔직하고도 상세히 직소(直訴)하였다. 이 소장은 청원자의 요구에 따라 추밀원에 보내졌다. 이것은 통치자의 노여움은 전혀 개의치 않고 감행된 것이었다. 그러나 칸트는 비스터에게 그의 원고를 돌려 줄 것을 부탁하여, 이 두 편의 소논문을 1793년 부활절에 출판된 그의 《단순한 이성의 한계 안에서의 종교》에 함께 실었다. 그는 보다 근원적인 해결을 위해서 이 책의 원고를 쾨니히스베르크 대학교 신학대학에 보내, 그의 원고가 신학서적에 해당되는 검열이 필요한지, 아니면 철학서적에 해당되는 검열이 필요한지의 여부를 문의하였다. 그리고 철학서적에 해당하는 검열이 필요하다는 판결이 나자 그는 주저하지 않고 출판장소를 예나 대학교 철학부로 정하고, 출판을 허락해 줄 것을 요청하였다.

　1793년 여름 칸트는 자신의 비판적 도덕률에 반대하고 당시 대중들에게 인기 있던 철학자 가르페(Garve)의 논박에 외적으로 관계가 있으며, 출판 금지된 논문을 대신할 수 있는 하나의 새로운 저술 《이론적으로는 맞는 것 같지만, 실제로는 적합하지 않은 속어에 대하여》(*Über den Gemeinspruch: Das mag in der Theorie richtig sein, taugt aber nicht für die Praxis*)를 「베를린 월간지」에 발표하였다. 물론 이 저술도 검열을 받지 않고, 출판 허락도 없이 같은 해 9월호에 게재하였다. 이 글의 내용은 종교 철학을 주제로 한 것이 아니라, 실제와 이론의 관계를 다루고 있는데 a) 도덕일반에 관하여, b) 국법에 관하여, c) 민족적인 법률에 관하여 다룬다. 이 저서에서 가장 중요한 부분은 제2장으로 칸트의 정치관을 솔직하게 서술하고 있고, 특히 프랑스 대혁명에 대해서는 공적인 내용까지도 부정하고 있다. 그러나 가장 기본적인 입장은 그의 논문에 대해서 반대의 입장을 취했던 겐츠(Fr. Gentz)에 대한 방어였다는 것은 의심할 여지가

없다: 즉 이 저술이 취한 기본 입장은 "저술 전체를 지배하고 있는 완전한 이론은 독일철학자 칸트의 부드럽고도 겸손한 논술로서 어떤 잡음도 내지 않고 그가 그렇게 자주 칭찬하고, 그러나 아주 적은 부분만 이해하고 있는 인간의 권리에 대해서, 호사스럽지 않게 그러나 완벽한 형태로 결론을 내렸다." 그러므로 그는 당시의 분위기 속에서 주의 깊게 행동하였는데, 아니 보다 정확히 표현하자면 자신의 욕구를 침묵과 평화로 일관되게 유지함으로써 자유로울 수 있었다. 그러한 분위기 속에서 그는 출판업자 슈페너의 요청에 따라 그의 새로운 논문 "세계 시민적 목적에서의 일반적인 역사의 이념"(Idee zu einer allgemeinen Geschichte in weltbürgerlicher Absicht)의 출판을 거절하였다. 열광적이 현상태라는 "세계적인 거대한 힘"에 "자신의 피부를 사랑하는 이디오피아의 난쟁이족 출신의 한 사람이" 그들 사이에서 일어나는 사소한 사건에 자신을 던지고 싶어하지 않고, 동시에 그는 그들에게 전혀 소속되어 있지 않기 때문에, 그들로부터 밀고자로 오해를 받게 되고, 아무 죄 없는 "서민"에게는 피해를 주게 되는 것이다(1793년 3월 22일 슈페너에게 보낸 칸트의 편지). 칸트는 우리의 삶의 참다운 가치가 놓여 있는 진실된 의무관찰의 의식과 더불어 "우리의 권력에서가 아닌 우리의 권력 안에서의 반철학적인 평등성"에서 자신의 위안을 찾았다(라인홀트에게 보낸 1793년 5월 8일자 편지).

　1793년 8월 16일 칸트는 그의 젊은 동료인 니콜로피우스에게 비록 "뵐녀가 직접 추천할 수 있는 방법은 없지만," 그래도 알아두는 것이 좋을 것이라고 충고하였다. 그리고 몇 개월 후 그는 베를린에서 키제베터로부터 "우리는 지금 아주 엄한 규율로 구속받고 있다"는 등 여러 가지 일에 대해서 전해 들었다. 특히 헤르메스 스스로 키제베터의 출판업자에게 칸트는 단지 "많은 여러 가지 칙령들이 아주 밝은 세상의 빛을 받을 수 있는" 평화로운 날이 오기만을 바란다고 전했다(키제베터가 칸트에게 보낸

1793년 11월 23일자 편지). 칸트는 답장에서 소위 "철학에 대한" 검열과 철학적인 것과 종교적인 것과의 "접목"에 대한 매우 경멸적인 내용을 아주 부드럽게 진술하고 있다. 우리는 법적인 규정을 아주 정확하게 관찰해야만 하고, 법의 악용에 대한 비난은 조용한 시기로 연기해야 된다고도 하였다. 사실상 그의 반대자들은 그의 《단순한 이성의 한계 안에서의 종교》의 둘째 판(1794년)과 마찬가지로 이론과 실재에 대한 논문을 아무런 제약 없이 출판하게 두었다. 그리고 헤르메스와 힐머가 실업고등학교 교수단의 일원으로 지명되었고, 그로 인해서 대학에서 "실업고등학교에서와 같은 방법과 내용을 가르칠 의무가 있다"는 제도적인 영향을 가한 이후로 우리의 철학자는 미래를 아주 비관적으로 바라보았다(비스터에게 1794년 4월 10일 보낸 편지). 몇 주 후 그는 가장 나쁜 경고에 대한 준비를 이미 하고 있었다. 그는 친구이자 협력자인 비스터에게 다음과 같은 편지를 보냈다: "당신과 나의 저술 활동이 끝나기 전에 나는 당신에게 약속한 논문을 급히 보냅니다. … 나는 당신이 내게 알려 주신 통지에 감사드리고, 당신이 항상 양심적이고 합법적으로 행동하고 있다는 것을 확신합니다. 그러나 나는 이러한 이상야릇한 실행의 끝을 바라보았습니다. … 인생은 짧습니다. 그 중에서도 이미 지나간 70년을 생각하면 남은 여생은 더더욱 그렇습니다. 아무런 근심 없이 끝까지 남은 여생을 보내기 위해서 지구의 한 쪽 끝이라도 환히 알아야겠습니다"(5월 18일 비스터에게 보낸 편지). 이 편지 중 "알려준 통지"에 대한 의미가 무엇인지는 아직도 확실하게 얘기할 수 없다. 1794년 봄쯤 "혁신주의자들"에 대한 아주 엄격한 처분이 내려졌다. 왕실의 검사관들은 혁신주의자들에 대한 조사와 그들 관직의 파직이라는 벌을 내림에 결코 태만하지 않았고, 등한시하지도 않았다고 주장한다. 니콜라이(Nicolai)가 편집한「일반 독일 도서관」(Allgemeine Deutsche Bibliothek)은 프로이센 국가를 위해 종교적으로 위험한 저술로 금지되었다. 물론 종교인들과 인문계 고등학교 선생들 그리고 대학교수들에게 종교 칙령에 대한 보다 정확한 준수의 여부를 특별한 증서로 남길 것을 의무화시켰다. 그러나 앞의 비스터가 "알려준 통지"는 칸트에게 가장 빠르게 전해진 통보로, 왕이 1794년 3월에 뷜너에게 쓴 "칸트주의의 유해한 저서들은 더 이상 내버려 둘 수 없다"는 내용으로 이해된다.

　그러나 칸트는 4월에 이미 폐간된 「베를린 월간지」의 편집자에게 그의 비정치적인 소논문 "날씨에 미치는 달의 영향에 대해서"(Über den Einfluß des Mondes auf die Witterung)를 보냈을 뿐 아니라, 이 글의 결론 부분에서는 시간관계에 대한 빈정거리는 투의 풍자까지 담고 있으니, 이 것이 도대체 어떻게 된 것인가! ("우리는 어린 시절에 교리 문답서에 대 해서는 매우 자세하게 알고 있었는데," 학문의 세계에서도 아주 종종 이 러한 교리 문답서와 같은 일이 벌어진다. "그러나 나이가 들면 들수록 그 리고 신중해지면 질수록 우리는 보다 적게 이해하게 된다." 그래서 우리 는 누군가를 보다 더 잘 이해하려면, 다시 학교에 입학해야만 된다는 사 실을 이러한 상황을 통해서 알게 되는 것이다.) 그런데도 불구하고 칸트 는 5월 18일 두 번째 논문, 아니 보다 정확히 표현하자면 프로이센 정부 에 정반대되는 두 번째 논문을 편집자에게 다시 보냈다. 이 논문에서 칸 트는 4월에 보낸 편지에서 이미 알린 것처럼, "어떤 부분은 슬프게 또 다 른 부분은 기뻐하면서 읽게 될 것이다"라고 하였다. 이 논문의 제목은 "모든 사물의 끝"(Das Ende aller Dinge)이다. 곧바로 비스터가 다음 호에 게재한 이 논문은 처음 두 장인 서론과 본론에서 우리의 철학자 칸트로 인해 잘 알려진 순수 도덕적이고 모든 독단주의와 신비주의에 용감하게 맞서는 "마지막 사물"로부터 종교상의 교리에 대한 직관이 서술되고 있 다. 그러나 결론 부분의 여러 곳에서 인간의 우둔함이 모든 사물에 초래 하는 "부자연스러운" 종말에 대한 내용이 매우 명석하고 새로운 방향의 반대를 빙자하여 다뤄지고 있다. "결국 이러한 사건들은 소강 상태로 빠지고 거의 한 세대"를—즉 프리드리히 대제 시대—"지나서 이런 논문과 비슷한 내용의 논문들이 남들로부터 인정받을 만큼의 충분한 여건이 조성될 때까지 이 사건은 방치해 두는" 대신에, 칸트는 다음과 같이 아주 적절한 풍자를 하고 있다. 즉 "사람들은 한 민족의 종교를 순수하고 동시에 강하게 만들기 위해 아주 큰 정신력이나, 보다 진취적인 정신력을" 즉 권위나 명령과 같은 다른 어떤 매개체를 찾아야만 되는 것이다. 이를 통해서 기독교 신앙은 직접적으로 내적인 본질, 즉 사랑스러움을 잃어버리는 것이다. 그리고 만약 이 기독교적인 신앙이 내적인 본질과 함께 할 때, 비록 그것이 아주 "짧은 기간"이라고 할지라도, 성서의 대화를 위해서 "공포와 이기심에 근거를 둔 반 기독교 정신"이 시작될 것이다!

칸트의 이 논문이 출판되자마자, 칸트의 의견이나 혹은 칸트를 관직에서 퇴직시키려는 움직임에 대한 반대 입장을 표명하는 새로운 통보가 프로이센의 국경을 넘어 들어왔다. 당시 브라운슈바이크 장학관으로 있던 캄페는 칸트에게 "모든 생각 있고 고귀한 사람들"로부터 들은 놀랍고도 불쾌한 소문에 대해서 얘기하고 있다. 즉 그것은 "눈먼 광신자들의 성취에 불과한 것이다. 당신은 이 사건에서 당신이 드러내고 확장시킨 진리로 비진리를 설명하시든지, 아니면 당신을 매우 영광스럽게 만들었던 당신의 관직을 내어놓든지 해야 할 처지에 놓여 있습니다." 그 스스로 칸트와 비슷한 처지에 놓였던 일이 한 번 있었기 때문에, 그는 이번 사건을 위해서 "인류의 스승", 즉 칸트에게 아주 따뜻하고도 재치 있는 방법으로 칸트가 남은 여생을 완전한 고요함과 편안함 그리고 자유를 마음껏 누릴 수 있는 "나의 작은 집안의 좌장"으로 모시고자 하니 그의 집안으로 망명하여도 좋다고 하였다(1794년 6월 27일 캄페가 칸트에게 보낸 편지). 그리고 칸트는 캄페의 이 사랑에 넘치는 호의에 가슴깊이 감사하며, 7월 16일 그에게 잘못된 소문에 불과하다는 답장을 보냈다. 부당한 것에 대한 철회를 요구하는 경우 예측할 수 있는 것에 대해서 캄페는 정확히 파악하고 있었다. 그리고 캄페는 이러한 일뿐 아니라 다른 어떤 협박에 대해서도 받아들일 준비가 되어 있었다. "왜냐하면 나에게는 그들의 어떠한 규정도 상처를 줄 수가 없기 때문입니다." 이런 일이 생기기는 거의 불가능한 것이지만 최악의 경우에 "그(칸트)가 앞으로 살 수 있는 기간이 길지 않다는 것을 배려한다면," 그를 완전히 발가벗길 수 있는 어떠한 수단도 없는 것이다.

만약 칸트 자신이 "협박"을 진실된 것으로 받아들이지 않는다면, 그 스스로 어쩌면 자신을 속이는 것인지도 모른다. 그의 반대자들의 인내도 이제는 그 한계에 달했다. 그는 그의 마지막 소고가 아주 못쓰게 되어버렸던, 그의 추종자이자 친구인 핫세의 "현재와 미래의 새로운 교육에 대해서"(Über jetzige und künftige Neologie)가 가철본 상태에서 너무나 허무하게도 출판이 취소되었기 때문에, 여름에 바로 그것 때문에 견책을 받았건 말건, 혹은 쾨니히스베르크에 있는 교회 중 어떤 교회에서 여러 가지 횡포에 대한 소문이 비록 아무런 근거 없는 아주 허무맹랑한 것으로 파악되었건 그렇지 않았건,[6] 권력자의 친절이 새로운 방향으로, 즉 쾨니히스베르크의 상황으로 방향이 바뀐 것으로 충분하다. 뵐너의 칙령에 의한 마지막 판결이 결정되는 날 그의 목을 그렇게 조이며 협박하던 모든 것이 깨끗이 사라졌다.

b) 칸트에 대한 견책과 그의 책임/1795~1798년 사이의 저술

10월 1일 다음과 같은 왕의 칙령이 "존경하옵고 친애하는 우리의 박식하신 교수 칸트"에게 내려졌다: "우리의 위대한 인물이 아주 오래 전부터 매우 불쾌한 인물로 판단되고 있습니다. 마치 당신은 당신의 철학을

[6] 나중에 발생한 두 가지 사건에 대해서는 프롬의 저서 45~48면에서 자세히 설명되어 있다.

남용하여 성경과 기독교의 중심교리와 기본적인 교리의 내용을 훼손시키고 그 품위를 떨어뜨린 것으로[7] 판단되고 있으며, 특히 우리는 당신의 저서 《단순한 이성의 한계 안에서의 종교》와 그 밖의 다른 몇 편의 소논문에서 보다 더 좋은 어떤 것을 기대하였습니다. 당신은 젊은이를 가르치는 선생으로 당신의 의무를 다하지 못하였고, 당신에게 너무나 관대하신 국왕에 대한 의무를 다하지 못한 책임을 당신 스스로 인정하셔야 합니다. 우리는 빠른 시일 안에 당신의 양심에서 우러나오는 책임 있는 행동을 촉구하며, 동시에 우리가 당신으로부터 받은 매우 불쾌한 이 감정이 어느 정도 잦아지기를 기대합니다. 그리고 당신은 앞으로 어떠한 죄도 범하지 마시고, 보다 당신의 의무에 충실하여 국왕이 의도한 바가 보다 많이 이루어질 수 있도록 당신의 재능과 인품을 십분 발휘하시기 바랍니다. 이에 불응하실 경우, 즉 당신이 계속해서 반항적인 행동을 하실 때는 반드시 달갑지 못한 법규가 당신에게 적용될 것입니다. 당신의 너그러우신 양해를 부탁드립니다."

그러나 이러한 왕의 견책이 칸트로 하여금 그의 논문을 철회할 것인가 아니면 조판을 끝내고 출판할 것인가 하는 직접적인 고민의 문제로까지는 몰고 가지 못했다. 기독교 교리의 위치를 떨어뜨린 그의 철학에 대해서 앞으로 국왕 프리드리히 빌헬름 II세가 계속해서 보다 날카로운 조치나 협박을 그에게 가할 것이라고 모두들 기대하고 있었다. 뵐너가 작성한 "위대하신 국왕 전하의 인자하면서도 특별한 명령"에 대해서, 10월 12일 칸트는 칙령에 대한 답신을 보냈다. 칸트는 그에게 내려진 견책 하나 하나를 조목조목 따져 친필로 답장을 보낸 것이다. 그러나 그 내용에 대해서는 4년 후에 출판된 그의 소고 《학부 사이의 투쟁》의 서문에서 처음으로 공개하였다.[8] "젊은이를 가르치는 선생"으로, 즉 칸트는 그의 강의에

---

7) 편지교환 II. 506에서는 이것 외에 "명예훼손"이란 말이 더 포함되어 있다. 이 책에 인용된 칙령 내용은 《학부 사이의 투쟁》 서문의 원본에서 인용한 것이다.

서뿐 아니라 (바움가르텐에 의하면) 새로운 이론의 명제에서도 학문의 입장을 분명히 구별하여 결코 성경이나 기독교 교리에 대한 내용을 취급하지 않았다. 그의 저서 《단순한 이성의 한계 안에서의 종교》에서도—"극히 짧은 소논문"이라 할지라도—결코 종교적인 문제는 취급하지 않았기 때문에 그의 많은 독자들은 이것을 결코 이해할 수가 없었고, 그를 "학자교수"(Fakultätsgelehrte)로 규정하였다. 학자교수란 최고의 지성과 양심에 따라 자유로이 시험을 출제할 수 있는 정당성을 가진 사람을 얘기한다. 반면에 교회나 학교의 "국민을 위한 선생"(Volkslehrer)이란 정부에서 인정하는 "공적인 국가종교"에 구속되어 있는 사람을 뜻한다. 이는 물론 기독교의 절대적인 가치를 인정할 뿐 아니라, 자연스러운 종교활동까지도 포함하고 있다. 즉 이성은 개인의 능력에 대한 가치를 인정해야 하고, 이로부터 "그 자체로 우연적인" 것으로서의 묵시적인 방향을 돌려야 되는 것이기에, "우발적"인 것이다. 그렇기 때문에 이성은 "불필요하고 쓸데없는" 것이 결코 아니다. 오히려 칸트는 성경과 기독교적 신앙을 보다 깊은 존경심으로 받아들이고 있으며, 불경스러움이란 종교의 비밀에 대해 공공연하게—"학교에서나 혹은 종교교단에서의 강론 그리고 (대학에서는 이러한 것이 허가되어야만 하기 때문에) 국민들을 위한 책 속에서는"—의문을 제기함을 의미한다. 기독교신앙에 대한 최고의 찬사는 기독교에 대해 이미 증명된 내용의 글과 "가장 순수한 도덕적인 이성적 생각"이 조화를 이룰 때 가능하다. 이는 71세 노인의 솔직한 심경이었고, 그는 세계를 심판하며, 우리의 마음을 관찰하시는 하느님 앞에서 "조금의 양심적 가책도 느끼지 않을" 뿐만 아니라 "책임감"을 갖고 자신을 변호해야 했다.—앞으로의 거취 문제가 그에게는 또한 중요하였다. 모든 의혹으로부터 해방되기 위해서 그는 "영원히 위대하신 국왕 전하의 충복

---

8) 물론 여기서는 부드러운 필치로 극히 일부분만 밝히고 있지만, 그의 편지교환 IV. 372~387면에서는 그 외에 세 가지 죄목 부분에 대해서도 보다 상세하게 적고 있다.

으로" 남을 것을 엄숙하게 선언하고, "나는 앞으로 강의와 저술 활동을 포함한 모든 활동에서 종교 문제와 관련 있는 모든 일반석인 것이든 종교적인 것이든 공식적인 발표는 하지 않기로 약속하였다."

이렇게 하여 칸트는 그가 바랐던 것처럼 선생으로서 작가로서 자신의 철학을 남용했다는 비난을 면치 못하게 되었다. 그리고 이때부터 앞으로 있을 "국왕의 계획"이란 의미에서 어떠한 약속도 믿을 수 없게 되고 말았다. 그럼에도 불구하고 칸트는 그의 저서 제1장에서 "책임"이 결코 의미가 없음을 우리에게 보여줌으로써 오늘날 우리를 자유롭게 만들었다. 그리고 그의 종교적인 입장들이 그를 비난하고자 했던 사람들의 입장에서 볼 때, 오히려 아주 자유롭게 되고 말았다. 오히려 칸트의 변론문이 곧 역사적인 사건으로 대두되었기 때문에, 비스터가 (1794년 12월 17일 칸트에게 보낸 글에 따르면) 그것을 "고귀하고 남자답고 용감하며, 기품 있고 근원적인" 것이라고 경탄하였을 때, 칸트의 진정한 숭배자 아르놀트도 매우 읽을 가치가 있는 칸트의 변호문을 한자한자 빠짐없이 읽고 나서 스스로도 다음과 같은 자신의 입장을 밝혔다: 비스터의 네 가지 표현 중 "근원적"이란 표현 대신에 "부득이"란 단어를 그 변호문에 추가하여야 한다고 하였다. 종교에 대한 먼 훗날 이루어진 공식적인 입장의 자연스러운 단념에 대한 제2장을 비스터는 이미 상술한 편지에서 우리의 의견이 올바르게 내려진 것에 대해서 만족하였다: "당신은 공식적인 입장을 통해서 반대자로부터는 의기양양한 성공을 얻었지만, 그들은 엄청난 손실을 입게 되었다." 다른 사람들에게는 극히 드문 일이지만 지위와 자신을 믿고 따르는 사람이 많은 고향을 함께 생각해야 하는 70대 노인이라 할지라도, 젊고 완전히 다른 성향을 가진 피히테와 비슷한 방법으로 자신의 지위를 권력자의 발 앞에 던져 버렸다. (칸트는 이미 우리가 앞에서 논의한 비스터와 캄페의 편지에서도 이와 비슷한 방법에 대해서 생각하였다.) 그가 이렇게 완강한 행동을 하였을 때, 비스터는 이 사실에 대해서 계속해서 다음과 같이 적고 있다: "당신은 철학적이고 진실된 방법으로 대상들에 대한 논의를 함으로 항상 매진해 왔습니다. 이러한 방법 없이 당신은 지금까지 아무것도 저술할 수 없었으며, 당신은 이 방법을 아주 적절한 것으로 인정했습니다. 당신은 아마도 개개의 사건에 대해서 자의적인 변호를 하시리라 사려됩니다. 아니면 당신은 당신의 생을 마치는 날까지 침묵으로 일관하실지도 모르겠습니다. 그럼에도 불구하고 당신의 한마디 한마디에 촉각을 곤두세우고 공포에 쌓여 있는 사람에게 기쁨을 주지는 못할 것입니다."

그러므로 우리가 철학자 칸트의 약속과 마찬가지로 책임 또한 칭찬할 수 없다면, 마치 직관처럼 칸트의 모든 본질적인 것에서부터 신하의 의무를 파악할 수 있다. 칸트가 《이론적으로 맞는 것 같지만, 실재적으로 적합하지 않는 속어에 대하여》에서, 불공평하거나 나쁜 법에 대해서 우리 스스로 "일반적이고 공식적인 판단"을 내려야 한다는 주장은 최소한 그가 어떤 경우에도 "언어적이거나 실재적인 저항"을 통해서 반대하고자 하기 위한 것은 아니었다. 그리고 그가 죽고 난 뒤 발견된 이 시기에 씌어진 조각 글에는 다음과 같은 것이 있다: "자신의 내적 신념을 철회하거나 부인하는 것은 수치스러운 일이다. 그러나 지금 현재와 같은 상황처럼 침묵하는 것은 신하된 의무를 다하는 것이다. 그리고 사람들이 이야기하는 모든 것이 진실일 수밖에 없는 것이라면, 이러한 것은 결코 의무일수가 없다. 모든 진리는 공적으로 이야기되어야 한다." 이 글에서 우리는 칸트가 이미 내적인 투쟁을 할 가치가 있다는 결정을 내리고 있음을 잘 알 수 있다. 그러나 실질적인 "철회"에 대한 요구가 없었다. 그보다 더 그를 고통스럽게 한 것은 비록 침묵으로 일관하였지만, 늘 필요하다고 느끼는 신하로서의 의무에 대한 신념이었다. 이러한 생각은 그가 24년 전 그리고 16년 전 다른 곳에서의 초빙을 거절하면서부터 생겼다. 이것은 아마도 왕과 왕에 대한 충성을 다른 것으로 생각하고 말하는 것 같다. 칸트는 계속해서 왕은 "나를 개인적으로 알고 있으며, 시간이 지날수록 왕이 내리는 은총을 느낄 수" 있다고 하였다. 그리고 칸트는 "왕이 갖고 있는 고유한 기질을 완전히 파악하였으며 그것을 중심으로 아주 훌륭한 사람"이라고 성격을 규정하였다(《학부 사이의 투쟁》 머리말 1면). 반면에 물욕에 눈이 멀어 자신의 지위에 대해서 걱정스러우리만큼 강한 집착을 보이는 것은 결코 이야깃거리도 아니라고 하였다. 이런 칸트의 생각에 반대하여 비스터는 우리가 살펴본 것처럼 칸트가 최악의 경우를 대비하여 자신의 남은 생애를 의지할 지구의 어떤 한 "끝자락"이라도 찾으려고 한다는 생각을 가졌다. 캄페에게 편지로 당부했던 것처럼 칸트는 보로브스키에게도 구두로 이러한 가능성에 대해서 침묵해 줄 것을 당부하였으며, 일찍부터 몸에 밴 절약으로 인해 남에게 "아부를 하지 않고도" 죽을 때까지 충분히 살아갈 수 있는 자신에 대한 자부심이 있다고 했다.

아르놀트가 이미 주장한 것처럼—우리의 철학자는 자신의 방법에 따라 계속 투쟁했다는 것을 우리가 잊어서는 안 된다.—칸트는 종교철학에 대한 지금까지의 자신의 주장을 전혀 바꾸지 않았다. 그리고 그는 자신의 입장에 대한 공식적인 철회도 아무런 의미가 없다며 오히려 침묵으로 일관하였다. 이렇게 그는 자신의 신념에 대한 투쟁을 다른 영역, 특히 정치적인 영역으로 발전시켜 나갔다. 다음해인 1795년 칸트는 자신의 "철학적인 사상"을 담은 중요한 저서 《영원한 평화를 위하여》(Zum ewigen Frieden)를 출판하였다. 이 책에서 칸트는 윤리적인 정치나 "어떤 비도덕적인 처세술과 연관"되어 구속받지 않는 모든 분야의 정치에 대해서 자연스러운 표현으로 자신의 입장을 근원적으로 서술하고 있다. 그리고 이 저서는 무척 좋은 반응을 얻어서, 제1판이 몇 주 만에 모두 팔렸고, 곧바로 제2판을 인쇄해야만 했다.

1796년 칸트는 많은 소논문집에 대한 작업을 계속하였다. 다음으로 칸트는 유명한 해부학자 쇰메링(S. Th. Sömmering)이 쓴 《정신 기관에 대하여)(*Über das Organ der Seele*)에 많은 철학적인 흥미를 느끼고 약간의 소견을 밝혔는데, 그 내용을 같은 책 부록에(81~86면) 직접 실었다. 그리고 같은 시대 슐롯서의 감각철학에 반대하는 두 편의 글을 비스터의 「베를린 월간지」에 실었다. 그리고 철학적 내용으로 준비된 논문은 다음과 같다: "철학에 있어서 요즘 인기 있는 것에 대하여"(Von einem neuerdings erhobenen vornehmen Ton in der Philosophie)와 "철학에 있어서 연구평화조약 가체결안 공포"(Verkündigung des nahen Abschlusses eines Traktats zur ewigen Frieden in der Philosophie)이다. 이 두 논문에 대한 성격은 《철학대전》 46d권, III~X면에 잘 나타나 있다. 첫번째 논문의 한 부분에 대해서 수학자 라이마루스(Reimarus)는 반대 의견을 표시하였는데, 이것에 대한 칸트의 응답도 이 논문(같은 책, X면 이하)에 실려 있다. 이 일로 인하여 두 번째 논문에 대한 인쇄가 1797년 여름까지 늦어졌고, 결국 「베를린 월간지」에 최종적으로 게재되었다.

1797년 칸트는 법학 연구에만 몰입하였다. 특히 국가법상의 문제점에 대해서 주로 다루었는데, 국가와 교회의 관계 문제를 다루었다. 1794년 11월 칸트는 칙령에 대해서 깊은 인상을 받았는데, 종교철학뿐 아니라 법철학에서도 이 문제를 함께 다루어야 된다는 엄청난 사실을 알고 포기하고 말았다. "이 영역으로 이어져 계속되어야 할 모든 작업은 검열이란 과정을 거치면서 결국 수포로 돌아가고 말 것이다." 그러나 그는 여전히 직면한 프랑스와의 강화조약체결에 따른 "보다 확실한 법령이 입법자의 의도에 따라, 그리고 자신에게 주어져 있는 권한 내에서 더 확실하게 정해질 수 있다"는 희망을 갖고 있었다(칸트가 1794년 11월 24일 라 가르데와 1794년 12월 4일 슈토이들린에게 보낸 편지). 다음해 칸트는 에어랑엔 대학교의 신학자 자일러에게 편지를 보냈다: 칸트는 일년 전부터 그에게 "의미 있고 아주 강한 손짓"을 통해서 강제적으로라도 편안함을 누리고자 하였다. "이것을 위해 최소한 내가 쓴 개인적인 편지보다 더 명확성이 있고, 동시에 목적을 위해 나 이외 다른 어떤 수단을 통하지 않고 나의 확실한 신념만으로 유용하게 되었으면 합니다"(1795년 8월 14일 자일러에게 보낸 편지). 거의 1년 반이 지나자 칸트는 완전히 자유로워진 것같이 보였다. 왜냐하면 오랜 시간이 지난 1797년 11월 10일 왕이 서거했기 때문이다. 1797년 초 이미 칸트는 교회에 대한 문제점을 다룬 것과 마찬가지로 정치적인 내용을 다룬 법률서를 출판하였으며, 같은 해 여름에는 윤리학과 도덕론을 출판하였다. 이 두 편에 대한 역사적인 배경과 내용을 우리는 다른 곳(《철학대전》42권)에서 다루었다.

프리드리히 빌헬름 II세의 서거 이후 칸트는 다시 완전히 자유로운 몸이 되었고, 그의 추종자와 같은 동료 교수들도 안도의 한숨을 쉬었다. 왜냐하면 같은 시기에 칸트에게 내려진 견책이 반근대주의적인 입장에 따라 쾨니히스베르크 대학교의 신학부와 철학부의 모든 교수와 강사들에게 칸트의 종교에 대한 내용을 강의해서는 안 되며, 논문으로 발표해서도 안 된다는 서명을 하게 했기 때문이다. 이것은 (링크의 저서, 62면)에 따르면 "당시 프로이센에서 미신처럼 적용되었다." 칸트 스스로는 칙령에 대해서 자신이 "정말 믿는 친구들"[9] 외에는 어떤 누구에게도 알리지 않았다. 그래서 이 칙령은 1798년 늦은 가을 《학부 사이의 투쟁》의 서문이 인쇄되면서 처음으로 공식적으로 알려졌다. 여기서 칸트는 "편견에서 벗어난 정부, 인간의 정신으로 족쇄를 끊어 버린 정부로 새롭게 출범한다"고 서술하고 있다.

칸트는 서문에서 이 인쇄물은 영원히 국왕 폐하의 가장 충성스러운 신하의 변명의 글이라는 목적을 갖고 아주 조심성 있게 서술하였다고 고백하고 있다. 즉 그는 자신의 자유로운 입장을 "영원히 포기하는 것이 아니

---

9) 그때 바르다는 바지안스키를 생각하였다. 비스터가 이 사실을 알았을 때, 그는 믿지 않으려 했다. 왜냐하면 그는 베를린으로부터 공식적으로 확인할 수 있는 길이 있었기 때문이었다.

라 국왕 폐하가 살아계시는 동안만"이라고 하였다. 그의 유고에서 나타나 있는 것처럼, 다음 왕위 계승자 아래서 "다시 자신의 자유로운 사고 속으로 돌아갈 수 있을 것이다"라고 하였다. 오늘날 우리는 이러한 의도적인 이중성이야말로 진정한 소피스트적인 입장이라고 할 수 있다. 이는 마치 예수회에서 주장하는 마음의 유보와도 비슷한 것으로 보인다. 이것은 우리의 철학자에게 이전의 어떤 것에 강제로 진실성을 규정하는 것 같아서 좋지 않게 보인다. 그는 이 진실성을 비슷한 시기에 쓴 논문 "인간 사랑을 속이는 허상의 법에 대하여"(Über ein vermeintes Recht, aus Menschenliebe zu lügen, 「베를린 잡지」 1797년)에서처럼 여전히 특별하고 동시에 준엄한 것을 요구하고 있다. 이러한 상황만으로 충분하지만, 그러한 이중성을 설명한 칸트의 순진무구하리만큼 솔직함이 더해져, 이러한 사실이 거의 칭찬에 가깝게 나타났기 때문에, 우리의 판단으로는 오히려 경악할 수밖에 없었다. 칸트가 자유로운 법칙을 갖고 관대한 정부 아래서 다시 옛날처럼 자유로운 사고와 작가로서 평안한 생각을 갖고 즐긴다는 것이 어쩌면 자명한 것인지도 모르겠다. 그의 고통스러운 법에 대한 자의식이 왕의 칙령에 대한 특별한 폐지를 원했더라면, 그에 의해서 곧바로 실행되어질 수도 있었을 것이라고 1794년 10월에 칸트는 이미 말하였다. 그러므로 자신의 양심을 억제하려는 고통이 함께 하고 있었다. 만약 그가 당연하게 받아들여 포기하고 말았다면, 정부의 법칙은 시간이 지나가기만을 기다리고 있어야만 했을 것이다. 어찌되었건 칸트는 자신의 대응방법이 오늘날 순수 물질적인 고찰로 이어지는 소피스트적인 입장을 취했음을 개인적으로 알지 못했다.

그러나 칸트는 파괴되기 쉬운 정부의 법규에 대해서, 즉 철학의 잘못된 노력에 대해서—많은 부분은 이미 갈등이 생긴 이후 씌어졌다.—자주적으로 마지막 대작을 저술하는데, 일부는 자신의 학문에 대한 성서라 할 수 있는 《학부 사이의 투쟁》이 그것이다. 여기서 칸트는 자신의 학문,

즉 철학과 전공학문들, 특히 신학과의 차이점에 대해서 규정하고 동시에 최종적으로 분쟁점을 조정하려고 노력하였다. 그리고 이 저서를 철학선생으로서 자신의 평생 작업의 총체로 보았다.

칸트의 나머지 저술(1798~1803년)에 대해서 간단히 살펴보고 이 장을 마무리짓고자 한다. 1794년 칸트는 어떤 저작을 세상에 선물할 것인가에 대한 답을 이미 하였다: "도대체 무슨 소리를 하는 겁니까? 존경하옵는 동료 교수님, 저는 아직도 그것만을 생각하고 있습니다!" 사실상 많은 사람들은 마지막으로 얘기된 저술《학부 사이의 투쟁》을 이 물음과 "연결시켜" 이야기하고 있다. 연결 혹은 묶음이란 다른 것에 예속되어 있다는 의미에서 그 자체의 분리됨을 의미하기도 한다. 어찌되었건《학부 사이의 투쟁》이 출판된 후 칸트에게 남아 있는 것은 여전히 아무것도 없었다. 마지막 대작인《인간학》(Anthropologie, 1798)이 출판되었을 때도, 그가 서문의 끝 부분에서 언급한 것처럼, 이 저서는 결코 새로운 내용을 가진 저작이 아니라 자신의 강의를 모은 "개론"에 불과하다. 다른 개론서의 출간도 노쇠한 자신의 나이에 비해 점점 더 활발히 진행되었으며, 그 외에도 젊은 동료교수와의 교제, 옛날 제자와의 만남 등도 빈번하게 이루어졌다. 이렇게 하여 1800년《논리학》이 예셰(Jäsche)에 의해서 편찬되었으며, 1802/03년 사이에는《자연지리학》(Physische Geograhpie)이 링크에 의해서 발간되었으며, 1803년《교육학에 대하여》(Über Pädagogik)도 역시 링크에 의해서 출판되었다. 칸트가 생의 마지막 해에 작업한 것에 대해서는 더 많이 이야기가 되어야 할 것이다. 그 외에 저술된 것들은 모두가 하찮은 잡문이거나 주석에 불과하다. 오래 전부터 그와 적대관계에 있던 니콜라이의 악의 있는 책에 대한 논박문을《책 제본에 대하여》(Über die Buchmacherei)라는 제목 아래 두 개의 편지 형식으로 게재하였다. 첫번째 편지에서는 "저자" F. N.씨에게라고 쓰고 있으며, 두 번째 편지에는 "출판인" F. N.씨라고 적고 있다. 그 외 169면에서는 (1799년)에 쓴 피히테에

대한 공식적인 해명을 언급하면서 이미 오래 전에(1797년 5월) 그라이프
스발트(Greifswald)에 있는 슐레트바인(Schlettwein)에게도 같은 것의 필요
성을 느꼈다고 보았다. 그는 칸트에게 매우 과감한 방법으로 학문상의 적
대감을 유발시켰다. 우리의 철학자는 그를 상대하는 것이 시간 낭비라며
아주 이성적으로 생각하였다. 만약 칸트가 자신의 "돌발적인 공격"을 참
지 않았다면, 칸트를 가장 잘 이해하였던 궁중설교사 슐츠에 의해서 그
거친 싸움은 중재되었을 것이다.

　노 철학자가 발표한 마지막 두 개의 저술은 칸트의 감사하는 마음과
친절성이 돋보이는 작품이다. 그 중 첫번째 것은 1800년 1월 14일 날짜로
기록되어 있는데, 칸트의 지난날 조수이며 나중에 칸트의 전기를 기술한
야흐만의 저서에 대한 서문이다. 즉 칸트는《순수 신비주의와 함께 하는
유사성에　관한　칸트　종교철학의　음미》(Prüfung der Kantischen,
Religionsphilosophie in Hinsicht auf die ihr beygelegte Aehnlichkeit mit dem
reinen Mystizism)라는 제목의 야흐만의 책에 서문을 쓴 것이다. 여기서 칸
트는 매우 아름답고 분명한 철학의 관계를 절대적으로 특성화된 '안내
서'로 삼아 "단순한 우정의 표시로 작가에 대한 끊임없는 회상과 추억을
이 책에 추가"하기를 원했다. 두 번째 서술도 1800년에 씌어진 것으로,
밀케(Mielcke)의《독일어-리투아니아어, 리투아니아어-독일어 사전》
(Littauisch-deutsches und Deutsch-littauisches Wörterbuch)에 대한 추천사이
다. 추상적인 사해동포주의자 밀케는 여기서 많은 역사와 국가관계를 세
상 널리 알리려 하였다. 칸트는 "비록 지금은 아주 좁은 지역에 국한되고
동시에 고립된 민족이 사용하지만 여전히 순수한 우랄 지방의 언어를"
지켜 나간다는 것은 매우 가치 있는 일이라고 설명하였다. 동시에 이 인
종이 "아부나 비굴함 없이, 그와 이웃하고 있는 민족들과 거리를 두고 있
는 것에 익숙해 있는" 리투아니아 사람처럼, 즉 밀케처럼 이렇게 솔직함
과 자부심을 갖는다면, "국가의 책임자와 같은 목소리로 숨김없는 솔직함

으로 이야기할 수 있다"고 하였다.

큰 의미가 없긴 하지만 마지막으로 두 편의 칸트 글이 이런 방법으로 출판되었다. 이렇게 칸트가 발표한 마지막 저술 활동의 영역은 아주 좁은 공간 안에서 이루어졌다. 한 위대한 인간이 평생을 두고 추구했던 저술 활동은 이 두 편을 끝으로 막을 내렸다. 철학이 안고 있는 이론적인 규정 으로 자신의 본질이 추구하는 실천적인 기본 분위기, 즉 개인적이고 정치 적으로 얽매이지 않는 느낌으로 돌아간 것이다.

4. 자택생활: 식탁에 초대된 사람/형제자매들과의 관계

노년의 철학자가 집에서 보낸 생활은, 우리가 너무나 잘 알고 있는 규 칙적인 생활, 바로 그것이었다. 특히 중요한 것만을 얘기한다면, 쾨니히스 베르크에 사는 모든 사람들에게 잘 알려진 유명한 그의 점심식사 시간에 이루어진 대인관계이다. 우리는 앞장에서 칸트가 1787년부터 자신만의 가계를 꾸렸다는 것을 보았다. 그리고 처음에는 그의 동료교수 크라우스 와 함께 식사를 하였다는 것도 설명하였다. 거의 1780년대 말경 크라우스 도 이사를 하여 역시 혼자 생활하였다. 이때부터 칸트는 항상 자신의 점 심식탁에 "좋은 친구"[10] 2~5명을 초대하기 시작하였다. 6명 이상 칸트의 식탁에 초대된 경우는 한번도 없었는데, 우리의 친절한 철학자는 그 많은 손님을 접대할 만큼 많은 주방집기와 그릇을 갖고 있지 못했기 때문이다. 그는 점심식사에 초대할 손님에게는 항상 그날 아침에 연락을 하였다. 칸 트는 사실상 그가 만족할 만큼 초대될 사람이 마음에 들지 않았기 때문 에, 남을 초대하는 것을 원치 않았다. 그러나 자신이 그의 친구 모터비에 게서 규칙적으로 매주 일요일 점심에 초대되었던 것처럼 남에게 초대되

---

10) 칸트가 직접 추가한 것이 보로브스키의 전기 101면에 있다.

는 것을 거절하기 위해서는 어쩔 수 없이 남을 초대할 수밖에 없었다. 칸트는 어떤 손님이 어떤 음식을 좋아한다는 것을 상기하면서 스스로 식단을 꾸몄다. 이러한 모임은 칸트의 서재에서 약 1시간 45분 동안 이루어졌다. 칸트는 약속 시간을 어기는 것을 참지 못했는데, 특히 24시간 동안 아무것도 먹지 않아 강한 식욕을 느낄 때는 더욱더 괴로워하였다. 늙은 하인이 가벼운 발걸음으로 다가와 "식탁에 수프가 준비되어 있습니다"라고 말하면, 손님들은 곧바로 식당으로 가서 자리에 앉았다. "모인 사람들이 카드놀이라도 하려고 하면, 칸트는 그들을 강제로 식탁에 앉게 하여 놀이를 중단시키곤 하였다"(핫세). 만약 2명의 손님만 초대되었을 경우 칸트는 창을 바라보고 앉았고, 다른 두 사람은 서로 마주보게 앉게 하였다. 이렇게 식탁에 칸트를 포함해서 3명이 앉을 때가 가장 간단하였다. 그러나 칸트는 식단만은 항상 아주 화려하게 준비하였다. 먼저 전식으로 수프가 나오고, (영국식 겨자를 적당하게 친) 연한 소고기가 주 요리로 나왔다. 그리고 칸트가 즐겨 먹는 음식이 추가되어 나오는데, 예를 들자면 그가 가장 많이 먹는 굵은 콩[11]이 곁들여 나왔다. 세 번째 코스로 스테이크가 나왔으며, 마지막 후식으로는 계절에 따른 과일 혹은 가벼운 후식이 나왔다. 물론 좋은 포도주도 늘 함께 하였는데, 항상 두 병 정도가 필요하였다. 손님들이 식사와 함께 정다운 이야기를 시작할 때, 칸트는 가장 즐거워하였다. 물론 아부의 말이나 비위 맞추는 말에 대해서는 아주 싫어하였다.

그러나 칸트는 자신의 손님들이 모든 정신적인 담화를 나누는 데 불편하지 않게 완벽한 준비를 하였다. 때때로 칸트는 그들에게 특별히 흥미 있는 편지나 호기심을 자아낼 수 있는 것들을 준비하기도 하였다. 그들은

---

11) 칸트가 좋아한 음식 중에는 텔토브(Teltow) 지방의 순무도 포함되어 있었는데, 이것은 키제베터가 멀리서 구해 보내 주었다. 그리고 괴팅겐산 소시지는 옛 조수였던 레만과 니콜로피우스가 준비해 주었고, 상어 알은 리가에서 하르트크노흐가 보내왔다.

칸트가 흥미 있어 하는 것이 무엇인지 깨닫고 그와 함께 그것에 대해서 토론하였다. 그들은 모든 토론을 진실되고 솔직하게 이끌어 나갔다. 사실상 칸트 자신은 손님과 함께 이야기하면서 자신의 연구로 받은 무거운 짐을 어느 정도 덜기를 바랐기 때문에, 자신이 초대한 손님들과 부담 없는 대화를 원했다. 그러나 칸트는 "무풍지대"에 서 있는 것을 참지 못했다. 즉 주제가 결론 없이 길게 늘어진다거나 대화가 중단되는 것을 칸트는 참지 못했고, 일반적인 대화라도 끊임없이 이어져야만 했다. 이러한 상황에서 어느 누구도 그의 철학을 주제로 삼지는 못했다. 칸트를 잘 모르는 사람은 식탁에서 겨우 우리의 석학을 이해할 수 있을 것이다. 뿐만 아니라 칸트는 모든 가능한 흥미 있는 주제로 대화를 이끌어 나갔다. 즉 민족학이나 자연과학 혹은 정치 등등 "마치 도취한" 사람처럼 모든 영역을 대화의 주제로 삼았다. 물론 사람들은 칸트가 적당한 단어를 찾지 못해 대화가 잠시 끊겨져도 아무 말 없이 기다렸다. 이성적인 이견에 대해서도 칸트는 잘 대처하였는데, 오히려 이러한 이견을 통해서 활기찬 모습으로 대화에 임하였다. 그러나 집요하게 모순만을 찾아내는 대화는 반대로 견디기 어려워하였다. 만약 대화의 주제가 빗나가게 되면, 칸트는 다시 그들의 주제로 돌려놓는 것을 좋아하였다. 거대한 혁명의 시기에 살고 있던 칸트의 대화 주제 역시 혁명과 관계된 것이 많았다. 칸트는 회합 때마다 항상 이 혁명에 관한 이야기를 주제로 삼았는데, 1798년까지도 가끔씩 대화의 주제로 거론하였다. 칸트의 적대자 메츠겐(Metzgen)도 때때로 불만스러운 표정을 짓긴 했지만, 칸트에 있어서 근본원칙과도 같은 "솔직성과 대담성"으로 "여러 해 동안—그것이 언제까지일지는 아무도 모르지만—많은 사람과 특히 국가적으로 강한 힘과 능력을 가진 권력자를 대상으로 투쟁한 것"에 대해서 칭찬하였다. 그리고 권력자들을 단지 관대한 사람으로만 판단하는 당시 상황에서 칸트는 "야코비 추종자"로 평판이 나거나 "블랙리스트"에 오르는 것에 대해서 "초연하였으며, 혁명의 가장 핵심적 사항까지도 거침없이 이야기하였다"고 메츠겐은 칸트를 평하였다.―메츠겐은 약간 겸손한 것 같지만―"존경할 만한 사람으로 그에게 관심을 갖고 주의를 기울여야 한다"[12]고 결론을 내렸다.

그 밖에 칸트는 특히 어원을 규명하는 것에 관심이 있었으며, 그 일을 좋아하였다. 칸트는 마치 전문가처럼 이 문제를 자신의 저서에서 다루고 있는데, 특히 인류학 저서에서 다루고 있다. 어학자로서 어원학에 관심이 많은 핫세가 그의 저서에 많은 예문을 수록하였는데,[13] 칸트는 여러 가지 위험 요소가 있는 어원학에 대해서 알려고 노력하였다. 그리고 때때로 칸트는 "도대체 더 신선하고 좋은 단어가 있는가?"와 같은 물음을 통해서 진지하게 단어에 대한 논의를 하였다. 그리고 생의 마지막 해까지 유머 있는 시구를 낭송하였다. 그 중에는 유명한 시인 레하우(Rechau)가 쓴 이미 구식이 되어 버린 결혼 찬가에 관한 것도 있었다. 이 결혼 찬가 시는 결혼생활을 고생바가지로 비유하면서 우스꽝스런 표현과 프리드리히 대제의 일화를 포함한 여러 가지 일화를 바탕으로 애교 있게 그리고 있으며, 농군의 우직함과 부끄러움이 함께 엿보이는 작품이다.

칸트는 자신이 즐겨 만나는 사람들을 믿을 수 있고, 그들과의 만남이 결코 강제성이 없다는 것에 만족하였기에, 늘 정겨운 목소리로 교제를 계속하였던 것을 우리는 이해할 수 있었다. 칸트는 크고 중요한 파티에 대해서는 과민 반응을 보였는데, 파티 자체를 그가 부정한 것이 아니라, 크게 출세한 세계적인 인물이 지켜야 할 품위 있는 행동거지에 대해서 힘들어하였다. 그러나 그는 모든 모임에서 자신이 지켜야 될 행동이며 목소리에 대해서 빠르게 적응하였으며, 대화에 참여한 숙녀들에게, '낮 동안에는 짐짓 꾸밈이 없이 점잖은 체한다'는 등의 농담으로 즐겁게 해주려고 노력하였고, 그렇게 할 수 있는 능력 또한 갖고 있었다. 그 외에도 칸

---

12) *Äußerungen über Kant etc.*, 15면 이하.
13) 같은 책 8~19면.

트는 "어린이에 대한 사랑"이 남달랐다. 칸트는 깊은 상념에 빠져들고자 할 때, 어린이 같은 정서와 성향으로 돌아가 생각하였다. 그리고 친구의 자녀들과 함께 할 때, 아주 행복해 하였다. 특히 모터비의 어린 아들, 야흐만의 큰 아들 등, 그를 찾아 준 모든 아이들에게 마치 할아버지처럼 비록 작은 것이긴 하지만, 선물도 주고 귀여워하였다.

칸트는 먹고 마시는 즐거움을 단지 대화를 나누기 위한 수단으로 생각하였기 때문에, 친구들과 모임을 하기 위한 거의 모든 점심식사는 자신의 집에서 이루어졌으며, 오후 4시 정도까지 지속되었다. 어떤 때는 6시까지 계속되기도 하였다. 칸트는 그의 손님이 "소크라테스의 만찬과 같이 자신의 만찬에서 정신적으로 육체적으로 기쁨과 즐거움으로 충만되어 떠나갈 때," 가장 행복해 하였다(바지안스키, 28면). 물론 칸트의 식탁에 초대되는 사람 중에는 고정손님도 있었지만, 몇몇은 항상 다른 사람이 초대되었다. 그들의 직업은 다양하였는데, 우리에게 이미 잘 알려진 야코비, 모터비, 루프만 등과 같은 상인이 있었고, 히펠, 브랄(Brahl) 그리고 피길란티우스(Vigilantius)와 같은 고급관료, 하겐, 엘스너, 모터비 II세, 로이쉬와 같은 의사 등도 있었다. 그 외에도 자신의 옛 제자이며 동시에 동료 교수인 크라우스, 링크, 푀르쉬케 그리고 겐지헨 등이 있었다. 그 외에도 야흐만 형제들도 초대되었다. 그리고 칸트는 가끔씩 젊은 학생들을 초대하기도 하였는데, 세대 차이를 넘어 모임의 분위기를 바꾸거나 삶의 활력을 불어넣기 위해서였다. 물론 칸트는 외지에서 여행 온 사람들을 초대하는 것도 잊지 않았다. 이 행운을 차지한 사람은 채광업에 종사하는 슈바벤 지방에서 온 23세의 폰 루핀(Friedrich von Lupin)이었다. 그는 1794년 괴팅어(Göttinger)와 다른 학자들의 추천으로 칸트를 방문하였다. 그리고 그 다음날 점심 모임에 참석해 줄 것을 칸트로부터 부탁받았다. 첫날 그가 잠옷 차림으로 칸트를 만나는 동안, 칸트도 같은 차림을 하고 있었지만, "세심하게 차려 입고 깨끗이 씻어서 내적으로 맑은 광채가 아주 당당한

태도에서 흘러 나왔다"고 하였다. 칸트는 음식으로 큰 바닷물고기를 마련
하게 하였으며, 아주 오래 된 좋은 포도주도 준비하여 분위기를 고조시켰
다. 그러나 칸트는 식사를 하는 동안은 그렇게 많은 말을 하지 않았다고
하였다. 그러나 식사가 끝나자 곧바로 아주 많은 말을 하였다고 한다.
"나는 칸트와 같은 나이의 어른들 중에 그렇게 건강하고 활동적인 사람
을 많이 보지 못했습니다. 그리고 그는 무엇보다도 그렇게 깔끔하게 말을
할 수가 없었습니다. 그의 말은 아주 세련되고 유머가 있으면서도 매우
사소한 것일지라도 남의 입에 오르내릴 수 있는 말에 대해서는 신중하게
하였습니다. 그는 적절하게 일화를 들어가면서 이야기하였는데, 이야기하
는 순간 마치 그 일화가 실제로 일어난 것처럼 그의 이야기 속으로 빨려
들어가는 느낌을 받을 정도였습니다. 그리고 그는 결코 웃음을 억제하려
고 하지 않았습니다." 다음날 루핀이 하직인사를 하려고 그를 만났을 때,
칸트는 그에게 "그의 윤리 사상 중에서 정언명제에 관한 몇 마디를 해
주었습니다." "헤어질 때는 단지 친절하게도 나에게 악수만을 청했습니
다."[14]

　여기서 우리는 철학자 칸트의 가족 관계를 몇 가지 살펴보기로 하겠
다. 칸트의 4남매 중에서 요한 하인리히(1735년생)는 유일한 남동생이다.
그는 아버지의 사망 후 백부의 집에서 자랐다. 그 후 그는 신학을 공부하
기 위해서 쾨니히스베르크로 옮겼지만,—그와 칸트는 절친하게 지내지는
않은 것 같다.—그는 그의 형보다 더 오랜 기간, 즉 16년 동안이나 쿠어
란트 등지에서 가정교사를 하면서 자신의 생계를 이끌어 나가야만 했다.
1744년에 겨우 그는 미타우에 있는 아주 "큰 시립학교"의 부교장이 되었
으며, 이때 그는 가난하지만 사랑스럽고 가정적인 동료 신학자의 처제인

---

14) 이렇게 루핀 자신의 자서전(1844년)에서 쓰고 있다. 루핀의 자서전 *Ein Besuch*
　　*Lupins bei Kant*는 「구프로이센 월간지」에 게재되었는데, 여기서 인용된 것은 「구프로
　　이센 월간지」 38, 7과 8 Heft에서 일부를 요약한 것이다.

마리아 하페만(Maria Havemann)과 함께 고향으로 돌아왔다. 1781년 초 아주 마음에 드는 직업을 얻게 되는데, 휴양 도시인 알트라덴(Altrahden) 교구목사로 부임하게 되었다. 여기서 그는 사랑하는 부인과 그 부인이 그에게 선물한 자랑스런 4명의 자녀와 함께 검소하면서도 행복한 가정을 꾸려 나갔다. 그러나 쾨니히스베르크에 사는 유명한 형 칸트와는 많은 관계를 맺지 않고 살았다. 동생은 형에게 자주 편지를 보냈다. 그리고 그의 부인과 아이들도 많은 시간이 흐른 후 정다운 편지를 하였다. 그러나 칸트는 그렇게 많은 편지를 보내지 않았으며, 그 내용 역시 아주 짧고도 무미건조하였다. 그럼에도 불구하고 칸트는 그의 동생이 1800년 1월 죽었을 때, 생계를 이어가기 어려운 동생 가족을 위해서 매년 200탈러를 조달하여 주었다. 그의 동생은 백부의 집에서 사는 동안 세 명의 딸을 결혼시켰다. 이 때 칸트는 그의 질녀들에게 진정으로 행복하기를 바라는 내용의 글을 보냈다. 그리고 칸트는 유산의 반인 약 20,000탈러를 동생 상속인에게 돌아가게 상속계약을 하였다. 이때부터 동생 자녀들의 모든 경제적인 문제점은 자연스럽게 해결되었다. 유일한 칸트의 조카 프리드리히 빌헬름 칸트(Friedrich Wilhelm Kant)는 우리가 잘 알고 있는 것처럼 그의 아버지가 죽을 당시 미타우에 있는 가게의 점원으로 있었다. 훗날 그는 같은 도시에서 개인 사업을 하다가 1847년 죽었다.

1727년, 1730년, 1731년에 각각 출생한 칸트의 여동생 셋은 처음에는 "고용인"으로 생활하다, 결혼 후에는 단순한 수공업에 종사하였다. 칸트의 첫째 여동생 안나 루이제(Anna Luise)는 "연장기술자" 슐츠(Schultz)와 결혼하여 1775년까지 살았고, 그 남편은 1792년에 죽었다. 둘째 여동생 마리아 엘리자베트(Maria Elisabeth)는 가난한 크뢰네르트(Krönert)와 이혼하였기 때문에, 1768년부터 임마누엘은 그녀의 "빈곤한 상태"를 책임져야 했다. 오랜 투병 끝에 1796년 세상을 떠날 때까지 칸트는 그녀를 돌보았다. 결국 칸트는 그녀의 자식들과 손자들의 "연금"까지도 책임져야 했기 때문에 두 배 이상의 돈을 지불해야 했다(1796년 12월 17일 칸트가 그의 남동생에게 보낸 편지). 칸트 남매 중 가장 나이가 많은 칸트의 누나 레기나(Regina, 1717년생)의 생애에 대해서는 알려진 것이 없다. 남매 중 유일하게 칸트보다 오래 산 막내 여동생은 미망인 바르바라 토이어(Barbara Theuer)였다. 그녀는 칸트가 죽는 날까지 칸트에 대한 자부심을 갖고 말년의 칸트의 병간호까지 하였으며, 1807년 1월 28일 숨졌다.

5. 생의 마지막 해/심해지는 노쇠 현상

슈베르토는 ㄱ의 자서전(140면)에서 1794년 (왕의 칙령에 의해) 칸트가 개인적으로 받은 너무나 괴롭고도 슬픈 경험이 칸트의 건강을 악화시켰고, 그의 노쇠현상에 절대적인 영향을 미쳤을 것이라고 주장하였다. 물론 이 사실에 대해서 칸트는 노년의 자서전에서도, 1794년에 씌어진 편지에서도 언급하지 않았다. 그리고 우리가 알고 있는 것은 1796년 6월까지 칸트가 강의(Vorlesung)를 하였다는 것이다. 같은 해 이미 야흐만은 "약간 변한 것" 같다고 하였지만, 몸 상태가 좋은 날은 예전과 다름없는 정신적인 능력을 발휘하였다고 전한다. 1798년 칸트는 몇 해 전부터 정리하고 있던 저서의 많은 부분을 저술하여 《학부 사이의 투쟁》을 출판하기도 했다. 같은 해 연말쯤 처음으로 칸트의 정신활동이 약화되고 있음을 본인이 느끼기도 하였지만, 주위의 다른 사람은 더 확실하게 느낄 수 있었다. 아마도 가장 분명하면서도 가장 감동을 주는 것은, 칸트 자신이 1798년 9월 21일 같은 고통 속에 있는 그라페(Grave)에게 보낸 편지 속에 잘 나타나 있다: "잘은 모르겠지만 나에게 죽음의 그림자가 찾아오고 있는 것 같습니다. 당신에게는 아직까지 고통이 없으시길 바랍니다. 당신이 정신적인 활동에 대한 생각을 떨쳐 버린다면, 신체적인 것은 굉장히 편안한 상태일 것입니다. 방법과 목적이 동시에 관계하는 나의 전 철학에 해당되는 것이 나의 계산으로는 막바지에 와 있습니다. 그러나 비록 내가 이 과업을 수행할 수 있다는 것을 잘 알고 있습니다만, 아직 끝나지 않은 채 내 앞에 놓여 있습니다."

30년 이상 이어온 칸트의 철저한 규칙적인 생활 방식이 그의 신체를, 그 스스로 말하는 것처럼, 연약한 신체조건에도 불구하고 "예술품"과 같이 다듬어 오랫동안 지탱할 수 있게 하였다. 왜냐하면 그의 뼈대와 근육뿐 아니라 신경조직도 5척 단구(154cm)의 작고 깡마른 신체를 가진 칸트에게 있어서는 외적으로 약해 보이기만 하였기 때문이다. 그러나 칸트는 거의 아픈 적이 없이 건강하였다. 편편하면서도 약간은 안으로 굽은 가슴은 그의 어머니와 꼭 빼어 닮았다. 그의 목소리는 선천적으로 낮았다. 반면 그의 모든 정신은 날카롭고 강했다. 그의 얼굴은 항상 생기 넘쳤으며, 그의 두 볼은 늙은 나이에도 불구하고 건강미 넘치는 붉은 색을 띠고 있었다. 생의 마지막 20년 동안 그렇게도 그의 의미 심장한 갈색 눈을 혹사시켰지만, 생의 말년까지 칸트는 안경이 필요 없을 정도로 시력이 좋았다. 그의 오른쪽 어깨는 왼쪽보다 약간 올라가 있었지만, 그의 건강에 해를 끼치지는 않았다. 1798년 말까지 칸트는 특히 건강상으로는 좋은 날들을 보냈으며, 건강을 위한 그의 절제의 노력은 점점 고조되었다. 그라페에게 편지를 보낸 몇 주 후에 키제베터에게도 자신의 건강상태에 대한 편지를 보냈다. "어떤 병에 걸린 것은 아니지만, 한 허약한 늙은이로, 특히 아직은 공식적으로 공무를 수행해야 하는 사람이, 그가 맡고 있는 직무를 제대로 수행하기 위해서는 힘이 부침을 느낍니다"(1798년 10월 19일 칸트가 키제베터에게 보낸 편지). 그러나 다른 사람은 그의 노쇠현상을 "거의 알아차릴 수 없을" 정도였던 1799년, 칸트는 이미 그의 친구에게 "나의 친구여, 나는 늙고 약해서 당신은 어린이 다루듯 나를 다루어야 할 것입니다"라고 하였다. 이러한 사실을 우리에게 알려 준 사람은 노년의 칸트 후원자였으며, 교회집사였던 바지안스키(Andreas Christoph

Wasianski)였다. 그는 1773년부터 1780년까지 칸트의 수강생이었으며, 서기생활도 하다가 1790년부터 다시 칸트와 가깝게 지내게 되었다. 우리는 그가 비록 일목요연하지는 않지만, 진실된 서술로 《일상생활로 살펴본 임마누엘 칸트의 말년 생활》(*Immanuel Kant in seinen letzten Lebensjahren, aus dem täglichen Umgange mit ihm*)을 집필한 것에 대해서 감사하며, 또한 독자에게 가장 신빙성 있고 가장 분명하게 기술된 그의 저서를 추천한다. 이 저서를 통해서 우리는—야흐만, 링크, 핫세도 함께 참고하여— 다음과 같은 칸트의 노쇠현상을 확실하게 설명할 수 있다.

칸트의 육체와 정신의 노쇠현상은 아주 점진적으로 이루어졌다. 먼저 눈에 띄게 나빠지기 시작한 것은 예전에 그렇게도 좋았던 그의 기억력이었다. 칸트 스스로 이러한 사실을 알았을 때, 그는 중요한 것이나 그가 무엇을 꼭 기억하고 있어야 될 것에 대해서 항상 메모를 하였다. 그가 사용한 메모지는 천차만별이었는데, 조그만 종이 조각부터 편지 봉투에 이르기까지 다양하였다. 1802년 8월 바지안스키는 칸트의 서재에서 한 덩어리의 재로 변한 메모지를 찾았는데, 그것은 칸트가 더 이상 필요 없다고 생각하고 불에 태워버린 것으로, 그 중 일부는 덜 탄 것도 있어서 다시 정리하여 두었다. 그 외에도 칸트는 지금까지와는 다른 모습을 보여주었는데, 자신의 고용인에게 자주 우울해하고, 화를 냈으며, 무엇에 대해서 잘 참지 못했다. 칸트에게는 특이한 병적 체질과 고정관념이 생겼는데, 특히 의학적인 영역에서이다. 즉 그는 자신의 노쇠현상뿐 아니라 대다수 병의 원인을 공중전기에서 찾고 있다. 그래서 칸트는 노쇠현상이 급격히 나타나기 시작하면서 평소에 하던 산보를 많이 자제하였다. 처음에는 리첸트(Lizent)라는 곳까지 산보를 하였는데, 그곳에는 이름을 밝히지 않은 어떤 사람이 칸트가 쉬어 갈 수 있게 만들어 놓은 벤치가 있었다. 어느 정도 지나 칸트는 자신의 집 가까이 있는 "궁의 정원"까지만 산보하였고, 그 다음에는 마차가 다닐 수 있는 길로 제한하였다. 집에서는 그의 발이 항상 문제를 일으켰다. 걸을 때나 서 있을 때나 발을 다칠까 항상 걱정하였고, 하루하루 다치지 않고 지나가는 것에 대해서 다행이라고 여겼다. 아침에 가끔씩 칸트는 너무 피곤하여 의자에 앉아서 잠이 들 때도 있었기 때문에, 자신의 의자를 안락의자로 바꾸었다. 한번은 칸트가 책을 읽다가 존 적이 있었는데 그가 잠자리에서 쓰고 자던 모자가 난로 위로 떨어져 가볍게 탔다. 그러나 그는 이 모자를 스스로 다시 수선하여 사용하였다.

칸트의 노쇠현상이 정신적으로 육체적으로 더 이상 어떻게 할 수 없는 상황에 이르자, 처음에는 여러 계층의 친구들이 그의 "생계"를 도와주었다. 예를 들자면 바지안스키는 옷과 빨래를 중심으로 집안에 꼭 수선해야 할 것이나 고쳐야 될 것을 함께 돌봤다. 그리고 우리의 위대한 사상가가 다루기 힘든 깃털 깎는 기계와 같은 작은 연장을 손질하여 주었다. 칸트는 금전출납을 담당했던 야흐만이 쾨니히스베르크를 떠나자 1801년 11월부터 바지안스키에게 이를 부탁하였다. 아마도 그 동안 그는 충분히 칸트로부터 신뢰를 쌓았던 것으로 보인다. 칸트의 절약 덕분으로 모든 수입을 합한 그의 재산 규모는 1798년 이미 14,000탈러나 되었다. 바지안스키는 칸트의 이러한 신뢰에 최선을 다해서 보답하였다. 주도면밀하고 애지중지하는 바지안스키의 마음은 노옹의 약화되는 건강을 충분히 염두에 두고 이해하고 있는 것 같았다. 이렇게 칸트는 그가 절대적으로 믿는 바지안스키에게 길들여져 있었기 때문에, 모든 경제적인 일은 그와 함께 상의하였으며, 그의 뜻에 따랐다. 이는 마치 외부의 모든 중요한 일을 담당하는 참사관 피길란티우스(Vigilantius)에 비교될 만하였다. 특히 칸트와 오랜 기간 동안 함께 한 칸트의 하인 람페(Martin Lampe)가 떠난 후 칸트로서는 절대적으로 그를 도와줄 사람이 필요하였다. 람페는 40년 동안이나 칸트를 돌보면서 그와 함께 늙어갔다. 그는 어느 날부터 칸트의 돈과 물건을 함부로 낭비하기 시작하였다. 칸트는 그의 "급여를 삭감하였지만,

그는 아무 때나 늦게 집에 돌아오는 날들이 많아졌고, 그 일로 칸트의 여자 하인과 종종 싸웠으며, 매일 모셔야 할 그의 주인을 더 이상 보살피지 않았다." 그리고 술을 마시기 시작하였으며, 주인을 돌보고 모셔야 할 그가 오히려 자신의 두 발로 서기조차 힘들게 되고 말았다. 바지안스키 부부의 온갖 부탁과 경고도 아무런 의미가 없었다. 결국 1802년 1월 말경 어쩔 수 없이 해고되었고, 그 뒤를 이어서 카우프만(Johann Kaufmann)이 채용되었다. 바지안스키는 그에게 작은 일에 이르기까지 자신의 모든 책무를 위해 교육을 시켰다. 이렇게 모든 것은 특별한 동요 없이 교체되었다. 철학자 칸트는 곧바로 이해심 많고 재치 있는 그의 새로운 하인에게 잘 적응하였다. 바지안스키에 따르면 그에 의해서 칸트의 불규칙적이고 흐트러진 메모가 잘 정돈되기 시작하였다. "람페라는 이름이 이제는 완전히 기억에서 사라졌다"고 칸트는 적고 있다.[15]

위에서 설명한 두 통의 편지는 1798년 가을 칸트의 저서 속에서 이야기된 것이다. 이 저서와 함께 칸트는 자신의 "비판 시기"를 마무리하였고, 자신의 철학 체계 중 빈 부분을 채우고자 하였다. 이 저서는 《자연과학의 형이상학적 초기원리에서 물리학으로 바뀜》(*Übergang von den metaphysischen Anfangsgründen der Naturwissenschaft zur Physik*)이다. 이 책을 위해 칸트는 최소한 1801년까지 노력하였다. 핫세는 "여러 해" 동안 칸트의 책상 위에 놓여 있는 전지 2장 정도 분량에 씌어진 100편이 넘는 시를 보았다고 하였다. 그러나 이것은 외적으로는 교정되고 수정되었으며, 부족한 부분을 채워 방대한 양으로 보이지만, 내적으로는 라이케의

---

15) 람페는 자신의 잘못으로 하인 자리를 잃었기 때문에, 1798년에 작성된 칸트와의 계약서는 효력을 상실하였다. 이 계약서에 따르면 람페는 1년에 400굴덴을 받기로 되어 있으며, 그의 사후에는 그의 부인에게 절반인 200굴덴이 매년 지급되고, 둘 다 사망할 경우 그들의 자녀에게 1,000굴덴을 일시적으로 지불하기로 되어 있었다. 그러나 그는 퇴직금으로 40탈러만을 받았다. 그리고 그의 뒤를 이은 카우프만에게는 퇴직금 없이 매년 150탈러만을 주기로 하였다.

글에서 증명된 것처럼 칸트의 노쇠한 모습이 역력히 나타나 있었다.[16] 원고의 일부는 일반적인 성격을 지닌 미완성으로 끝난 두 번째 저서에 포함되어 있다. 칸트에 있어서 일반적인 성격이란. 만약 칸트가 가장 중요한 저서로서 믿고 그가 분명하게 정립한 것으로 보이는 "그의 철학과 연계된 순수철학의 체계" 혹은 "이념의 체계 속에서 최대 관점인 신·세계·인간으로의 선험철학"을 의미하는 것이다. 이것에 대한 칸트 자신의 판단은 그의 말년에 아주 심하게 흔들렸다. "마지막 장만 쓰면 된다고 생각했다가, 그가 죽고 나면 모든 것은 불태워져 버릴 것이라고 생각하기도 하였다." 슐츠 교수는 칸트가 사망한 후 노학자의 저서를 가장 잘 이해하고 편집하였던 바지안스키에게 원고를 살펴볼 것을 당부하며 넘겨주었다. 그러나 출판하지 말 것을 당부하였다. 왜냐하면 이 원고는 앞부분만 조금 씌어 있었고, 서문도 완성되지 않은 채 남아 있었다. 바지안스키도 쇠약한 노인이 끝까지 이 저작을 집필할 수 있는 정신적인 능력이 없다는 것을 인정하였다. 이러한 노력이 오히려 칸트의 정력을 빠르게 감소시킬 뿐이라고 생각하였다.

칸트가 생의 마지막에서 두 번째 쓴 편지는 질녀(남동생의 딸)의 약혼자 쇠엔(Karl Christoph Schoen) 목사에게 보낸 것이다. 이 편지에 씌어진 날짜는 1802년 4월 28일로 되어 있다. "나의 체력은 매일같이 떨어지고 있다. 나의 근육은 주름이 잡혀 오그라들고, 곧 내가 어떤 병에라도 걸릴지 모르는 상황이지만, 그것에 대한 어떤 두려움도 나는 갖고 있지 않다. 나는 지난 2년 동안 집 밖을 나간 적이 없지만, 내 앞에서 변하고 있는 이 상황을 편안한 마음으로 지켜볼 수 있다." 여기서 "2년"이란 분명하지 않은 것 같다. 철학자의 정서나 쇠약함에 대한 감각 정도가 이 단어에 분

---

16) *Ein ungedrucktes Werk von Kant aus seinen letzten Lebensjahren*이란 제목으로 「구프로이센 월간지」 1882~1884년까지 발표되었다. 그리고 1920년 베를린에서 발간된 E. Adickes의 *Kants Opus postumum*에서도 나타나 있다.

명히 나타나 있는 것 같다. 1802년 이른 봄 바지안스키는 칸트에게 신선한 공기를 마시게 하기 위해서 그의 집 정원을 산책시킨 적이 한 번 있었다. 그러나 칸트는 몇 년 동안 한번도 집 밖으로 벗어난 적이 없다고 느끼고 있었다. 오히려 이러한 집 밖의 모습이 너무나 낯설어서 빨리 그의 편안한 공간인 서재로 돌아가고 싶어했던 것이다. 그럼에도 불구하고 칸트는 바지안스키와 함께 여러 차례 커피를 마셨다. 같은 해 7월에도 칸트는 바지안스키와 핫세 교수의 도움으로 시내에서 마차로 약 30분 정도 거리에 놓여 있는 바지안스키의 여름 별장으로 산보를 하였다. 칸트는 마차를 타고 가는 동안 마치 어린아이처럼 좋아하였으며, 바깥 세상의 탑이나 진물들을 다시 볼 수 있는 것에 대해서 대단히 만족하였다. 먼저 커피 한 잔을 마시고 조금 시간이 지나서 몇 잔의 홍차를 마신 다음, 파이프도 피우면서 즐거운 시간을 만끽하였다. 그날 저녁 그는 아주 편안하게 잠들 수 있었다. 이러한 산보는 같은 해 겨울로 접어들기 전에 한 번 더 이루어졌다. 겨울로 접어들면서 칸트는 아주 심한 복통을 느꼈다. 이것 때문에 연말이 되었을 때 매우 불안해하였으며, 밤마다 나쁜 꿈에 시달렸다. 결국은 침대에서 뛰쳐나오기까지 하였다. 바지안스키의 권유로 급기야 칸트의 하인은 칸트의 방에서 함께 자게 되었으며, 밤새도록 촛불을 끄지 않고 켜두고 잤다. 그 외에도 최소한 점심 때만은 강하게 보이던 그의 식욕도 떨어지고 말았다. 칸트는 건강한 날이 별로 없다는 생각에 삶에 대한 권태를 느끼기 시작했고, 봄을 기다리는 마음이 점점 초조해지고 있었다. 오히려 휘파람새가 돌아와서 자신의 창가에서 울어 주기를 기다리는 마음이 간절하였다. 이 휘파람새가 이 해 봄에 보이지 않자 칸트는 고통스럽게 핫세에게 "나의 아름답고 작은 새는 오지 않았습니다"라고 호소하였다. 칸트는 봄까지 자신이 결코 살 수 없을 것이라고 추측하고 있었다.

1803년 4월 22일 그의 마지막 (79번째) 생일날은 그의 식탁에 초대되던 모든 친구늘과 함께 잔치가 벌어졌다. 칸트는 오래 전부터 그의 충복 바지안스키와 생일 준비에 대해서 많은 이야기를 나누었다. 그러나 생일 날 너무나 많은 손님이 초대되어서 칸트가 희망하였던 기쁨을 얻지는 못했지만, 상상도 못했던 일로 아주 기뻐하였다. 복통에 대한 칸트의 불안은 넓은 세계로의 여행을 통해 보다 자유롭고 싶은 여름에 더욱 심했다. 그러나 기껏해야 마차를 타고 바지안스키의 여름 별장을 간다거나 핫세의 정원을 가는 것이 고작이었다. 이러한 나들이가 비록 짧게 끝났다 하더라도 그에게 있어서는 끝없는 여행으로 생각되었다. 시간이 흐를수록 칸트는 빨리 집으로 돌아가길 원했고, 보다 짧고 가까운 곳으로의 산보를 원했다. 그리고 마지막 나들이는 핫세의 정원이었다. 뿐만 아니라 그의 정신적인 쇠약은 아주 빠르게 진행되었다. 우리는 아주 안타까운 광경을 8월 1일 그의 옛 제자 야흐만의 마지막 방문에서 목격하였다. 등이 휜 노신사는 절룩거리는 걸음으로 그에게 다가갔고 야흐만은 오랫동안 보지 못했던 그의 스승을 얼싸안고 키스를 하였다. 그러나 "내 인생의 자부심이며, 행운을 가져다 준 나의 스승 칸트"가 야흐만을 알아보지 못했던 것이다. 자신을 기억하게 하려는 모든 노력에도 불구하고 결국 허사로 돌아가고 말았다. 야흐만은 칸트에게 칸트가 믿었던 어떤 것들과 작은 신체적인 상황 등을 이야기하였다. 그러나 칸트에 있어서 "사고는 완전히 정지된 상태였고, 그는 짧은 문장은 이야기하면서도 때때로 완전한 문장을 말하지 못했다. 그때마다 이미 노인이 된 칸트의 여동생이 필요한 단어를 일러주었다. 그녀는 늘 칸트 뒤에 앉아서 칸트가 나누는 말들을 많이 들었으므로, 칸트가 하고자 하는 말이 무엇인지 잘 알고 있었던 것이다"(야흐만의 자서전에 있는 17번째 편지).

칸트의 하인이 집을 비운 사이 칸트는 자주 넘어지곤 하였다. 그때마다 그의 얼굴과 등에 상처가 났다. 그래서 바지안스키는 칸트의 허락을 받아 생존해 있던 칸트의 유일한 여동생 토이어 부인을 간병인으로 데려

왔다. 그녀는 칸트와 7년 반 차이지만 매우 정정하였다. 그녀는 수가공업에 종사하던 그녀의 남편과 짧은 결혼생활 후 이혼하고 오래 전부터 혼자 살고 있었다. 그녀는 이미 오랜 기간 동안 칸트의 도움으로 성 게오르크 병원에서 지냈는데, 칸트는 그녀가 주어진 상황에서 아무런 어려움 없이 잘 지낼 수 있도록 도와준 것이었다. 비록 그녀는 세계적으로 유명한 오빠와 오랫동안 아무런 이야기를 하지 않았고, 그의 집을 방문한 적도 없지만, 바지안스키는 이런 것에 대해서 개의치 않았다. 왜냐하면 사실 칸트는 그녀로부터 받을 창피함이 문제가 되는 것이 아니라 최소한 이야기 상대가 필요했기 때문이다. 바지안스키의 부탁을 받은 그녀는 곧바로 그에게 달려왔으며, 누이로서의 참을성과 부드러움 그리고 애정을 모든 부분에서 발휘하였다. 마지막 순간까지 칸트의 입장으로는 밤마다 누군가가 자신을 간호해 주어야 했다. 이미 칸트의 하인과 넉넉한 보수를 받고 함께 일하던 칸트의 다른 여동생 아들은 낮 동안 그의 간호로 녹초가 된 상태였지만, 그들은 밤에 교대로 칸트를 간호하였다.

칸트에게 있어서 마지막 가을인 1803년 초가을에 칸트의 오른쪽 시력이 떨어졌다. 이미 오래 전부터 왼쪽 눈은 거의 실명상태였다. 몇 주 전만 하더라도 칸트는 안경 없이 작은 글도 충분히 읽을 수 있었다. 이제는 눈에 온 통증 때문에 더 이상 읽을 수도 쓸 수도 없게 되었다. 이제 누군가가 그를 살펴본다면, "부축이나 도움 없이는 거의 걷지 못하고 제대로 앉지도 못하며, 너무나 쇠약해서 이야기하기도 어렵게 되어, 오늘이 그에게 있어서 마지막 날이다"라고 느끼게 될 것이다. 그리고 "때때로 그의 거대한 정신력을 회복하려 노력하였지만," 그의 신체적인 쇠약함이 항상 그를 억눌렀다. 이때마다 그는 회복력을 잃어 갔다(바지안스키, 159면). 외부인의 방문은 대부분 거절되거나, 단지 몇 분만으로 제한되었다. 그는 잠시 그의 서재 앞에 있는 대기실로 들어와서는 "당신은 늙고 기력을 잃은 한 남자를 보고 있습니다" 하고 말했다. 반면 그는 버릇처럼 감동적인 순간을 항상 기다리고 있었다. 손에는 시계를 들고 문가에 앉아서 그가 가장 믿고 있던 바지안스키의 방문 시간을 기다리고 있었다. 1803년 10월 8일 칸트는 그의 생애에 있어서 처음으로 병을 얻었다. 이것은 그가 좋아하는 음식 중 하나인 영국산 치즈를 과식해서 생긴 것으로 보이는데, 졸도발작으로 이어졌다. 그는 약 한 시간 정도 죽음과 같은 혼수 상태로 있다가 깨어났다. 그 후유증으로 4일 동안 침대에 누워 있었으며, 그리고 곧바로 다시 10월 13일 그의 점심에 두 사람이 초대되었다. 그러나 그 식탁은 옛날의 밝은 모습이 아니었다. 그는 점심식사를 매우 서둘러 끝내고는 2시쯤 눕기 위해서 침실로 갔다. 그리고 "밤에 자다가 20번 이상"이나 깨곤 하였다. 그래서 그는 항상 불안해하였으며, 그가 알지도 못하는 사이에 자다 일어나 서성거리곤 하였다. 그의 서재는 이제 식당이며 침실이 되고 말았다.

6. 죽음과 묻힘

칸트의 생애에 있어서 마지막 몇 달은 천천히 진행되는 죽음 이상의 어떤 것도 아니었다. 12월에 더 이상 자신의 이름도 다른 사람이 읽을 수 있도록 쓸 수 없게 되었다. 식사는 바지안스키가 잘게 부수어서 숟가락으로 뜬 다음, 그 숟가락을 그의 손에 들려주었다. 칸트는 더 이상 숟가락을 찾을 수도 없게 되었던 것이다. 모든 감각은 이미 굳어 버렸다. 그리고 모든 음식의 맛도 느낄 수 없게 되었다. 그나마 양호하였던 그의 청력까지도 떨어졌다. 그의 목소리는 아주 가까이에서 겨우 알아들을 수 있을 뿐이었다. 그는 계속해서 이해할 수 없는 말을 하였고, 그에게 누군가가 이야기해도 거의 알아듣지 못했다. 그나마 그가 할 수 있는 것은 학문적인 이야기였다. 케플러의 유추에 대해서는 마지막 순간까지 얘기할 수 있었다. 그의 생애에 있어서 마지막 월요일 책상에 앉은 그는 바지안스키에게 바바리아 주민의 생활 방식에 대한 것을 물어 보았다. 마지막 14일 동안 칸트는 자신의 주위 사람을 더 이상 알아보지 못했다. 먼저 그의 여동생, 바지안스키 그리고 마지막으로 자신의 하인을 더 이상 알아보지 못했다. 2월 3일 칸트는 어떤 음식도 남기지 않고 아주 맛있게 먹었다. 이 날 그의 주치의이자 당시 쾨니히스베르크 대학교 총장이었던 엘스너 교수가 그를 방문하였다. 칸트는 단지 바지안스키만이 이해할 수 있는 목소리로 그를 찾았다. 그리고 자신의 바쁜 업무와 높은 지위에도 불구하고 늙고 병든 자신을 찾아 준 그에게 대단히 감사하다는 뜻을 전하였다. 칸트는 자신의 의사가 자리를 잡기 전에는 앉으려고 하지 않았다. 온 정신에 힘을 모아 "인간성에 관한 감각을 아직 저는 잃지 않았습니다"라고 말하였다. 2월 6일 더욱 약해졌고, 잘 듣지 못했다. 자신을 잃어버린 것처럼 초점 없는 눈동자로 아무 말도 하지 않고 앉아 있었다. 지난해 자신의 정신적·육체적 노쇠현상 때 보여준 흥분상태는 더 이상 찾아볼 수 없으며 모든 것에 대해서 아주 평온하였다. 2월 7일 화요일 이후 그는 계속 침대에 머물러 있었다. 2월 8일 수요일 오후 잠시만 예외였다. 목요일 이미 빈사안모(瀕死顔貌) 현상을 보였으며, 잠시잠시 의식을 회복하였지만 계속 의식을 잃은 상태로 머물러 있었다. 토요일 바지안스키는 칸트에게 자신이 누군지 알 수 있느냐고 물었지만, 그는 어떤 말도 할 수 없었다. 그러나 칸트에게는 아주 특별한 일로 핏기 없는 그의 입으로 바지안스키에게 입맞춤을 하였다. 그의 가장 믿음직한 친구 바지안스키는 마지막 밤을 그의 곁에 있었다. 11일 자정이 지나자 갈증을 계속 호소하였다. 바지안스키가 포도주와 물 그리고 설탕을 혼합한 마실 것을 몇 숟가락 떠 넣어 주었고, 죽어 가던 칸트가 "이제 되었습니다.(Es ist gut.)"라고 아주 가느다란 소리로 속삭였다. 이것이 그의 마지막 말이었다. 12일 아침 그의 맥박은 거의 느낄 수 없었으며, 10시쯤 그의 눈은 흐려졌으며, 11시 그는 자신의 마지막 숨을 몰아 쉬었다. "그의 죽음은 삶의 끝이었으며, 자연의 강압적인 한 장은 아니었습니다"(바지안스키, 217면).

　이미 며칠 전부터 칸트의 죽음에 대한 소문이 시 전체를 덮고 있었다. 입에서 입으로 전달된 이 기별은 빠르게 번져 최하층의 계급에까지 퍼져 나갔다. 칸트가 사망하던 날, 일요일은 특히 구름 한 점 없이 맑은 날로, 엷은 구름 한 점만이 하늘 가운데 떠 있었을 뿐이었다. 슈미데 다리(Schmiedebrücke)에 서 있던 군인 한 사람이 그 구름을 보고 주위에 있던 사람들에게, "저것 보세요! 칸트의 영혼이 하늘 나라로 날아가고 있는 것 같아요!" 하고 소리쳤다. 칸트 사망에 대한 첫번째 공식적인 발표는 「프로이센 왕국 전쟁과 평화 신문(Kgl. Prueß. Staats-, Krieges- und Friedens-Zeitung」, 오늘날 「하르퉁 지방 신문 Hartungszeitung」) 13일자 월요일 판을 통해서 이루어졌으며, 12일의 최고 뉴스라는 제목으로 다음과 같은 글이 실렸다: "오늘 오전 11시 정각, 80의 나이로 완전히 쇠약해진 임마누엘 칸트가 세상을 떠났다. 그의 가장 큰 공적은 사변철학의 수정을 인식하였고, 세계를 존경했다는 것이다. 그 밖에 우리 도시는 그의 탁월성, 즉 성실성, 친절성, 정의성, 재치 등 이 모든 것도 함께 잃어버렸다. 이제 죽은 이에 대해서 회상하는 것만이 영원한 우리 도시에 대한 명예일 뿐이다." 같은 신문 16일과 20일자에서는 유언장 집행인 바지안스키에 의해서 부고가 공식적으로 게재되었다: "2월 12일 오전 정각 11시 임마누엘 칸트 교수가 79세 10개월의 나이로 특별한 병력 없이 노쇠현상으로 돌아가셨다. 지금 그의 모든 것을 관리하고 있는 관리인의 이름으로 그의 죽음을 모든 그의 친구들, 그 밖의 사람들에게 알린다." 다음날부터 공식적으로 조문객들이 아침부터 밤늦게까지 프린츠 거리에 있는 그 좁은 집으로 쉴 틈 없이 모여 들었다. 그들 모두는 다시 한 번 그 유명한 철학자의 시신을 보고 싶어하였던 것이다. 바지안스키가 체계적으로 모든 방문객을 철저히 감시하였기 때문에 모두가 그의 지시를 따랐고, 감히 어느 누구도 거부하지 못했다. 칸트의 시신은 식당을 정돈한 뒤 서재에서 그곳으로 옮겨져 염해졌다. 그리고 흰색과 검은색으로 장식된 두 개의 관대 위에 놓여졌다. (이것은 "노인", 특히 "칸트를 위해서" 이루어졌다.) 그의 머리는 학생들의 시가 헌정된 베개 위에 뉘어져 있었다. 그의 두 발은 누군지 알려지지 않은 사람이 헌정한 "칸트의 영혼에게"라는 시 위에 놓여졌다. 많은 사람들이 완전히 쇠약해진 그의 모습에 놀랐다. 특히 그의 얼굴은 알아볼 수 없을 정도로 일그러져 있었다. 크노르(Knorr) 교수가 칸트의 데드마스크 본을 떴으며, 시체 해부자 켈쉬(Kelch)는 그의 두개골을 갈쉬(Gallsch)의 방법에 따라 조사하고 그 결과를 남겼다.

칸트의 마른 신체 특성상 2월 28일 그의 경건한 장례식이 치러질 때까지 그의 시체는 16일 동안 온전하게 보존될 수 있었다. 그러나 시간이 지남에 따라 칸트의 가장 가까운 후원자들은, 다른 사람들이 장례 절차에 대한 준비를 기다리고 있다는 소문이 난 것에 대해서 특이하게 생각했다. 1799년 기록에 의하면 사실 철학자 자신은 아침 일찍 자신의 식사에 초대된 친구들끼리 모여 아주 조촐한 장례를 치러줄 것을 희망하였고 당부하였다. 이미 많은 사람들이 칸트의 "이러한 생각을 무시"하였고, 신학과 박사과정에 있던 단치히(Danzig)에서 온 뵈켈(Böckel)이 대대적인 장례 준비를 이미 시작하였다. 그는 필요한 준비를 위해 다른 세 명의 동료와 함께 장례준비위원회를 결성한 것이었다. 그들은 예상치 않았던 일에 부딪혔는데 그것 때문에 23일로 예정되었던 장례일을 28일로 미룰 수밖에 없었다.[17] 교수회 측에서는 참사관 하이데만(Heidemann)만이 그들을 지원해 주었다. 며칠 전에는 학생대표들이 시민단체와 군인단체의 대표, 목사, 의사, 선생님과 상인 몇몇을 초대하였다.

장례식은 오후 3시에 거행되었다. 추운 날씨에도 불구하고 몇 시간 전

---

17) 뵈켈의 *Die Totenfeyer Kants. Königsberg*(1804, 48면 분량) 23면 이하 참조. 이 글은 "작은 영혼보다 더한 음모"에 관한 것이라고 하였고, 여기서 '음모'란 준비하는 사람의 노력에 반대됨을 의미한다.

부터 단정한 복장을 하고 엄숙하게 행동하는 수많은 사람들이 거리를 가
득 메웠다. 장례 행렬은 가까운 친구들에 의해서 칸트의 집에서부터 시작
되었다. 그들은 칸트의 운구를 학생대표에 의해서 초대된 각계각층의 대
표들에게 인계하였는데, 그들은 1시간 전에 이미 교회 가까운 곳에 모여
있었다. 학생들은 늘 그들이 모이는 콜레기움 알베르티눔에 이미 집결해
있었다. 예장(禮裝)을 한 군인들이 선두에 섰고, 그 뒤를 역시 최고의 예
장을 한 학생들이 장송행진곡에 맞추어 뒤따랐다. 그 중 24명의 예장을
차려 입은 학생들은 칸트의 관 주위에 서서 번갈아 가면서 운구를 운반
하였다. 그 뒤를 한 사람이 라틴어로 쓴 제명을 들고 따랐다. 그곳에는
다음과 같은 글귀가 적혀 있었다: "Cineres mortales immortalis Kantii"(죽
어도 죽지 않은 칸트) 그리고 끝 부분에는 "Orbi datus 22. Aprilis 1724,
ereptus 12. Febr. 1804."라는 태어난 날과 죽은 날짜가 라틴어로 역시 씌어
있었다. 바로 뒤를 이어 두 명의 친척이 따랐으며, 그 뒤를 식탁 모임에
참석했던 동료들이 가장 슬퍼하면서 따라갔다. 이 친구들은 귀족 중에서
선발된 학생대표 한 명, 그리고 조기를 든 한 학생 등 두 명과 같이 한
무리를 지어 움직이고 있었다. 그 뒤를 두 번째 학생대표(뵈켈 포함)와
악대가 계속해서 장송행진곡을 연주하면서 뒤따랐다. 마지막으로 학생들
과 그 외 조문객들이 따라오고 있었는데, 그들은 의도적으로 고인의 민주
적인 사고 방식을 반영이나 하듯이 질서 없이 아무렇게나 걷고 있었다.
시내에 있는 모든 교회의 종소리는 슬피 울려 퍼졌으며, 장송행진곡에 맞
추어 장례행렬은 여러 개의 거리를 지나 대학교회 겸 왕실교회인 돔
(Dom)에 도착하였다. 여기서 칸트의 운구는 대학평의원회에 인계되었고,
수많은 촛불이 환하게 밝혀진 교회에서 장엄하게 추도제가 거행되었다.
진혼가를 시작으로 추도제가 시작되었는데, 학생대표로 폰 슈뢰터(von
Schrötter)가 몇 마디의 인사말을 하였다. 그 뒤를 이어 조곡 "하늘"
(Himmel)이 연주되었는데, 이 곡은 원래 프리드리히 빌헬름 II세의 사망

때 연주되었던 것을 뵈켈이 가사를 약간 바꾸어서 준비하였다. 학생 트루흐세스(Truchseß) 백작이 대학 감독관에게 역시 뵈켈이 2행시로 쓴 조시 "칸트의 죽음에 대하여"(Emphindungen am Grabe Kants)를 헌정하는 동안 뵈켈은 다시 한 번 장례행렬에 참가해준 사람들에게 감사드리며, 고인의 명예와 관계된 이야기를 모인 사람들에게 들려주었다. 힐러(Hiller)에 의해서 작곡된 두 번째 조곡이 합창으로 울려 퍼지는 가운데 칸트의 관을 운구하는 사람들은 돔 북쪽에 있는 대학묘지로 향했다. 이 대학 묘지는 소위 "교수 무덤"(Professoren-Gewölbe)으로 불려지는데 동료교수들이 참석한 가운데 종교적인 예식 없이 바로 하관되었다.

칸트의 하관 예식은 2월 28일 별도로 학생들의 "주도" 아래 거행하기로 하였고, 학교평의원회에서는 같은 달 20일 칸트의 다음 생일날 웅변회 주최로 개최할 특별한 추모제를 하기로 결정하였다. 그러나 그 날이 일요일이었기 때문에, 다음날인 4월 23일로 미루어졌다. 이 추모제는 대학의 대강의실에서 거행되었는데, 웅변학 교수 발트(S. Wald)가 기념사를 하였다. 이 기념사는 칸트를 회상하는 내용으로 고인의 가까운 친구들에게 하였던 중요한 연설로 여러 차례 우리가 이미 논의한 것들이다. 추모제에 초대될 사람은 슐츠(Johann Schultz) 교수가 담당하였으며, 푀르쉬케 교수는 조시로 추모제의 시작을 알렸다. 철학자의 흉상 제막식도 함께 하였는데, 이 흉상은 하게만(Hagemann)이 칸트가 살아 있을 때, 그를 모델로 이탈리아 카라라(Carrara)에서 생산된 대리석으로 조각한 것이다.

칸트의 유골은 결코 조용히 잠들 수가 없었다. 왜냐하면 소위 "교수 무덤"이 칸트가 죽은 지 몇 년이 지나서 대학교원을 위한 무덤으로 그 목적을 더 이상 수행할 수 없었기 때문이다. 1809년 칸트의 식탁동료 셰프너의 권유로 교수와 학생을 위한 대기실을 '칸트 기념실'(Stoa Kantianer)로 변형시켰기 때문에, 철학자의 유골은 그 건물의 오른쪽 측면에 매장되었고, 셰프너에 의해서 기둥 위에 묘석이 놓여지고, 그 위에 하게만의 흉상이 자리잡았다. 다음 칸트의 생일인 1810년 4월 22일 당시 알베르티나의 교장이었던 헤르바르트(Herbart)의 축사와 함께 새로운 묘지가 만들어졌다. 나중에 대강당(Auditorium maximum)으로 칸트의 흉상은 다시 옮겨졌다. 그 후 1842년 프로이센의 교육청은 라우쉬(Rauch)라는 학생이 동으로 제작한 작은 칸트의 동상을 쾨니히스베르크로 보냈고, 칸트가 묻힌 자리에 세웠다. 1862년 이 라우쉬의 동으로 된 칸트 상의 제막식이 칸트가 살던 집 가까이에서 화려하게 거행되었다. 그 후 이 동상은 다시 대학 앞에 있는 "파라데 광장"(Paradeplatz)으로 옮겨져 현재에 이르고 있다. 그 사이 칸트 기념실은 아주 낡고 망가져 동쪽 끝 부분을 1880년 단순한 고딕식 예배당으로 개조하였다. 이 때 한 무덤에서 발견된 칸트의 유골은 같은 해 11월 21일 다시 매장되었다. 칸트의 유골은 1879년 6월 발견되었는데, 큰 어려움 없이 작업이 진행되었다. 카펠레(Kapelle)의 한 벽면에는 그 유명한 실천 이성 비판의 마지막 문장이 새겨져 있다: "내 위에는 별이 빛나는 하늘이, 내 안에는 도덕적 법칙이 있다"(Der bestirnte Himmel über mir und das moralische Gesetz in mir).

연대별로 본 칸트의 생애와 저술

1724년   4월 22일 임마누엘 칸트 출생
1732년   가을에 프리데리치아눔 입학
1735년   칸트 동생 요하네스 하인리히 출생(1800년 사망)
1737년   칸트 어머니 사망(1697년생)
1740년   9월 24일 쾨니히스베르크 대학교에 등록
1746년   칸트 아버지 사망(1682년생)
1747년   《살아 있는 힘의 참된 평가를 위한 생각》
1747년~54년   유트센, 아른스도르프, 라우텐베르크 등지에서 가정교사로 활동함
1754년   "지구는 자전과 같은 것을 통해서 어떤 변화가 있는가 없는가"
              "지구가 늙으며, 물질적으로 무게를 달 수 있는가 하는 물음"
1755년   《하늘의 일반적인 자연역사와 이론》
              6월 12일《불에 대하여》로 석사 학위 취득
              9월 27일 "형이상학적 인식의 제1원리에 대한 새로운 조명"으로 교
              수 자격 취득
1756년   1월부터 4월까지 리스본 지진에 대한 3편의 논문 발표
              4월 8일 크누첸 교수 후임으로 교수 초빙 서류 제출
              4월 10일《물리적 단자론》
              4월 25일 "바람 이론의 해설을 위한 새로운 주석"
1757년 부활절 《물리지리학의 연구에 대한 계획과 보고》

1758년 부활절 "운동과 정지에 대한 새로운 학설과 그것에 연계된 자연과학의 제1
　　　　　　　원인에 따른 결론"
　　　　　　　12월에 퀴프케 교수 후임으로 교수 초빙 서류 제출
1759년 가을　 "낙관주의에 대한 연구의 시도"
1760년　　　 "요한 프리드리히 폰 풍크의 요절을 안타까워하며"
1762년　　　 "삼단논법의 4개의 격의 오류 증명"
　　　　　　　루소의 《에밀》과 《사회계약론》 출판됨
1763년　　　 《신 존재 증명 가능성의 유일한 증명 근거》
　　　　　　　"철학에 있어서 부정적인 크기 개념의 시도"
1764년　　　 《아름다움과 고귀함의 감정에 대한 연구 고찰》
　　　　　　　"인간의 머리에서 생길 수 있는 모든 질병에 대한 연구"
　　　　　　　베를린 학술원 현상 논문 《자연 신학과 도덕의 확실한 근본법칙에
　　　　　　　대한 연구》
　　　　　　　실베르슐락(Silberschlag)의 저서 *Theorie der Feuerkugel*에 대한 주
　　　　　　　석
1765년/66년 겨울학기 강의내용을 요약 정리
1765년/66년 람베르트, 멘델스존과 편지교환 시작
1766년　　　 《형이상학의 꿈에 의해 설명되는 정신을 볼 수 있는 사람의 꿈》
1766년 4월부터 72년 5월까지 하급 도서관 사서로 활동
1768년　　　 "공간에 있어서 방향 차이가 보여주는 첫번째 원인에 대하여"
1769년　　　 10월에 에어랑엔 대학교 교수로 초빙됨(12월 거절함)
1770년　　　 1월에 예나 대학교 교수로 초빙됨
　　　　　　　3월 31일에 쾨니히스베르크 대학교 논리학과 형이상학 정교수로 초
　　　　　　　빙됨
　　　　　　　"감성과 오성세계의 형식과 원리들"로 박사 학위 취득
1771년~88년 체들리츠 장관과 교제
1770년~81년 순수 이성 비판 시기
1771년　　　 이탈리아 해부학자 모스카티(Moscati)의 저서 《동물과 인간의 구조
　　　　　　　사이에 있어서 확실하게 다른 육체에 대해서》에 대한 주석
1772년/73년 겨울학기 인간학 강의 시작
1774년　　　 여름학기 자연신학 강의 시작

1775년 부활절 *Von den verschiedenen Rassen der Menschen*
1776년   여름학기 철학부 학부장이 됨
1776년/77년 겨울학기 교육학 강의 시작
             범애교를 위한 두 편의 논문을 쾨니히스베르크 신문에 발표
1778년   할레 대학교 초빙을 거절함
1781년   5월《순수 이성 비판》
1782년   "람베르트와의 편지교환 요약문"
1783년   《학문으로서 나타날 수 있는 모든 장래의 형이상학에 대한 프롤레고
             메나》
             "슐츠의《종교 차별 없는 모든 사람을 위한 도덕론 입문 소고》에 관
             하여"
             연말쯤 새 집 마련
1784년   11월 "세계 시민적 관점에서 본 일반적 역사의 이념"
             12월 "물음에 대한 답: 계몽이란 무엇인가?"를 「베를린 월간지」에
             게재
1785년   1월과 11월에 헤르더의《인류 역사의 철학에 대한 이념》(1784~
             1791) 논평 1부와 2부를 「예나 일반 문학신문」에 게재
             3월에 "달 속에 있는 화산들"을 「베를린 월간지」에 게재
             4월《도덕 형이상학의 기초》
             5월에 "책 복사판의 불법에 관하여"를 「베를린 월간지」에 게재
             11월에 "인류 개념의 규정에 대하여"를 「베를린 월간지」에 게재
1785년/86년 멘델스존, 야코비와의 논쟁
1786년   1월에 "인류 역사의 가정적 기원"을 「베를린 월간지」에 게재
             부활절에《자연 과학의 형이상학적 원리》
             여름학기 첫번째 총장 취임
             8월에 프리드리히 대제 사망
             "후펠란트의 자연법 원칙에 대하여"를 「예나 일반 문학신문」에 게
             재
             "멘델스존의《아침 시간》에 대한 야콥의 검사에 관한 몇 가지 입장"
             9월에 프리드리히 빌헬름 II세 대관식
             10월 "사고 안에서 정리된다는 것은 무엇을 의미하는가?"

	12월 7일에 베를린 학술회원으로 결성됨
1786년/87년	칸트철학에 대한 라인홀트의 강의
1787년	《순수 이성 비판》 재판 출간
1788년 초	《실천 이성 비판》 출간
	1월에 "철학에 있어서 목적론적 원리의 사용에 대하여"를 「Teuscher Merkur」에 게재
	여름학기에 두 번째 총장 취임
	7월 9일에 뵐너의 칙령 공포
	12월 19일에 새로운 검열에 대한 칙령 공포
1790년	《판단력 비판》 출간
	에베르하르트와 논쟁
	"열광과 그 대응 방법에 대하여" 발표
1791년	여름에 피히테가 방문함. 그의 저서 《계시비판 시론》 출판을 주선함
	9월에 "변신론(辯神論)에 있어서 모든 철학적인 시도의 실패에 대하여"를 「베를린 월간지」에 발표
1792년	3월 5일에 보다 강력한 검열에 관한 칙령이 프로이센에 공포됨
	4월에 "근원적인 악에 대하여"를 「베를린 월간지」에 발표
	6월 14일에 베를린 검열 당국에서 속편의 발표를 금지함
1793년 부활절	《단순한 이성의 한계 안에서의 종교》 출간(재판은 1794년에 출판됨)
	9월에 《이론적으로는 맞는 것 같지만, 실제로는 적합하지 않은 속어에 대하여》를 「베를린 월간지」에 게재
1794년	연초와 여름에 개혁론자에 대한 강한 조치가 행해짐
	5월에 "날씨에 미치는 달의 영향에 대해서"를 「베를린 월간지」에 발표
	6월에 "모든 사물의 끝"을 「베를린 월간지」에 발표
	6월부터 95년 3월까지 쉴러와 편지교환
	10월 1일 칸트에 대한 견책이 내려짐
	10월 12일 이후 모든 것은 칸트의 책임으로 결정
1795년	《영원한 평화를 위하여》(1796년 2판 출간)
1796년	쇰메링의 저술 《정신 기관에 대하여》에 대한 견해 피력
	5월에 "철학에 있어서 요즘 인기 있는 것에 대하여"를 「베를린 월간

지」에 게재

7월 23일 마지막 강의(논리학)

10월에 *Ausgleichung eines auf Mißverstand beruhenden mathematischen Streits*를 「베를린 월간지」에 게재

1797년 초 《법론의 형이상학적 원리》

6월 14일 쾨니히스베르크 대학교 학생에 의한 고별 기념행사

7월 "철학에 있어서 연구평화조약 가체결안 공포"

《덕론의 형이상학적 원리》

"인간 사랑을 속이는 허상의 법에 대하여"를 「베를린 잡지」에 게재

11월 10일 프리드리히 빌헬름 II세의 죽음으로 프리드리히 빌헬름 III세가 왕위 계승

1798년 《학부 사이의 투쟁》 출간

《인간학》

《책 제본에 관하여》(Nicolai에게 보낸 두 통의 편지)

1799년 8월 《피히테에 관한 성명》

1800년 칸트에 의해서 마지막으로 씌어진 저술들

야흐만의 《순수 신비주의와 함께 하는 유사성에 관한 칸트 종교철학의 음미》의 서문

밀케의 《독일어-리투아니아어, 리투아니아어-독일어 사전》에 대한 추천사

9월 예셰가 칸트의 《논리학》을 편찬 간행함

1801년 11월 14일 대학교에서의 모든 공식적인 지위와 직책에서 사퇴함

1802년 《자연 지리학》을 링크가 편찬 간행함

1803년 《교육학에 대하여》를 링크가 편찬 간행함

4월 9일 마지막 편지 씀

1804년 2월 12일 오전 11시 죽음

2월 28일 묻힘

4월 23일 쾨니히스베르크 대학교에서 공식적인 추도기념제 열림 (Walt가 추도사를 함)

5월 칸트가 1790년에 저술한 *Über die Fortschritte der Metaphysik seit Leibniz und Wolf*를 링크가 편찬함

찾아보기